상담 첫 회기 축어록을 활용한

사례개념화 및 목표 · 전략 워크북

서은경 · 원수경 · 김수정 공저

Practice of case conceptualization and setting goals and Strategies using full verbatim transcripts of first counseling sessions

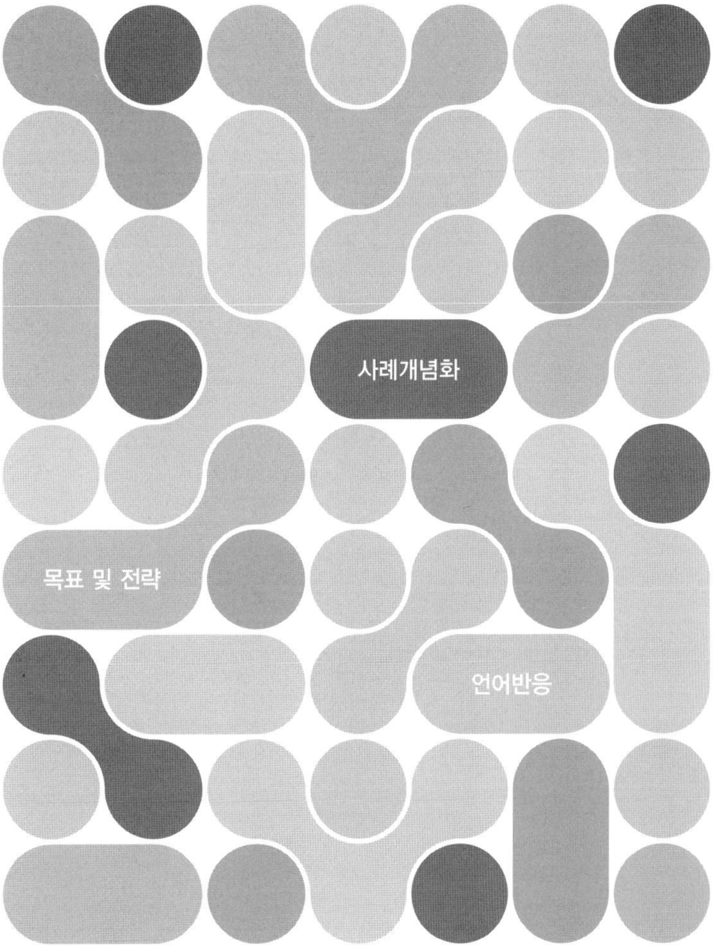

학지사

머리말

왜 이 책이 필요한가

‘심리상담’은 어렵다. 내게 상담은 할수록 어렵고, 그래서 나를 겸손해지게 한다. ‘심리상담’을 지도할 때도 고민에 고민을 거듭한다. 하고 나면 만족스러울 때보다 아쉬울 때가 더 많다.

상담자라는 타이틀을 가지고 첫 내담자를 만난 지 20년이 훌쩍 넘었다. 대학원에 들어가 수련생의 시간을 거치고, 상담심리사 2급 자격증을 취득하고 상담 현장에 나가 보수를 받으며 상담일을 하면서도 여전히 헤매며 자신 없는 시간을 보냈다. 상담심리사 1급을 취득하면 좀 나아지려나 싶었는데, 또 다른 난관이 기다리고 있었다. 경력이 쌓일수록, 유료상담을 할수록 어려운 내담자를 만나게 될 때가 더 많아졌다. 어쩌면 당연한 사실이 참 당혹스러웠으며 수용하기까지 한참이 걸렸다.

지금 석사 수련생 혹은 갓 졸업하고 현장에 나가 일하기 시작한 상담심리사 2급 후배님들도 나와 같은 경험을 하고 있거나 앞으로 할 가능성이 클 것이다. 그래서 슈퍼바이저로 교육을 할 때, 내가 겪었던 지난날의 성장통(어쩌면 지금도 겪고 있는)을 조금이라도 줄여 줄 수 있는 방법을 찾게 된다. 시행착오를 줄이고 좀 더 효율적으로 배우고 성장해 나갈 수 있는 방법은 분명히 있을 것이다. 아니 많을 것이다. 이 과정에 조금이나마 도움을 주고 싶어 초심 상담자를 위한 워크북을 만들게 되었다.

수련생 시절 때도, 수련생을 지도하고 있는 지금도 가장 많이 접하는 질문이 “지금 제가 내담자를 위해 상담을 잘하고 있는 걸까요?” “어떻게 하면 내담자를 좀 더 체계적이고 통합적으로 이해할 수 있을까요?" "상담자 언어반응이 적절한 것이었을까요? 어떻게 하면 적절한 언어반응을 할 수 있을까요?"와 같은 것들이다.

내담자를 더 정확하게 이해하고, 더 깊이 공감해 주고, 내담자가 더 효율적으로 어려움을 해결할 수 있도록 돕고자 노력하는 이들이 상담자일 것이다. 대부분 슈퍼비전을 받으면 슈퍼바이저의 체계적이고 통합적인 사례개념화에 감동하고, '저렇게 하면 내담자가 정말 많이 좋아지겠다.'며 희망을 가진다. 그러나 돌아가 막상 내담자를 대면하면 머리가 하얘지고 '나는 왜 안 되지?' 하는 자괴감에 빠지곤 한다. 슈퍼바이저의 지도를 잘 받았는데도 제대로 적용하지 못하고 있을 때면 부정적인 평가를 염려하고 수행불안에 시달린다. 이 반복되는 굴레를 벗어날 수 있는 방법은 무엇일까?

나는 슈퍼바이저가 사례를 이해해 나갈 때 일어나는 내적인 기승전결 인지과정을 드러내 보여 주면 슈퍼바이지들이 더 생생하게 이해할 수 있으리라 생각했다. 그래서 이 워크북에서는 상담사례(성인, 청소년, 대학생)와 그에 대한 사례개념화 과정을 단계별로 구체적으로 살펴볼 수 있도록 했고, 그대로 따라 연습해 볼 수 있도록 구성했다. 또한 첫 회기 상담 완전 축어록을 싣고, 상담자 언어반응에 대한 해설을 제공하였다. 과학자로서 상담자가 어떤 의도를 가지고 반응했는지를 독자와 함께 나누고자 했다. 물론 상담자 언어반응은 하나의 예시일 뿐 정답이 아니다. 따라서 수련생들이 각자 혹은 팀으로 더 나은 언어적 대안반응을 찾아보기를 적극 권한다. 대안적 언어반응 찾기를 솔선수범하기 위해, 이 책의 저자들은 성인 사례와 청소년 사례의 첫 상담 회기를 각각 진행하고 상담자 언어반응 완전 축어록과 그에 대한 해설을 제공하였다. 마지막으로 대학생 사례의 경우, 세 사례 모두 상담 첫 회기만 제공하는 것의 아쉬움을 덜기 위해 부록에 첫 회기 이후 진행된 전체 상담과정(총 10회기 중 2~10회기)을 회기요약 형식으로 제시하였다. 따라서 독자 여러분은 사례개념화를 바탕으로 세운 상담목표와 전략이 어떻게 성취되었는지를 각자 혹은 함께 검토해 보기 바란다.

이 책에는 여전히 부족한 점도 많다. 많은 심리상담 이론에 근거한 다양한 사례개념화 과정을 추가했다면 더 좋았을 것이다. 그러나 주어진 여건에서의 최선은 초심상담자를 위한 가장 기본적이고 범이론적인 '생물-심리-사회적 모델'과 '동기적 욕구이론'에 입각한 사례개념화 훈련부터 시작하는 것이다. 이후에 후배님들의 요청에 귀 기울여 더 발전되고 유익한 훈련 워크북을 갱신해 나가도록 하겠다.

함께 워크북 작업에 임해 준 원수경 선생과 김수정 선생에게 깊은 감사의 마음을 전한다. 새롭고 어려운 작업일 수 있는 일을 잠시의 망설임 없이 기꺼이, 흔쾌히 웃으며 "좋아요."라고 해 줄 때의 모습이 선하다. 든든한 동반자와 함께한 워크북 작업은 보람되고 행복한 시간이었다. 여러분도 상담자의 길을 걸어가는 든든한 동반자를 꼭 확보하길 바란다. 상담자라는 고된 인생길을 꿋꿋이 한 걸음 한 걸음 나아가게 하는 원동력 중 하나가 함께하는 동료의 존재다. 이미 나는 이 워크북을 들고 있는 독자 여러분의 동료다.

- 서은경

"어떻게 하면 상담을 잘할 수 있을까요?"라는 질문을 받으면 나 스스로에게 "나는 과연 상담을 잘하고 있나?"라고 질문을 해 보게 된다. 18년 전, 병원현장의 초보상담자였던 나는 퇴근 후 서점의 심리학 코너를 서성대고는 했다. 새로운 증상들을 호소하는 내담자들의 진단명을 확인하고 그들이 호소하는 문제를 해결해 나갈 효과적인 기법을 찾고자 하는 목마름 때문이었다. 하지만 그보다 앞서, 유료상담 현장의 즉각적이고 신랄한 상담 피드백에 대한 두려움을 극복하고자 하는 이유가 컸다.

10년쯤 상담을 하면 전문가가 되어 있겠지 하는 기대를 조금은 했던 것 같다. 그러나 그 두 배의 시간이 흘렀음에도 나는 여전히 서적 앱을 뒤지거나 심리학 코너 앞을 서성이고 있다. 상담자는 친절함은 물론 내담자가 자신의 문제를 구체적으로 알아챌 수 있도록 돕는 능력도 있어야 하는데, 많은 상담 이론서가 이런 역량을 상담자 스스로 알아차리길 요구하는 것 같다는 느낌을 받아

왔다. 그러나 다행히 선배 상담자들이 나눠 준 지혜와 동료들이 공유해 준 경험, 그리고 계속 발전하는 상담이론과 이를 전수하려는 전문가들의 노력을 보며 한 가지 확신이 생겼다. 이론을 공부하고 경험을 공유받고 나만의 방법으로 끊임없이 스스로를 발전시키려는 노력을 게을리 하지 않는다면, 잘하는 상담은 아니어도 효과적인 상담을 제공할 수는 있을 거라는 확신이다.

어느덧 상담이 일상이 되면서 누군가에게 지혜와 경험을 전달받기보다 전달해 줘야 할 위치에 있는 나를 발견한다. 상담자로서 갈고닦은 전문성을 이제는 초심상담자들과 나눠 보라고 독려하고 지지해 주신 서은경 선생님과 김수정 선생 덕분에 용기를 내서 나의 경험을 조금이나마 나누어 보려 한다. 이 워크북을 완성하기 위해, 잠과 휴식을 줄여 가며 헌신적인 노력을 기울인 두 공저자의 격려 덕분에 이 작업을 함께할 수 있었다. 이 책을 통해, 상담자로서의 어려움은 혼자만의 어려움이 아니며 배우고 노력하다 보면 어느 날 문득 스스로 바라던 상담자의 모습으로 서 있을 수 있다는 확신을 가질 수 있길 바란다.

– 원수경

상담자의 길은 참으로 긴 여정이다. 그건 바로 우리가 하고자 하는 것이, 매우 복잡한 인간을 좀 더 깊고 넓게 이해하며 함께하고자 하는 것이기 때문이다.

상담영역에 첫 발을 디뎠을 때의 나는 그 긴 여정을 살펴보고 생각할 겨를이 없었다. 초보상담자와 만나게 된 나의 내담자에게 미안하고, 내담자가 상담을 그만두지는 않을지, 나 같은 초보상담자를 만나서 긍정적인 변화를 경험하지 못하는 것은 아닐지…. 모든 것이 두렵고 불안했다. 그때의 나를 지금의 내가 되돌아보면, 참으로 어설퍼서 스스로 민망한 미소를 짓게 될 정도로 불안하고 두려운 마음이 가득했다.

그랬던 내가, 그 출발점으로부터 한참 먼 곳으로 와서, 어느새 옆을 볼 여유가 생길 정도가 되어 있음을 발견한다. 그렇게 불안하고 두려움을 느꼈던 내가 어떻게 지금 여기에 있는지, 어떻게 이 여정을 계속해 왔는지를 돌아보게 되니, 그런 나의 어설프고 미성숙한 손짓을 못 본 척하지 않고 뿌리치지 않고 참으로 따뜻하게 받아 주시고 담아 주시며 함께해 주셨던 선생님들이 떠올랐다. 시간이 지날수록 내가 받은 것들이 얼마나 소중하고 감사하며 따스한 것들인지 더욱 마음 깊이 느끼게 된다. 그런 만큼 아직도 상담자로서의 여정에서 나의 한계를 여실히 느끼고 고민하는 날들이 이어지고 있지만, 내가 받은 소중한 것들을 이제는 조금이라도 더 나누고 손을 내밀어야 한다는 생각이 든다.

더욱이 함께할 수 있는 기회의 손길을 내밀어 주신 서은경 선생님과 원수경 선생님 덕분에, 건네받은 따스한 마음들에 대하여 감사한 나의 마음을 조금이라도 나눌 수 있는 기회를 갖게 되었다.

이 책을 통해 상담자로서의 첫 출발선에서 불안과 두려움을 느끼고 있을 초심상담자들에게 혼자가 아닌 '함께'라는 마음으로 내가 받았던 따스함이 전달될 수 있었으면 한다.

– 김수정

마지막으로, 이 책의 필요성을 인정해 주시고 출간될 수 있도록 힘써 주신 학지사 김진환 사장님께 깊이 감사드린다. 그리고 워크북에 대한 저자들의 아이디어에 관심을 기울여 경청해 주시고 작업을 위한 충분한 시간과 격려를 제공해 주신 정승철 상무님과 꼼꼼하게 교정 작업을 해 주신 편집부 박선민 대리님에게도 감사드린다.

2021년 9월

'더불어 함께'라서 괜찮다고 말하고 싶은 저자 일동

차례

머리말 3

PART Ⅰ 사례개념화 11

1. 생물-심리-사회적 모델 및 동기적 욕구이론 / 15
2. 생물-심리-사회적 모델과 동기적 욕구이론에 입각한 사례개념화 틀 / 18
3. 사례개념화 기술의 논리적 구조 / 20
4. 사례개념화 및 목표수립 과정 예시 / 22

PART Ⅱ 성인 상담 사례개념화 및 목표 · 전략 수립 연습 33

1. 기혼여성 사례 정보 및 첫 회기 축어록 / 36
2. 실습 사례에 대한 사례개념화를 위해 탐색해야 할 사항 / 54
3. 사례개념화(내담자에 대한 통합적 이해) / 60
4. 상담목표와 전략 / 62

PART Ⅲ 청소년 상담 사례개념화 및 목표 · 전략수립 연습 65

1. 청소년 사례 정보 및 첫 회기 축어록 / 67
2. 실습 사례에 대한 사례개념화를 위해 탐색해야 할 사항 / 85
3. 사례개념화(내담자에 대한 통합적 이해) / 91
4. 상담목표와 전략 / 93

PART Ⅳ 대학생 상담 사례개념화 및 목표 · 전략 수립 연습 95

1. 대학생 사례 정보 및 첫 회기 축어록 / 97
2. 실습 사례에 대한 사례개념화를 위해 탐색해야 할 사항 / 111
3. 사례개념화(내담자에 대한 통합적 이해) / 117
4. 상담목표와 전략 / 119

부록 121

1. 성인 상담(기혼여성) 사례에 대한 사례개념화 및 상담목표와 전략 수립 모범답안 / 123
2-1. 기혼여성 사례에 대한 상담자 A 언어반응 해설 / 133
2-2. 기혼여성 사례에 대한 상담자 B 언어반응 해설 / 148
3. 청소년 사례에 대한 사례개념화 및 상담목표와 전략 수립 모범답안 / 165
4-1. 청소년 사례에 대한 상담자 A 언어반응 해설 / 175
4-2. 청소년 사례에 대한 상담자 B 언어반응 해설 / 190
5. 대학생 사례에 대한 사례개념화 및 상담목표와 전략 수립 모범답안 / 204
6. 대학생 사례에 대한 상담자 첫 회기 언어반응 해설 및 이후 상담회기 요약 / 214

참고문헌 230

PART I

사례개념화

1. 생물-심리-사회적 모델 및 동기적 욕구이론
2. 생물-심리-사회적 모델과 동기적 욕구이론에 입각한 사례개념화 틀
3. 사례개념화 기술의 논리적 구조
4. 사례개념화 및 목표수립 과정 예시

사례개념화(case conceptualization)는 내담자가 호소하고 있는 다양한 문제(신체생리, 인지, 정서, 대처행동, 대인관계 문제)를 초래하고 지속시키는 근원 및 유지요인과 지금 상담에 오게 한 결정적 사건인 촉발요인에 대해 통합적이고 입체적인 핵심가설을 수립하는 것을 의미한다.[1] 즉, 내담자가 경험하고 있는 문제의 성격과 원인에 대해 상담자가 도출해 낸 이론적 설명이다. 이는 여러 군데 흩어져 있는 자료들을 공통적인 특성과 주제별로 범주화하고 각 범주들 간의 연관성을 찾아내는 탐색적 요인분석 과정과 흡사하다. 혹은 여행의 목적지, 사용할 수 있는 여러 도로, 각 도로의 상태 및 장애물이 표시된 여행을 위한 지도로 비유할 수 있다. 내담자가 현재 겪고 있는 어려움을 해결하고 심리적 불편감 혹은 고통에서 벗어나기 위해 시행착오적 접근보다는 보다 체계적이고 통합적인 거시조망을 가지고 가장 안전하고 실현가능성이 높은 효율적인 접근을 가능하게 하는 상담 지도(map)라 할 수 있다.

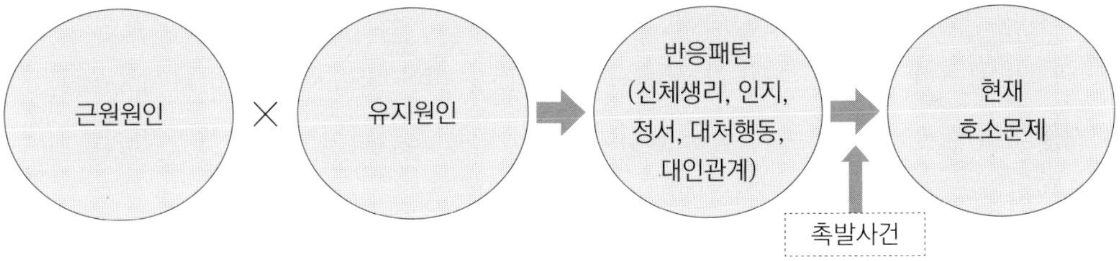

[그림 1-1] 사례개념화 요소

'전문적인 상담에서 이런 지도는 반드시 필요한 것일까?'

내담자는 상담에 와서 자신의 이야기를 한다. 그러나 대체로 논리 정연한 구조를 가지고 충분히 정제된 이야기를 전하지는 못한다. 특히 상담 초반에는 더욱 그러하다. 어쩌면 당연한 모습이기도 하다. 처음부터 자신이 현재 어떤 상태이고, 왜 그런 상태에 이르게 되었는지, 그래서 앞으로 무엇을 어떻게 할 수 있고 해야 하는지 이미 정리되어 있다면 상담실을 찾을 이유가 없을 것이다.

상담전문가와 함께 하는 작업은 내담자가 스스로를 이해하고, 이해한 것을 바탕으로

---

1) Sperry, L., & Sperry, J. (2012). *Case conceptualization: Mastering this competency with ease and confidence*. 이명우 역(2015). 상담실무자를 위한 사례개념화 이해와 실제. 학지사.

자신을 수용하고, 이해와 수용을 바탕으로 자신을 확장해 나가는, 일련의 성장 촉진 과정이다. 즉, 전문적 상담은 내담자와 상담자의 친교를 위한 사회적 대화와는 구별된다는 것이다. 상담전문가는 내담자가 호소하는 어려움의 다양한 원인을 파악하고, 그 원인을 제거 혹은 조절할 수 있는 내담자의 역량을 키우고, 환경적 보호요인을 발굴하여 활용할 수 있게 하는, 근거기반의 전략적이고 목표지향적인 대화를 해야 한다. 이러한 대화가 순조롭게 순항하기 위해서는, 내담자에 대해 통합적이며 객관적으로 타당한 설명을 부여해 주는 사례개념화가 필수적이다. 정확한 이해가 바탕이 돼야 상담자는 내담자를 위한 전략적이고 목표지향적인 언어반응과 적절한 기법을 구사할 수 있다.

사례개념화 방법은 상담 및 심리치료 이론의 수만큼이나 많다. 상담전문가라면 타당성이 입증된 이론을 숙지하고 내담자의 조건에 맞는 적절한 이론을 적용하여 정확한 사례개념화를 할 수 있어야 한다. 안타깝게도 이러한 역량은 단시간에 길러지지 않는다. 부단한 노력이 따라야 얻을 수 있는 역량이다.

이 책은 상담 및 심리치료 영역에 막 입문한 수련생과 석사를 졸업하고 상담 현장에서 활동하기 시작한 지 얼마 되지 않은 초심상담자들을 위한 워크북이다. 따라서 수많은 사례개념화 훈련을 위한 이론적 접근을 하기 전에, 보다 보편적이고 포괄적인 범이론적 사례개념화 방법부터 안내하고자 한다.

1 생물-심리-사회적 모델 및 동기적 욕구이론

인간은 기본적으로 생물학적, 심리학적, 사회문화적 존재다. 그 어느 하나 중요하지 않은 게 없다. 심신은 통합되어야 온전하게 기능할 수 있으며, 한 인간은 그를 둘러싼 환경과 조화 및 균형을 이룰 수 있을 때 온전할 수 있다. 특정 이론에 입각하지 않고 보편적인 인간 속성에 입각하여, 한 인간의 온전함, 즉 충분히 기능하는 인간을 설명하고자 개발된 것이 '생물-심리-사회적 모델(biopsychosocial model)'이다. 즉, 정신역동, 행동주의, 인지, 생물학과 같은, 이상 행동의 원인을 특정한 수준 및 측면에서 설명하는 기존의 특정 이론에 구애받지 않는 정신장애의 이해 및 치료를 위해 생물학적, 심리적, 사회적 변인들을 통합적으로 고려하는 새로운 패러다임이다.[2] 이 모델은 인간의 정신장애의 이해와 치료를 위한 다요인적, 다차원적, 상호작용적 접근이다. 부연하자면, 동일한 정신장애라 하더라도 여러 다른 원인들이 상호작용하여 발생할 수 있으며, 동일한 원인이 다양한 다른 결과를 초래할 수 있다.[3] 따라서 상담자는 내담자를 바라볼 때, 다양한 요인들이 다각적으로 복잡하게 상호작용하는 개체로(미시적 · 거시적 수준에서) 이해하고자 하는 노력이 필요하다.

한편 인간은 생물-심리-사회적 존재이기도 하지만, 기본적으로 동기적 존재(motivational being)다. 간단히 말하자면, 인간은 움직이는 존재다. 겉으로 드러나고 관찰하고 측정할 수 있는 외현적 행동이든, 보이지는 않지만 생각하고, 느끼는 내현적 행동이든 끊임없이 행동한다. 수면상태에서도 생물학적으로 생존을 위한 호흡행동을 하며, 심리학적으로 좌절되거나 미해결된 욕구를 해결하기 위한 꿈이라는 심리활동을 한다.

동기이론에서는 무엇이 인간 행동에 에너지와 방향을 제공하는지 설명한다. 대표적인

---

2) Engel, G. L. (1977). The need for a new medical model: A challenge for biomedicine. *Science, 196*, 129-136.

3) 권석만(2013). 현대이상심리학. 학지사.

동기이론가 리브(Reeve, 2008)[4]는 인간을 움직이는 대표적인 동기를 내재적 동기와 외적 사건으로 구분하였다. 그에 따르면, 인간은 사회적 존재이기 때문에, 스스로의 내적 동기가 아닌 외부환경에서 초래된 사건(예: 코로나 사태, 교통사고, 천재지변, 국가적 금융위기 등)에 의해서도 행동이 선택되고 그 방향성과 강도가 결정될 수도 있다. 그러나 기본적으로 인간은 선천적 혹은 후천적으로 획득한 다양한 내재적 동기를 보유하고 있고, 이를 가동할 때 더 적응적일 수 있다. 생득적인 내재적 동기의 대표적인 유형으로 생물적 욕구와 심리적 욕구가 있다. 생물적 개체로서 생명유지를 위한 항상성 조절과 연관된 식이 욕구와 수면 욕구는 매우 중요하며, 종족보전을 위한 성 욕구 또한 중요하다. 한편 신체적 온전함을 확보한 상태라고 해서 인간의 행복과 안녕감이 충분히 확보되었다고 말할 수는 없다. 인간은 심리적 존재로서 스스로 성장하고자 하는 타고난 내재적 성장 동기를 가지고 있다. 이에는 대표적으로 스스로 선택하고 결정하고 책임지는 자율성 욕구와 선택한 것을 수행할 때 효율적으로 처리할 수 있는 유능성 욕구, 그리고 타인들과 친밀한 관계를 형성하고 유지하고자 하는 관계 욕구가 있다. 이러한 자율성, 유능성, 관계성에 대한 욕구를 충분히 충족시킬 수 있을 때, 개인의 주관적 안녕감은 확보될 수 있다. 마지막으로 인간은 사회적 존재로서 태어나 외부환경과의 지속적인 상호작용을 통해 사회 일원으로 기능하기 위한 많은 학습을 수행한다. 다양한 사회문화 맥락에 따라 개인이 속한 사회에 적응하기 위해 내면화하는 가치와 덕목의 내용은 달라진다. 리브(Reeve, 2008)에 따르면, 사회적 지위 확보와 연관된 성취 욕구와 힘·권력 욕구 그리고 유용성과 효용성 차원에서의 도구적 관계를 의미하는 친애 욕구는 다양한 사회맥락에서 공통적으로 존재하는 학습된 사회적 동기라고 설명하였다.

이 외에도 한 인간을 이해하는 데 고려되어야 하는 수많은 요인들이 존재할 것이다. 그러나 상담수련생과 초심상담자들이 내담자를 이해하기 위해 가장 보편적이면서도 핵심 축에 해당하는 생물, 심리, 사회적 축과 동기축을 활용해 본다면([그림 1-2] 참조) 지엽적으로 흐를 수 있는 내담자 이해 조망을 보다 체계적이고 통합적으로 유지하는 데 도움이 될 것이다. 그리고 [그림 1-2]에 나타난 바와 같이 상담자는 생물-심리-사회적 모델과 내재적동기인 주요 욕구에 입각하여 내담자를 살펴본다면, 각 영역별로 내담자를 위해 개입할 수 있는 혹은 개입해야 하는 사항들을 파악할 수 있을 것이다.

---

4) Reeve, J. (2008). *Understanding Motivation and Emotion*. John Wiley & Son, Ins.

[그림 1-2] 생물-심리-사회적 모델과 동기적 욕구 유형에 입각한 인간 이해

2 생물-심리-사회적 모델과 동기적 욕구이론에 입각한 사례개념화 틀

상담자가 내담자에 대한 사례개념화를 할 때는 다양한 정보들이 필요하다. 상담은 내담자와 첫 면담 이전부터 시작한다고 볼 수 있다. 상담자는 내담자의 상담신청서(전화신청 내용 포함)나 상담의뢰서의 내용을 접하면서 내담자에 대한 가설을 만들기 시작할 것이다. 물론 가설은 가설일 뿐이기 때문에 상담자는 내담자를 통해 가설을 검증해야 한다. 또한 가설이 편견과 고정관념으로 변질되지 않도록 해야 한다. 상담자는 내담자와의 면담, 행동관찰, 심리검사 결과를 통해 그리고 주요한 주변 인물의 보고를 통해 사례개념화에 필요한 실제적인 정보를 확보한다. 정확한 사례개념화를 위해 상담자는 직간접적으로 확보한 내용들을 생물-심리-사회적 모델과 동기적 욕구이론에 입각하여 재조직화하는 작업을 수행해야 할 것이다. 내담자의 모든 보고내용과 태도, 드러난 행동 등 그 어느 것 하나 중요하지 않은 것이 없다. 즉, 내담자의 모든 것은 상담자가 경청해야 하고 존중해야 하는 것들이다. 한편 유능한 상담자는 내담자가 보고하고 보여 주는 모든 정보들을 관통하는 주제 혹은 패턴을 신속하고 정확하게 파악한다. 상담은 시간 제약이 있다. 특히 유료상담 현장에서는 더욱 그러하다. 마냥 여유롭게 최대한 길게 지속하는 상담이 성과 있는 상담이라 할 수 없다.

현장에서 슈퍼비전을 진행하다 보면, 상담자들이 내담자와 초반 상담 3~4회기를 진행하고 다양한 정보를 수집한 이후에 사례개념화를 진행하는 것으로 인식하고 있다는 사실을 발견할 때가 많다. 물론 내담자 정보가 많으면 더 정확한 사례개념화를 할 수는 있겠지만, 사례개념화는 내담자와 접촉하는 순간부터 시작하여 끝날 때까지 지속되는 작업이다. 따라서 상담신청을 위한 전화(메일) 내용, 상담신청서 내용, 접수면접 내용과 첫 회기 상담 내용을 바탕으로 초반부터 정확도를 확보한 잠정적 사례개념화를 해낼 수 있는 상담자 역량을 갖춘다면 내담자에게 더 만족스러운 상담을 제공할 수 있을 것이다. 내담자가 처해 있는 삶의 여건(신체상태, 시간, 돈, 사회적 지지 등)을 고려하여 최대한 신속하고 효율적으로 어려움을 해결할 수 있도록 조력하는 것이 상담자의 책무다. 따라서 이 책에서는 상담신청서(그리고/혹은 접수면접 내용)와 첫 상담회기까지의 내담자 정보를 바탕으로 사례개념화를 하고 이에 근거하여 상담목표와 전략을 수립해 보는 훈련을 할 수 있도록 구성하였다. 이를 위해 내담자와의 상호작용을 통해 수집한 정보들을 체계적이고 통합적으로 정리하는 실제적이고 효율적인 틀이 필요할 것으로 여겨진다.

[그림 1-3]은 내담자에 대한 사례개념화를 훈련하는 데 실제적으로 활용할 수 있는 틀을 제공한다. [그림 1-3]을 살펴보면, 상담자가 무엇을 듣고, 살피고, 탐색해야 하는지와 내담자가 경험한 사건들 안에 존재하는 동기적 욕구 유형과 충족 여부를 파악해야 한다는 사실을 알 수 있을 것이다. 또한 촉발사건 혹은 선행사건과 그 결과, 근원원인 및 유지원인, 현재 호소하는 문제[생물적 축(생리적 증상), 심리적 축(인지, 정서, 대처행동), 사회적 축(대인관계)] 및 주요 동기적 욕구가 서로 쌍방적으로 상호작용하고 있음을 숙지해야 한다.

앞으로 상담자 발달과정을 밟으면서, 여러분 나름대로의 내담자 이해를 위한 인지맵을 발달시켜 나갈 것이다. 그 일환으로 [그림 1-3]이 내담자 사례개념화 훈련을 위해 활용할 수 있는 하나의 참고 틀이 되길 바란다.

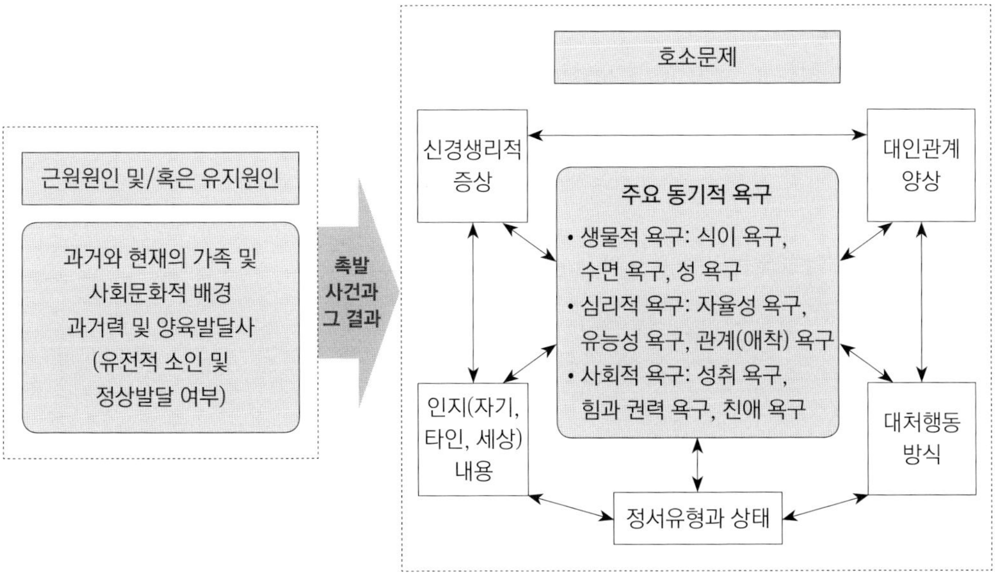

[그림 1-3] 생물-심리-사회적 모델과 동기적 욕구이론에 입각한 사례개념화 틀

3 사례개념화 기술의 논리적 구조

대체로 10~15회기로 진행되는 시간제한이 있는 단기상담 현장(청소년 상담기관, 대학 상담센터, 학교상담 및 일부 유료상담세팅 등)에서 활동하는 상담자는 최대한 내담자와의 초반 2~3회기 정도 안에 잠정적 사례개념화 내용을 마련하고, 이를 내담자와 공유하고 내담자의 수정 및 보완을 거쳐 합의된 상담목표와 전략을 설정해야 한다. 이것이 치료적 협력주의를 실천하는 기본적인 방법이자, 협력적 작업동맹을 구축하는 필수과정이다. 상담자가 사례개념화한 내용을 내담자가 이해할 수 있도록 작성하여 공유할 수도 있고 언어적으로 안내할 수도 있다. 어떤 방식으로든 사례개념화 내용을 전달할 때는 공감하며 이해하고 조율하는 태도를 유지하고 잠정적 가설의 형태로 제시해야 한다. 기본적인 사례개념화 내용 작성 흐름은 〈표 1-1〉과 같다. 단, 〈표 1-1〉에 제시된 사례개념화의 논리적 구조는 하나의 예시이며, 유일한 사례이해 기술이 아니다. 최소한의 형식을 갖춘 예시일 뿐이다. 복합외상 사례를 포함한 특수 사례 혹은 다양한 이론적 오리엔테이션을 따르는 사례개념화 양식은 추가적으로 학습해야 한다.

〈표 1-1〉 사례개념화의 논리적 구조 예시

〈상담경위 혹은 신청계기(촉발사건)〉
내담자는 …로 인해 …을 통해 상담에 의뢰된 비자발적 내담자 혹은 … 필요에 의해 스스로 상담을 신청한 자발적 내담자이다.

〈촉발사건과 그 결과-필요시 좀 더 자세히 기술〉
내담자는 최근 …사건을 경험하였으며, 그로인해 …한 상태를 겪고 있다(혹은 …을 경험을 하고 있다).

〈주 호소문제〉
상담신청 당시 주요 호소내용은 다음과 같다. 신체 · 생리적 증상 …, 인지적으로는 …, 정서적으로는 …, 대처행동 및 대인관계 측면에서의 어려움은 …이다.

〈근원원인 및/혹은 유지요인과 그로 인해 내담자가 현재 받고 있는 영향〉

호소문제의 근본적인 원인을 살펴보면 다음과 같다. 가족배경, 주요 역기능적 가족 관계역동, 그로 인해 내담자 성장과정에 초래된 영향(인지, 정서, 대처행동 및 대인관계 반응양식 특성)과 현재 드러나고 있는 스트레스 사건 및 증상과의 연관성을 기술한다.

〈내담자가 받은 부정적 영향과 관련된 핵심욕구〉

내담자의 현재 가장 결핍된 핵심욕구는 …이다.

〈내담자 강점 및 활용방안〉

현재 내담자가 …한 어려움 혹은 부적응 상황에 있으나, …한 강점자원 또한 보유하고 있다. 따라서 강점자원을 …의 어려움을 해결하기 위해 …방식으로 활용해 볼 수 있을 것이다.

〈내담자 이해를 바탕으로 한 상담 방향성〉

생물-심리-사회적 모델에 입각한 본 상담에서는 내담자의 결핍된 핵심욕구를 충족시키고, 호소문제를 해결하기 위해 다음과 같은 상담방향성을 설정하고자 한다.

4 사례개념화 및 목표수립 과정 예시

상담자가 내담자와 나눈 매 회기 내용을 기록하거나 녹취하는 이유는 내담자에 대한 정확하고 체계적인 통합적 이해를 위한 것이다. 통합적 이해를 바탕으로 할 때 적합한 상담목표와 전략을 수립할 수 있다. 특히 초심상담자들은 내담자의 이야기를 정성껏 최선을 다해 집중해서 경청하려 노력은 하지만, 경청한 내용 안에 내담자의 어떤 동기적 욕구가 존재하며, 그것들이 어떻게 좌절되었고, 좌절사건에 대한 내담자의 해석과 의미부여 과정이 어떠했는지 파악하기란 여간 어려운 일이 아니다. 이러한 일련의 심리내적 과정을 이해하지 못한 상태에서는 내담자가 현재 경험하고 있는 부정적인 생각, 감정 그리고 비효율적이고 역기능적인 대처행동에 대한 적절한 개입이 어렵다.

다음에 제시된 사례개념화 및 목표수립 과정을 보여주는 사례는 상담 현장에서 자주 접할 수 있는 청소년 내담자 상담내용을 참조하여 각색한 것이다.

초심상담자가 자신이 진행한 상담회기 내용을 다시 듣고 축어록을 풀고 다시 읽으면서, 이 자료들을 탐색적 요인분석처럼 재조직화해 나가는 과정을 보여 주는 방식으로 구성되어 있다. 사례내용에 대한 재조직화 과정은 많은 시간과 에너지가 들어가는 고된 작업임이 틀림없다. 그러나 상담전문가로서 정확하고 체계적이며 통합적인 사례이해 역량을 증진시키기 위해서는 초기 수련과정에서는 이 고된 작업을 기꺼이 수용해야 한다.

사례가 어떤 방식으로 재조직화되고, 재조직화한 내용을 바탕으로 어떤 상담 개입전략이 마련되는지 그 과정을 찬찬히 따라가 보기 바란다.

1) 내담자가 상담을 신청하게 된 결정적 계기(사건)와 관련된 내용

❖ 최근 학교부적응으로 외할머니 거주지로 전학 시도하다 좌절

❖ 이전 정황: 초등 6학년 때 왕따 피해 경험. 친했던 몇 명의 초등 친구들과 이사 및 전학으로 인해 헤어지고 혼자 중학교 입학. 중학교 학기 초부터 모둠활동 조에 선택되지 못해 끝까지 남았다가 선생님들이 배정해 주는 조로 들어감. 여름방학 이후 모둠활동 조원들의 소외 혹은 부당한 요구에 지쳐 등교거부와 잦은 결석. 담임 선생님 통해 상담 신청

그에 따른 상담개입 전략

A. 사회적 지지 체계 구축
  a. 상대적으로 안전한 초등학교 친구들과의 연락 지속 방안 모색
  b. 학교 내 안전한 물리적 · 심리적 경계설정을 위한 담임 선생님 및 학교 내 상담실 활용 가능성 타진
B. 외할머니 댁으로 전학의 현실적 가능성과 장 · 단점에 대한 비교 검토

2) 내담자 현재 호소문제

(1) 신체·생리적 측면

"밤에 누워서 2시간 정도 뒤척거려도 잠이 안 와요." "아침에 물 먹은 솜처럼 몸이 무거워 안 일어나져요."

그에 따른 상담개입 전략

A. 수면장애 혹은 기타 스트레스로 인한 신체 · 생리적 증상 유무 확인 필요
B. 우울로 인해 동반되는 증상 확인하고, 정상적인 신체 컨디션 확보에 도움이 되는 활동 발굴

(2) 인지적 측면

① 자기에 대한 신념

"아마 싸우려고 태어난 것 같다!" "왜 사나 싶다." "이렇게 살 바엔 그냥 죽는 게 낫지 않을까 싶다." "어쩌다가 이런 집에서 태어나서 왜 이렇게 불행하게 사는지 모르겠다."

그에 따른 상담개입 전략

- 내적인 온전함과 안정감을 느낄 수 없는 내담자임
- 심리적으로 불안정하고 소진된 상태일 가능성 높음

A. 내담자의 내적 상태에 대한 심리진단 평가 필요
  a. 필요시 약물치료 고려
B. 자살사고에 대한 구체적인 탐색과 위기 대응 매뉴얼 마련 필요

② 타인에 대한 신념

"얘들이 놀릴 것 같아 학교 가기 싫다." "사람 만나는 게 싫다." "(부모는) 이럴 거면 나를 왜 낳았나, 차라리 그때 죽이지(유산) 그랬나. 아무 대책도 없는 사람들이다." "대인기피증이 있어서 밖에 나가는 걸 싫어한다."

그에 따른 상담개입 전략

- 사람들에게 치이면서 관계에 대한 회의적이고 부정적 태도가 형성되어 있음
- 대인관계 자체가 버겁게 느껴지는 상황임

A. 내담자의 관계욕구의 좌절과 그로 인한 부정적인 감정에 대한 타당화 작업 필요
  a. 지지적 접근
  b. 부정적인 감정과 연결된 원래 바라고 희망했던 관계욕구를 명료화
  c. 좌절된 관계욕구를 충족시킬 수 있는 안전한 대상 발굴
  d. 의사소통 및 사회성 훈련 병행

③ 미래와 세상에 대한 신념

"하루라도 조용히 넘어갔으면 좋겠다." "집도 학교도 욕설과 폭력이다." "주변을 돌아보면 여기저기 지뢰가 터질 것 같아 그냥 눈 감고 잠자는 게 낫다." "전쟁 같은 나날이다."

그에 따른 상담개입 전략

- 내담자를 둘러싸고 있는 세상은 시끄럽고 비우호적이고 위협적이며 자신을 침범하는 것으로 인식되고 있음

A. 내담자에게 안전감을 제공할 수 있는 심리적, 물리적 환경자원 확보 및 발굴 필요
  a. 안전하지 않은 공간으로부터 최대한 분리되어 생산적인 자기 일을 할 수 있도록 사회적 연계자원 발굴 필요(예: 방과 후 공부방, 청소년 문화 센터의 프로그램 등)

(3) 정서적 측면

"내 마음을 잘 모르겠다. 눈물도 안 나고, 그냥 멍하다." "자기 전에 눈물이 조금 찔끔 날 때도 있다." "동생 때문에 가끔씩 열불이 솟구칠 때가 있다. 막 욕하고 두들겨 패고 싶다." "집에 있으면 답답하고 짜증난다."

PART I
PART II
PART III
PART IV
부록 1
부록 2
부록 3
부록 4
부록 5
부록 6

그에 따른 상담개입 전략

- 적절한 정서자각과 표현의 어려움 있음
- 불행감, 무망감, 원망, 분노 등 부정적 정서가 지배적일 수 있음

A. 욕구와 감정에 대한 자각을 증진시키기 위해 '감정 세분화' 작업 필요
  a. 욕구와 감정카드 등을 활용하여, 욕구와 감정을 알아차리고 표현하는 훈련
  b. 현재 갈등이 지속되고 있는 상황에서 부정적인 정서와 신체감각 증상을 조절하기 위한 연습(예: 호흡, 심상법 등 표현예술 치료적 기법과 신체안정화 기법 활용)
  c. 긍정정서를 유발할 수 있는 자원 발굴 및 활용

(4) 대처행동적 측면

❖ 상담자 관찰내용: 회피적 대처행동(잦은 결석, 작은 말소리, 얼버무리듯이 발화, 상황에 맞지 않게 웃는 표정과 웃음)

"(학교에서는) 그냥 딴 생각해요." "그냥 엎드려 자요." "누가 들리게 뒷담해도 그냥 가만히 있어요." "(집에서는) 나도 참다가 그렇게 한번 폭발하기도 하는데 그러면 조금 시원해요." "음악 들으면서 웹툰 볼 때가 제일 편해요."

그에 따른 상담개입 전략

A. 현재 선택하고 있는 대처행동과 연결된 내담자 욕구의 타당화
B. 대처행동에 대한 만족도와 효과성(장단점) 검토
C. 의사소통과 문제해결 만족도 증진을 위한 효과적인 대안 마련
  a. 역할연기, 빈 의자 기법 등 행동기법 활용
  b. 욕구차원으로 치환하여 자신과 타인의 행동 이해하기 연습

(5) 대인관계적 측면

"한 살 아래 남동생과 많이 싸워요. 함께 있을 것 생각하면 걱정돼요." "스트레스를 나한테 풀어요. 맨날 짜증내고 욕하고를 반복해요." "엄마는 그냥 포기했는지 둘이서 알아서 하라고만 해요." "엄마는 네가 첫째니까 애를 챙겨야 한다고 해요. 내가 왜 그래야 하냐 그러면 왜 대드냐고 하고, 아무 말 안하면 왜 말 씹냐고 그러고. 진짜 이상해요." "아빠도 내가 뭐라고 말하면 대든다고 하고 말 안하면 씹는다고 하고."

그에 따른 상담개입 전략

- 갈등이 많은 가족은 곧 소통과 문제해결능력이 결핍된 가족이라 이해할 수 있음
- 특히 부모 모두 역기능적인 대화방식인 이중메시지를 사용하여 내담자를 혼란스럽고 불안하게 함
- 또한 내담자는 남동생의 감정배설 창구 역할을 하고 있음
- 이는 내담자의 부정적 정서와 소진을 악화시킬 수 있는 환경적 방해(위험)요인으로 판단됨

A. 부모면담을 통해 내담자 상태에 대한 이해와 적절한 양육지침 전달
B. 가족 내 내담자 역할과 의무에 대한 경계설정 필요
  a. 내 몫과 내 몫이 아닌 것을 변별하여 화와 죄책감을 완화
  b. 내담자 학업과 진로준비를 위한 외부 연계자원 활용

3) 내담자의 과거력과 발달사의 주요 내용

❖ 원치 않은 임신으로 출생한 내담자(unwanted baby)

"엄마한테 들었는데 아빠가 나 뱃속에 있을 때 유산시키라고 했대요." "남동생 때도 똑같이 그냥 지우라고 그랬다고. 도대체 진짜 애를 낳으면 안 되는 사람들이에요."

그에 따른 상담개입 전략

- 질적인 태내환경 및 평균적으로 기대되는 양육환경 아니었음

A. 자기 탄생에 대한 금지 메시지(환영받지 못한 존재)를 인지했던 사건에 대한 기억과 정서 재처리 작업 필요
  a. 사건 안에 존재하는 상처받은 내면 아이에 대한 교정적 정서체험 제공

4) 인지기능 및 유전적 소인 내용

"동생은 말을 빨리 잘 못해서, 내가 말로 빨리 뭐라고 하고서 피하면 된다."

❖ 상담자 관찰: 어머니도 발음이 부정확하고 말이 어눌함, 어휘력도 저조

그에 따른 상담개입 전략

• 유전적으로 인지기능 취약할 가능성 존재하기 때문에, 현재 학업성취도 파악 필요
• 학업부진이라면 그 원인을 정확히 파악해야 함. 이는 이후 학업 및 진로지도에 중요한 정보가 됨
• 또한 주변의 주요 대상자들과의 관계에서 적절한 언어적 소통자극 결핍 가능성 높음
A. 의사소통과 대인관계 역량을 키우기 위한 사회성 기술훈련 필요
B. 기초 학업 역량 증진과 진로발달을 위한 개입

5) 내담자의 생활환경과 문화적 배경 특성

❖ 가족: 부는 고졸, 모는 고2 때 자퇴 후 부와 사실혼 관계 시작. 첫째인 내담자 낳고, 경제적 어려움과 남편의 폭언과 폭력으로 헤어졌었음. 이후 다시 동거하다 둘째(남동생) 임신하면서 결혼. 부는 현재 지방 건설현장에서 근무. 한 달에 한 번 올라옴. 부인과 아이들에게 언어폭력은 여전히 심함

❖ 경제: 기초생활수급 가정

6) 내담자 개인 및 환경의 보호요인(강점 및 잠재력)과 방해요인

❖ 내담자 강점(자원)
- 인지영역: 기본적인 발단단계에 적합한 어휘력과 이해력 양호
- 대인영역: 우호적인 초등학교 때 친구들, 유일하게 안정과 위로를 줄 수 있는 외조모, 호의적인 현재 담임

❖ 내담자 취약점
- 정서영역: 권태 및 무기력을 포함한 우울, 내재된 분노 등 부정적 지배정서 조절 역량 저조
- 대인영역: 기본적인 대인 의사소통 역량 부족

❖ 환경자원
- 보호요인: 기초생활수급 가정 자녀에게 제공되는 각종 바우처 서비스 확보 가능
- 방해요인: 부모의 무관심, 모의 무리한 대리양육 강요

5)와 6)내용에 따른 상담개입 전략

- 경제적 · 신체적 · 심리적으로 불안정한 생활환경
- 가족의 기능성과 양육자 건강성 저조

A. 가족환경 이외의 보호요인으로 작용할 수 있는 환경 자원 확보
   a. 외조모와 초등 친구들과의 연결망 재구축
   b. 각종 바우처 제도에 대한 정보 파악 필요

B. 자립할 수 있는 미래 진로준비와 심리적 소진을 예방하기 위한 자원 확보

7) 사례개념화(내담자에 대한 통합적 이해)

앞에서 재조직하한 내용들을 논리적 구조에 따라 핵심적 내용을 축약하여 기술

<상담경위 혹은 신청계기>

내담자는 학교 부적응과 빈번한 무단결석으로 인해 담임 선생님으로부터 상담이 의뢰된 비자발적 내담자다.

<촉발사건과 그 결과>

초등 6학년 때 왕따 피해 경험이 있는 내담자는 중학교 진학 시 친한 친구들과 떨어지면서 초기 사회적 지지망을 만들지 못한 채 학기를 시작했다. 최근 모둠활동에서 배제되거나 부당한 요구를 받는 사건이 발생하면서 등교거부와 잦은 결석이 심화되고 있다.

<주 호소문제>

내방 당시 내담자는 자기, 타인과 세상에 대한 부정적 사고(싸우려고 태어난 나, 불행한 나, 대책 없는 부모, 놀리는 친구들, 지뢰밭 같은 세상)를 보고했으며, 정서적으로는 무감각하다가 갑자기 솟구치는 화를 쏟아 내는 반응을 반복하고 있었다. 대인관계를 포함한 스트레스 상황에서 주로 잠을 자거나 무반응하거나 철수하는 회피행동으로 대처하였으며, 신체 · 생리적으로는 수면의 어려움과 컨디션 난조를 보였다.

<근원원인 및/혹은 유지요인과 그로 인해 내담자가 현재 받고 있는 영향>

주 호소문제에 대한 근원원인을 살펴보면, 내담자는 미성숙하고 불안정한 부모의 '원치 않은 아이'로 태어났으며, 경제적 · 현실적 · 심리적 돌봄이 결핍된 양육환경에서 자랐다. 인지 및 감정 조절능력이 떨어지는 부모로 인해 안정된 사회문화적 자극을 경험하지 못하였으며, 가

족구성원 간 직간접적인 신체적 · 언어적 폭력을 지속적으로 경험해 왔다. 이로 인해 적절한 의사소통 능력, 감정조절 역량 및 문제 상황에 대한 효과적인 대처방식 발달이 또래에 비해 유의미하게 저하된 상태다. 이는 현재 학교 또래관계에서 부당한 요구를 받는 상황에서 무력하게 대처하거나 회피하고 결석하는 방식으로 나타나고 있다. 또한 가족 안에서도 자기표현과 주장을 하기보다는 참고 견디다가 터뜨리는 반응패턴이 반복되고 있다.

〈내담자가 받은 부정적 영향과 관련된 핵심욕구〉

현재 내담자가 지각하고 있는 삶은 '다툼, 괴롭힘, 전쟁, 지뢰밭'으로 인식되고 있기 때문에, 침범받지 않는 안전하고 평화로운 환경에 대한 필요와 이해, 수용 및 유용한 안내를 경험할 수 있는 안정애착 대상과의 관계 욕구 충족이 시급하다.

〈내담자의 강점자원 및 활용방안〉

내담자는 현재 심리적 부적응 상태이긴 하지만, 인적인 보호자원인 안정애착의 외조모가 있으며, 안전하고 신뢰할 수 있는 초등학교 친구들이 있다. 이들과의 소통을 통해 긍정정서 경험 확보를 모색해 볼 수 있다. 그리고 양육 결핍 환경으로 인해 학업성취가 저조한 상태일 수 있으나, 기본적인 이해능력과 어휘력이 양호하고 우호적인 담임 교사가 있어 학업적인 기본기를 증진시켜 학업적 성취경험 확보 방안을 마련해 볼 수 있다.

〈내담자 이해를 바탕으로 한 상담 방향성〉

생물-심리-사회적 모델을 따르는 본 상담에서는 내담자 주 호소문제 해결과 핵심욕구 충족을 위해 다음과 같은 상담방향성을 취하고자 한다. 내담자에게 상담의 장이 안전한 심리적 · 물리적 공간으로 기능하도록 하며, 상담자는 재양육적이고 지지적 접근을 통해 내담자의 결핍된 능력(정서자각, 인지명료화, 의사소통 및 대처, 미래설계 등)을 촉진시키는 작업을 수행하고자 한다. 또한 역기능적인 부모와의 심리적 분리와 내담자 자립을 위해 강점 발굴 및 활용안을 마련하고, 취약점을 보강하는 방안을 모색하여 앞으로의 진로에 대한 현실적인 안내를 제공하고자 한다.

8) 상담목표와 전략

상담자가 취하는 이론적 배경과 현실에서 주어진 상담환경이 어떠하냐에 따라 목표와 전략은 상당한 차이가 있을 수 있다. 단기상담(10회~15회) 현장이라면, 내담자가 가장 희망하거나 내담자 안전과 안녕감 확보를 위해 가장 시급한 목표를 설정하는 것이 적합하다. 또한 어떤 이론적 근거를 가지고 내담자 사례개념화를 실시하는가에 따라 현재 호소 문제를 야기하는 근원 및/혹은 유지 원인에 대한 내용이 달라지고 그에 따른 개입전략도 달라질 수 있다. 사례개념화 방법은 다양하다. 생물-심리-사회적 모델과 동기적 욕구이론은 그 중 하나다. 이론에 근거한 사례개념화 훈련 전에, 초심상담자가 인간이해를 위한 큰 조망을 가지고 사례개념화와 목표 및 전략 수립 연습을 하는 데 도움이 되리라 생각한다.

앞서 살펴본 예시 상담사례는 동기적 욕구를 포함한 생물-심리-사회적 모델에 입각한 상담이기 때문에, 세 축에서 상담목표와 전략을 기술하였다. 상담목표는 내담자 사례개념화 내용(7번) 중 '상담방향성'을 좀 더 구체적으로 생물, 심리, 사회적 영역으로 구분하여 기술하였고, 상담전략도 앞서(1~6번) 상담내용을 재조직화 과정에서 기술했던 '상담개입 전략'을 각 영역별로 분류하여 정리하였다.

(1) 생물영역의 목표와 전략

① 정상적인 신체 컨디션을 확보하여 생물학적 항상성을 안정화한다.

a. 수면장애 혹은 기타 스트레스로 인한 신체 · 생리적 증상 유무와 그 심각도를 평가하여 필요시 약물치료와 병행하도록 한다.

b. 규칙적인 일상생활 유지 및 관리를 위해 적절한 신체활동을 동기화하는 자극원을 찾는다.

(2) 심리영역의 목표와 전략

① 원가족에 대한 이해와 현실적인 가족 내 역할 명료화를 통해 자기경계를 강화한다.

a. 부모로부터 잘못 학습된 가족 내 내담자 역할에 대한 재학습 경험을 제공한다.

b. 내담자-상담자의 상호 협력적이고 지지적인 관계경험을 제공하여 안전한 안정애착대상과 건강하지 않고 거리를 둬야 하는 대상을 구분하는 훈련을 한다.

c. 욕구좌절 사건과 사건 안에 존재하는 상처받은 내면 아이에 대한 교정적 정서체험을 제공하여 부정적 정서를 완화시킨다.

d. 일상생활 사건에 대한 구체화와 명료화를 통해 객관적인 조망능력을 획득하고 역할연기와 자기표현 훈련으로 효율적인 대처행동을 발달시킨다.

② 심리적 · 경제적 자립의 필요성을 인식시키고, 실제적인 미래설계와 실천행동을 통한 성취경험을 확보한다.

a. 상대적으로 가용할 수 있고 통제할 수 있는 자원(자기 자신, 호의적인 선생님 및 또

래, 물리적 장소 및 사회지원 제도 등)과 그렇지 않는 자원들(가족, 비우호적인 또래 등)을 구분하고, 가용자원 및 자기통제 가능한 것을 자신을 위해 적극적으로 활용하는 방안을 마련한다.

b. 자기이해와 진로방향성 결정을 위해 성격 및 진로검사를 활용한다.

(3) 사회영역의 목표와 전략

① 내담자의 현실적 · 심리적 지지 체계를 구축하여 전반적인 심리적 안정감을 향상시킨다.

a. 상대적으로 안전한 초등학교 친구들과의 연락 지속 가능성을 파악하고, 우호적 관계를 위한 소통훈련을 실시한다.

b. 학교 내 안전한 물리적 · 심리적 경계 설정을 위해 담임 선생님 및 안전한 공간(상담실)을 활용하는 방안을 마련한다.

c. 현실적 전학 가능성과 장 · 단점을 살펴보고, 내담자가 원하고 가능하다면 필요한 사전 준비를 함께 한다.

PART
II

성인 상담 사례개념화 및 목표 · 전략 수립 연습

1. 기혼여성 사례 정보 및 첫 회기 축어록

2. 실습 사례에 대한 사례개념화를 위해 탐색해야 할 사항

3. 사례개념화(내담자에 대한 통합적 이해)

4. 상담목표와 전략

지금까지 여러분은 제시된 상담 예시사례를 통해 상담자가 어떻게 재조직화하면서 통합적이고 체계적인 사례개념화를 시도하고, 그 과정에서 상담자 개입전략을 어떤 식으로 발굴하는지에 대해 다소 수동적인 관찰자 시점에서 따라왔을 것이다. 지금부터는 여러분이 직접 참여하는 능동적인 실습시간이 될 것이다.

가장 효율적인 상담자 역량강화 방법은 내담자에 대한 사례개념화와 이를 바탕으로 한 상담목표 및 전략을 수립하는 숙련 전문가들의 과정을 직접 참여관찰자로 지켜보고 의문점을 곧바로 질문하고 그에 대한 답을 듣고 자신이 관찰 학습한 것을 그대로 적용해 보면서 체득하는 것이다.

이 워크북은 바로 곁에서 직접 관찰하는 과정을 제공하지는 못하지만, 상담전문가들이 내담자를 만나 초반에 어떻게 사례개념화를 하고, 내담자의 호소문제를 해결하기 위한 목표 및 전략을 수립해나가는 과정을 최대한 상세하게 들여다볼 수 있도록 구성하였다. 현실적인 지면의 한계와 저자들의 여건상 이번 워크북에서는 실제사례의 상담신청 순간부터 종결회기까지 진행된 모든 내담자 상담 자료를 제시하지는 못했다. 그러나 상담 현장에서 실제 만날 가능성이 높은 성인, 청소년, 대학생 상담사례를 창작하여 제시했으며, 특히 내담자의 첫 회기 완전축어록을 수록하고 이를 바탕으로 사례개념화를 실시하는 견본을 제공하였다. 따라서 상담수련생과 초심상담자가 워크북을 활용할 때 개인 혹은 팀으로 상담자 언어반응 훈련도 병행한다면 유익할 것이다.

마지막으로 여러분이 실습하게 될 세 개의 상담사례에 대한 사례개념화 과정, 목표 및 전략 수립 모범답안과 첫 회기 상담자 언어반응에 대한 해설내용을 부록에 수록해 두었다. 내담자 이해와 상담자 언어반응에 정답은 존재하지 않는다. 상담전문가의 반응을 간접적으로나마 살펴볼 수 있는 하나의 예시 자료로 활용하길 바란다. 또한 적극적이고 건설적인 평가의 시간도 가지길 바란다. 대리적 자유연상 작업을 통해 각 실습사례의 내담자가 자신이라면 어떤 얘기가 듣고 싶었을지, 상담자의 어떤 반응이 가장 마음에 와 닿고 도움이 되었을지 살펴보라. 혹은 여러분이 상담자라면 어떻게 진행하고, 무엇을 좀 더 집중적으로 다룰지 등을 생각해 보거나 동료들과 함께 의견을 교류하는 시간을 가져보라. 이는 상담자의 자기 주도적 발견적 학습역량을 이 워크북을 활용하여 키워 달라는 저자들의 요청사항이다.

타고난 상담자는 없다. 그저 부단한 수련을 통해 길러질 뿐이다. 상담전문가로서 성장해 가는 과정에서 겪는 통증의 끝에는 '성장, 성숙, 노련미, 유능성'이 기다리고 있다는 자명한 진실을 꼭 기억하길 바란다. 이제 실습 본론으로 들어가 보자.

1 기혼여성 사례 정보 및 첫 회기 축어록

다음 사례는 상담센터에서 보편적으로 접할 수 있는 호소문제(자녀문제 및 가족관계 갈등)를 가지고 있는 성인 내담자다. 자녀문제로 인하여 상담센터를 방문하게 된 내담자라는 점과 상담신청서 및 접수면접 내용을 바탕으로 첫 회기 상담을 진행하게 된다. 아래 제시된 성인사례 상담 내용을 가지고 스스로 혹은 팀으로 앞에서 살펴본 사례개념화, 목표 및 전략 수립 과정을 따라 실제 연습하는 시간을 갖도록 한다. 또한 상담자와 내담자의 첫 회기 상호작용을 살펴보고 상담자의 대안적 언어반응을 찾아보는 연습도 병행해 보기 바란다.

1. 내담자 인적사항: 여, 45세, 대졸, 주부

2. 상담신청 경위: 자녀의 등교거부로 학교상담센터에서 상담권유 받음

3. 주 호소문제
   1) 상담신청서 체크 내용: 우울, 불안, 화, 가족갈등
   2) 접수면접 주요 내용
      (1) 등교하지 않는 아이를 보는 것이 너무 힘들다.
      초등학교까지 학업적이 우수하여 부러움을 샀던 아이가 중학교에 입학 후 학교를 가지 않고 있음. 등교하지 않는 아이를 보는 것이 너무 힘듦. 또한 아이가 학교를 가지 않으니 사람들 만나는 것도 싫고 모든 것이 귀찮고 아무것도 하기 싫음
      (2) 요즘 자녀에게 자꾸 화를 많이 낸다.
      등교하지 않는 아이에게 화가 치밀어 올라 소리를 지르게 됨

4. 가족관계(상담신청서 작성 내용과 접수면접 시 파악 내용)

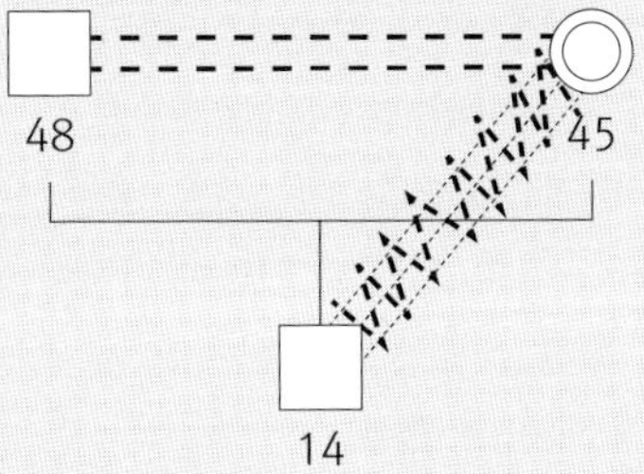

1) 남편(48, 대졸): 4남매 중 셋째, 외아들로 어머니로부터 편애를 받고 성장. 자기주장 강하여 회사생활하다 몇 년 전에 사업 시작. 가정 일은 여자 몫이라고 생각하여 자녀와 시댁에 대한 모든 의사결정을 내담자 몫이라고 이야기함. 몇 년 전 부(父) 사망 후 모(母)에 대한 마음이 더 각별해져 내담자가 어머니를 잘 챙기고 보살피기를 바람
2) 아들(14, 중1): 내담자를 잘 따르고 시키는 것을 곧잘 하는 온순한 아이였음. 어릴 때는 발달이 약간 느렸으나 초등 입학하면서 학원, 운동 등을 시킨 이후 2~3학년부터는 성적 향상. 다양한 대회에서 수상도 하였음. 초 6때 학교폭력 사건에 연루됨. 여러 학교폭력사건이 다 같이 문제제기 되면서 가해자로 지목되었다가 학교폭력위원회 전 조정과정에서 방관자로 분류되어 학교폭력위원회로 넘어가지는 않고 상담 및 반성문 조치를 받음. 이 사건 이후 6학년 2학기에 전학, 중학교 입학 후 여름방학 한 달 전쯤부터 학교를 한두 번씩 안 가기 시작. 이로 인해 학교상담실에서 상담을 받고 있고, 내담자도 학교상담실을 방문하였음

5. 내담자 인상 및 행동관찰

160센티 정도의 키. 약간 마른 체형. 단발 파마머리에 차려입은 옷차림새. 약간 긴장한 듯한 모습. 상담 시간에 이야기를 시작하면 목소리가 커지고 빨라지며, 어떻게 하는 것이 좋을지 상담자의 의견을 자주 구함

6. 내담자 개인 및 환경의 강점(자원) 및 취약점

1) 생물적 영역: 특정 신체 질환 없고 전반적 건강 양호
2) 심리적 영역
   (1) 인지: 서울소재 대학 졸업 및 사무직 경력 1년
   자녀의 학업문제와 학교폭력 사건해결에 필요한 절차적 지식 보유. 그러나 타인의 평가적 시선에 대한 염려가 많고, 통합적 조망을 바탕으로 한 효율적인 문제해결 능력은 다소 부족
   (2) 정서: 현재 상태에 대한 강한 불편감을 호소하고 있으나 자기 정서 상태에 대한 자각 부족. 단, 상담자의 조력하에서 자각 수준 증진 충분히 가능

3) 사회적 영역

(1) 대인관계: 대학졸업 1년 후 바로 결혼하여 연락하는 친구는 거의 없음. 주로 아이 초등학교 학부모들과 관계하였으나 전학한 이후로는 연락하지 않음

(2) 가족환경: 원가족의 친정 모(母)와 여동생을 가끔 만나 공통관심인 자녀양육에 대한 이야기를 자주 나눔. 하지만 친정 모는 지지적이지 않고 지적하고 평가. 현 가족인 남편은 성실하고 책임감 있는 가장이지만 자기주장 강하고 가부장적이어서 심리적인 위안과 의지가 되지는 못함

7. 첫 회기 상담내용

1회기(20○○년 ○월 ○일, 50분)

상 1: 은진 씨~ 안녕하세요. (네.) 저는 상담자 이현정이라고 해요. 신청하고 접수면접도 하고 오늘부터 첫 상담 시작인데 오늘 오시면서 마음은 어떠셨어요?

대안반응?

____

내 1: 음. (잠시 멈춤) 드디어 시작이구나 싶기도 하고 결국 오늘도 싸우고 나와서 기분이 안 좋기도 하고 그러네요.

상 2: 그러셨군요. 아이와의 관계에서 어려움이 있지만 그것을 변화시켜 보고자 이리 상담도 신청하셨는데 참 쉽지 않지요.

대안반응?

____

내 2: 오늘도 아이가 학교를 안 갔어요. 정말 학교를 안 가고 누워 있는 아이를 보면 너무 화가 치밀어요. 한편으로는 지도 오죽 힘들까 싶어서 좀 기다려 줘야지 싶다가도 이 정도 기다려 줬으면 가야 하는 거 아닌가 싶기도 하고 모르겠어요. (한숨) 정말 기다리면 갈까 싶기도 하고 갈 마음이 있는 건가 싶기도 하고 아이 생각하면 답답하고 숨 쉬기가 힘들어요.

상 3: 학교에 가지 않는 아이를 보는 마음이 참 힘드시지요. (네.) (한숨) 은진 씨가 힘드셔서 자꾸 한숨이 쉬어지네요.

대안반응?

____

내 3: 네. 정말 저희 아이 괜찮은 아이였거든요. 제 말도 잘 따르고 공부도 잘하고 정말 사람들이 부러워했었어요. 아들을 어떻게 이렇게 잘 키웠냐고. 그런데 이렇게 됐다는 게 (한숨) 정말

부끄러워서 어디 다니지를 못하겠어요. 제가 집에 잘 안 있고 돌아다니는 편이었거든요. 아이들 부모들도 자주 만나고 그랬는데 요즘은 다 연락 끊고 지내고 있어요. 어떡해야 아이가 학교에 갈까요?

상 4: 모범적이고 잘 키웠다고 부러움 받던 아이가 학교를 안 가는 날이 늘어나니 어떻게 해야 할지 모르겠는, 모든 것이 혼란스러운 마음이시지요. (네.) 그래서 빨리 해결책을 찾고 싶으시죠. 그런 만큼 상담 오시기 전에 은진 씨가 나름 여러 노력들을 해 보셨을 텐데 그 과정들을 살펴보는 시간을 먼저 가졌으면 해요. (네.) 그래야 은진 씨와 아이가 했던 노력들 중에 실제 등교로 연결되는 데 효과적이지 않았던 것의 이유를 살펴보고, 앞으로 어떤 부분들을 달리해 볼 수 있을지 알 수 있을 거라고 생각되거든요.

대안반응?

____

내 4: 네. 음… (잠시 멈춤) 어떤 것부터 할까요? 어떤 것부터 해야 해요?

상 5: 은진씨한테 지금 떠오르시는 것부터… (침묵 5초) (좀 막막하네요.) 그럼 신청서와 지난 접수면접에서는 아이로 힘드신 것과 화를 내는 것에 대해서 이야기하셨는데 거기서부터 시작하셔도 돼요.(네.) 그 두 가지 중 어떤 것부터 이야기를 해 볼까요?

대안반응?

____

내 5: 아이가 학교를 안 간 지 한 달이 넘어가요. 1학기 끝날 때쯤부터 한 번씩 안 가기는 했어요. 그래서 학교상담실도 갔고, 그러곤 곧 방학이었어요. 그래서 저는 2학기가 되면 다시 학교 가겠지 했는데 2학기가 되면서는 더욱 학교 안 가는 날이 많아졌어요. 그런데다 아침에 학교가라고 깨우면 듣는 체도 안 하고 그냥 누워 있어요.

상 6: 오늘도 아침에 비슷한 상황이었던 것 같은데 오늘 상황에 대해 좀 더 이야기해 주시겠어요?

대안반응?

____

내 6: 어제 저녁만 해도 갈 것처럼 이야기하더라구요. 저녁 먹으면서 저한테 몇 마디 말도 걸고 그래서 얘가 그래도 가려나 보다 했어요. 그런데 막상 아침에 깨우니 아무 반응이 없는 거예요. 화 안 내야지 하면서 몇 번 더 깨웠는데 아무 반응 안 하고 누워 있는 뒷모습 보니 너무 화가 나고 심장이 벌렁거려요. 그래서 제가 막 소리를 질렀어요. 너무 속이 답답해 그냥 소리가 막 나왔어요. 니 마음대로 살라고 나도 학교에 전화 안 한다고. 그러고 보기 싫어서 옷만 급하게 챙겨 입고 나와 버렸어요.

상 7: 오늘은 그래도 가려나 보다 기대했던 만큼 반응 없는 아이를 보는 것이 더욱 힘드셨겠어요.

대안반응? ______

내 7: 저는 나름대로 한다고 했어요. 제가 이렇게 상담신청도 하고 지난번 와서도 이야기도 하고 보니 저도 아이 마음을 좀 더 챙겨야겠다는 생각이 들더라구요. 그래서 요즘 예전보다는 덜 다그치고 부드럽게 말하려고 저도 노력하고 있거든요. 그런데 반응이 없으니 화가 치밀어요.

상 8: 은진 씨가 오늘 있었던 일들을 이야기하시면서 그때의 감정들이 지금 올라오시는 것 같네요.

대안반응? ______

내 8: 저도 한다고 하는데 변화가 없으니 더 화가 나요.

상 9: 은진 씨도 나름대로 노력하고 있는 만큼 아이도 좀 변화했으면 싶은데 그렇지 않으니 노력해도 변화가 없는 건가 더욱 힘이 빠지시지요. (네.) 그러다 보니 은진 씨가 이런 순간에 확 화가 올라오시는 것 같은데 (잠시 멈춤) 제가 제대로 이해했나요?

대안반응? ______

내 9: 네, 제가 밖에서는 안 그러는데 가족들에게는 화를 좀 내는 편이에요. 남편과도 이걸로 좀 다툼이 있고는 한데 가족이니까 편하게 자꾸 나오게 되는 것 같아요. 안 그래도 사람들 만나면서 밖에서는 사람들에게 잘해야 한다는 생각이 제가 좀 있거든요. 사실 그렇지 않으면 소문 돌고 그러잖아요. 그렇게 구설수에 오를 일이 뭐가 있어요. 그러니 그냥 밖에서는 웬만하면 사람들 맞춰줘요. 그런데 저도 하고 싶은 말도 있고 하니 가족에게는 좀 편하게 하게 돼요. 제 말대로 안 따라 주고 그러면 좀 목소리도 커지고 짜증이 나요.

상 10: 바깥 관계에서는 그렇지 않은데 가족들 관계에서는 은진 씨 마음대로 되지 않을 때 짜증이 나면서 목소리가 커지게 되네요.

대안반응? ______

내 10: 저희 엄마도 항상 이야기를 하셨었어요. 바깥 사람들에게는 책잡힐 일 하지 말라고. 그래서 밖에서는 괜한 이야기 돌 행동 하지 않는 게 익숙해요. 그래도 사람 모이면 계속 이야기 돌고 그렇잖아요. 그래서 더욱 밖에서는 잘하는 편이에요. 그리고 아이 초등학교 때까지만 해도 공부를 잘하니 엄마들이 부러워하고 아이 공부나 학원 등으로 맺어진 엄마들, 동네 엄마들과 불편할 일도 없었어요. 그런데 아이 때문에 이렇게 이사 와서 저도 힘든데, 사실 아이 학원 등도 새로 알아보고 할 것들도 많고 그렇잖아요. 사람들도 다시 알아 가야 하고 그러다 보니 힘들고 집에 오면 좀 편하고 싶어요. 그래서 제가 하라고 한 것들이 되어 있는지 확인부터 하게 돼요. 안 되어 있으면 빨리 하라고 다그치게 되는데 아이가 예전에는 곧잘 하고는 했는데 요즘처럼 반응이 없으면 너무 화가 나요. 저도 모르게 화가 치밀어 목소리가 점점 커져요. 제가 생각해도 제가 요즘 화를 많이 내는 것 같은데 아이가 반응이 없으면 화가 순식간에 올라와요.

상 11: 아이가 반응이 없다는 게 은진 씨에게 어떻게 느껴져서 더욱 화가 나게 되는 걸까요? (잠시 멈춤) 은진 씨의 그 화가 나는 마음을 좀 더 이해하고 싶어서 물어요.

대안반응?

내 11: 네, 저희 아이가 순한 편이고 저를 잘 따르는 편이었어요. 그랬던 아이인데 학교를 안 가는 것도 너무 당황스럽고 받아들이기 힘든데 반응도 없으니 너무 힘들어요. 안 그랬던 애인데 저러니 더욱 쟤가 왜 저러나 싶고 미쳤나 싶어요. 제가 잘 키웠는데 왜 이러나 싶고 이러는 아이한테 너무 화가 나요. 그 순간은 너무 화가 치밀어 오르는 느낌이에요.

상 12: 은진 씨가 오전에 있었던 상황 이야기하시면서도 그렇고 지금도 이야기하시면서 화가 확 올라오시는 것 같네요. (네.) 화가 치밀어 올라오는 그 느낌에 잠시 머물러 보시겠어요? (잠시 멈춤) 조금 전에 이야기하면서 목소리가 빨라지고 커지셨는데. (잠시 멈춤) 그 마음을 좀 느껴 보시겠어요?

대안반응?

내 12: 조금 전에도 이야기하다 보니 화가 나면서 제 목소리가 커졌어요. 이야기하다 보니 확 화가 났어요.

상 13: 음~ 은진 씨도 화나는 것을 느끼셨네요. 이야기하시면서 어떤 것이 이렇게 확 올라오게 했던 걸까요? (잠시 멈춤) 조금 전 이야기하면서 어떤 부분부터 (잠시 멈춤) 어떤 것이 나를 이렇게 화나게 했던 걸까요?

대안반응?

PART I
PART II
PART III
PART IV
부록 1
부록 2
부록 3
부록 4
부록 5
부록 6

내 13: 제 말에 아이가 반응을 안 한다는 게…. (침묵 5초, 감정이 올라오는 모습)

상 14: 은진 씨 말에 반응하지 않는 아이. (잠시 멈춤) 말 잘 듣던 아이가 이렇게 내 말에 반응조차 없다는 것이 은진 씨를 너무 힘들게 하네요.

대안반응?

내 14: 제가 집에서 좀 제 마음대로 하는 면이 있기는 하지만 아이가 잘 따르고 별 문제 없었거든요. 그런데 학교를 안 간다는 것, 저는 받아들이기 힘들어요. 그런데다 다른 것도 아니고 학교를 안 가는 것으로 제가 말하는데 반응이 없다는 게 받아들여지지가 않아요.

상 15: 엄마 말을 잘 따르던 아이가 이렇게 반응이 없다는 것, (잠시 멈춤) 받아들여지지가 않네요.

대안반응?

내 15: 네, (눈물 흘리며 계속 이야기) 초등학교 때까지만 해도 제가 하라고 하는 것들은 다 하는 아이였어요. 저도 아이 좋으라고 시켰던 것들이구요. 시키면 아이가 잘 따라 하기도 했어요. 순하고 저를 잘 따랐던 아이인데 모르겠어요. 초등학교 5학년 때 한 번 소리 지르고 약간 그런 적이 있기는 했어요. 뭐 어쩌다여서 별 대수롭지 않게 여겼었는데 초등학교 6학년 때 학교폭력, 그 일로 인해 난리였지요. 겨우 수습하고 전학시켜 중학교 와서 학교 잘 다녔는데 어디서부터 잘못된 건지 모르겠어요. 그때부터였나 언제부터였을까 온갖 생각을 하게 돼요. 그러면 더욱 이제까지 살아온 게 의미 없이 느껴지고 집안일 하는 것도 다 귀찮게 느껴져요.

상 16: 엄마가 시키면 곧잘 잘하던 아이가 왜 지금은 내 말에 반응조차 없는 건지 아무리 생각해도 어디서부터 무엇이 잘못된 것인지 알 수가 없네요.

대안반응?

내 16: 제가 아이를 위해 공부나 학원 같은 거 추천하고 그러면 아이가 잘 따라오는 것이 좋았어요. 제가 성장하면서 뭔가 결정해 본 일들이 별로 없는데, 저희 친정엄마가 좀 강하세요. 그래서 그런 것들을 해 본 적이 없고 대부분 엄마가 하라는 것들을 했거든요. 그런데 아이를 위해서는 제가 해 주려고 애썼고 아이가 잘 따라오고 결과도 좋으니 잘 되고 있다고 생각했어요. 주변 엄마들이 가끔 저에게 융통성이 없다고 해서 제가 좀 더 아이를 풀어 줘야겠구나 하는 생각은 있었지만 무엇 때문에 이렇게까지 학교를 안 가려고 하는지 모르겠어요.

상 17: 도대체 왜 이렇게 되었나 생각해 보지만 이유를 알 수가 없네요. (네.) 아이가 등교를 안 하고 있어 아이에 대해서도 좀 나누고 싶어요. 아이의 등교문제로 학교상담실에도 방문하셨었고 그때 상담도 추천받으셨는데 그때 아이에 대해서 나누신 부분들은 어떤 것들일까요?

대안반응?

____

내 17: 전학 가서 괜찮은 줄 알았는데 학원에서 예전 초등학교 이야기를 어떤 아이가 물어봤었나 봐요. 그리고 나니 아이가 그 이후 학교에 소문이 퍼지지 않을까 두려워하고 위축되어 있다고 하시더라구요. 그래서 저도 아이를 좀 기다려 줘야겠다고 생각하고 부드럽게 해야겠다고도 생각했어요.

상 18: 아이가 초등학교 때 일이 지금의 학교 친구들에게 전달될까 두려워하는 마음이 있었군요. (네.) 이 내용을 학교상담실에서 처음 들으셨던 걸까요? (네.) 아~ 혹 아이와 은진 씨가 이와 관련하여 나눈 이야기들은 어떤 게 있을까요?

대안반응?

____

내 18: 사실 저는 그전에는 몰랐어요. 그냥 말 안하고 안 일어나길래 그런 줄만 알고 아이랑 싸우고 다그쳤었거든요. 학교상담실도 선생님이 연락 와서 아이가 학교에서 상담받으려고 했다는 거 알게 되어 좀 당황스러웠어요. 이후에 왜 이야기 안 했냐니까 그때 일 다시 이야기하고 싶지 않았다고만 얼버무리더라구요. 그래서 저는 학교에서 상담도 받고 있고 하니까 2학기 되면 학교 갈 줄 알았어요. 그런데 또다시 안 가고 이야기가 없으니 가려는 마음이 있는 건가 싶어요. 저는 갈 수 있을 것 같은데 아이가 안 가려는 것 같아요.

상 19: 아~ 은진 씨에게는 아이가 학교를 갈 수 있는데 안 가려고 하는 것으로 느껴지시네요.

대안반응?

____

내 19: 네. 일어나면 집에서는 별반 다르지 않아요. 그리고 친구들과도 연락하는 것 같고 잠깐씩 친구들도 만나러 나갔다 오거든요.

상 20: 아이의 모습을 보면 갈 수 있는데 안 가는 것처럼 생각이 드시니 아이가 일어나지 않는 모습에서도, 은진 씨의 이야기에 반응이 없는 모습에서도, 아이가 안 하고 있다고 더욱 느껴지시겠어요.

대안반응?

____

내 20: 네, 저는 그런 것 같아요. 저는 아이의 상태가 갈 수 있는 상태라고 생각이 들어요. 아침에도 일어날 수 있는데 안 일어나는 것 같구요. 그리고 저는 의지의 문제인 것도 같아요. 의지만 있으면 학교 갈 수 있을 것 같고, 학교는 다녀야지요. 의지가 있으면 갈 수 있는 건데 제가 깨울 때 반응 안 하고 누워 있는 뒷모습이 저를 무시하는 것 같아요.

상 21: 집에서의 아이를 보면 정말 힘든 것 같지도 않고 의지가 있으면 학교에 갈 수도 있다고 생각하시니, 더욱 아이가 갈 수 있는데 안 가는 것으로도 느껴지고. (잠시 멈춤) 은진 씨에 대해서도 반응을 못 하는 게 아니라 안 하는 것으로 느껴지시네요. (네.) 이런 생각들에 대해 아이와 이야기 나눠 보신 게 있으실까요?

대안반응? ______________________________

내 21: 아니요. 아이 보면 화가 나서 요즘은 제가 말 안 하려고 피해요. 아이 보면 화가 나요.

상 22: 은진 씨가 화내시거나 요즘처럼 말 안하고 피할 때 아이는 어떻게 반응하나요?

대안반응? ______________________________

내 22: 등교 안 하면서는 저도 화내고 아이도 소리 지르고. 가끔 방에 들어가 소리 지르거나 책상을 발로 차기도 하더라구요. 그러다 소리 내 울기도 하고. (잠시 멈춤) 그러다 아이도 상담받으면서 좀 더 노력하는 것 같고 저도 상담 신청하면서 이렇게 해서는 더 사이만 나빠질 것 같아서 부드럽게 하려고 해요. 그래서 저도 피하고 나와 버리기도 하구요. 그런데 학교 안 가는 것에 대해서는 아이랑 이야기를 자세히 해 본 적은 없어요. 좋은 이야기도 아니고 이야기하면 싸우게 되니 이야기를 안 하게 되는 것 같아요.

상 23: 지금으로서는 은진 씨도 아이도 더 이상 싸우지 않으려고 애써 덜 싸우기는 하지만 서로의 마음을 나누지는 못하고 있네요.

대안반응? ______________________________

내 23: 그러네요. 2학기 시작할 때에 비하면 덜 싸우기는 하는데 애가 정말 왜 안 가려고 하는지, 제가 얼마나 힘든지 알기는 하는 건지. (한숨) 이런 이야기를 안 해 봤네요. 기력도 없고 정신도 없어서.

상 24: 네, 그러다 보니 지금으로서는 은진 씨도 아이의 마음을 잘 모르시고 아이도 은진 씨 마음을 잘 모를 것 같아요. (네.) 그러니 각자 애쓰고는 있지만 어떻게 하는 것이 서로에게 필요한 것인지 알 수가 없지요. 그런 면에서 아이가 정말 어떤 것이 얼마나 힘든 건지 이런 부분들이 좀 궁금하네요. (잠시 멈춤) 상담선생님으로부터 아이에 대해서 어떤 이야기들을 들으셨어요?

대안반응?

내 24: 아이가 좀 위축되어 있고 학폭사건이 학교 내에서 소문날 것에 대한 두려움이 있다고 하시면서 초등학교 6학년 때 일도 좀 물어보시고 아이가 위축되어 있고 불안해하고 있으니 집에서도 좀 더 편안하게 대해주라고 하시더라구요.

상 25: 네, 상담선생님은 이렇게 이야기하셨군요. 그런데 학교상담 선생님이 아이에 대해 이야기 하신 것들이 집에서 보는 아이의 모습과는 좀 달라서 은진 씨에게는 잘 다가오지 않으신 것도 있지요. (네.) 이런 부분에 대해 상담선생님과 나눠 보셨을까요?

대안반응?

내 25: 아니요.

상 26: (잠시 멈춤) 상담선생님과 나눠보지는 못하셨군요. (네.) 네, 상담선생님이 은진 씨에게 상담도 권하셨던 것 같은데 어떤 이야기를 하시면서 권하셨을까요?

대안반응?

내 26: 아이가 학교에서 어려움이 있는 만큼 집에서 좀 더 편안하게 해 주는 것이 필요하다고 하시면서 저와 아이의 관계를 좀 물어보셨어요. 그런데 제가 사실 아이 속마음을 잘 모르겠고. (잠시 멈춤) 사실은 제가 등교거부 그리고 학교상담실에서 연락이 와서 학교에 가니 너무 마음이 콩닥거리는 거예요. 그래서 그날도 마음이 너무 힘들고 아이가 학교 안 가는 게 제가 너무 힘들어 그 이야기를 드렸어요. 그랬더니 선생님이 제가 이렇게 흔들리면 그 마음이 아이에게 영향을 미친다고 하시면서 상담 권하시더라구요. 그런데다 저도 아이가 학교 안 가고 집에 있으면 어떻게 해야 할지 모르겠는 거예요. 너무 화가 나서 자꾸 소리 지르게 되고 그런다고 밖에 나가는 것도 불편하고 그러니까 저도 어떻게 해야 할지 모르겠어요. 밤에는 안 그래야지 하는데 막상 아침에 안 일어나는 아이 보면 또다시 저도 모르게 소리 지르게 되고 밖에 나갈 수도 없고 계속 화가 풀리지도 않고. 화 안 내고 싶은데 아이 보면 화가 나니까 제가 어떻게 해야 할지 모르겠더라구요.

상 27: 분명 잘하던 아이가 등교를 안 한다는 것은 힘들고 속상한 일이지요. 그런데 지금으로서는 이런 상황에 대해 은진 씨의 마음이 너무 흔들리셔서 모든 일상이 무너지시는 것 같아요.

(네.) 그래서 학교상담 선생님도 상담을 권유하신 것 같고 은진 씨 스스로도 마음을 좀 추스르고 화를 조절하고 싶다는 생각을 하게 되신 것 같구요. (네.) 그래서 은진 씨가 가지고 계신 부모로서의 역할에 대한 생각, 자녀의 성취나 결과가 은진 씨에게 갖는 의미 등에 대해 좀 더 나누고 싶어요.

대안반응?

내 27: 네, 저는 선생님이 하자고 하시는 대로 할게요.

상 28: 아이의 등교거부로 은진 씨의 마음이 너무 흔들리시고 그러면 아이에게 화를 내게 되어 은진 씨도 더욱 힘들어지시고 아이도 또 영향을 받게 되지요. 그래서 무엇이 이토록 은진 씨의 마음을 흔들리게 하는지를 좀 더 이해하는 것이 필요하다고 생각돼요. (네.) 그래서 은진 씨가 가지고 계신 부모로서의 역할에 대한 생각, 자녀에 대한 기대와 자녀의 결과가 은진 씨에게 주는 의미 등에 대해 나누고 싶다고 제가 이야기 드렸네요. 이런 이야기가 은진 씨는 어떠신가요?

대안반응?

내 28: 네, 음, 뭐라고 해야 할지 잘 모르겠어요.

상 29: 제 이야기가 어떻게 생각되시는지요? (잠시 멈춤) 이해되면 되는 부분에 대한 은진 씨의 생각, 그렇지 않으시면 이해되지 않은 부분들에 대해 나누고 물어보시고 이야기하셔도 좋구요.

대안반응?

내 29: 저는 상담에 오면 선생님이 답을 주시는 줄 알았거든요. 진짜 아이 마음도 모르겠고 저는 못 가는 게 아니라 안 가는 것 같고 그런데 제가 너무 힘들고 화가 치밀고 하니 선생님께 상황을 이야기드리면 이렇게 하라고 방법을 알려주시는 건 줄 알았어요.

상 30: 아하, 경험하고 있는 어려움을 이야기하면 전문가인 상담자가 해결책을 제시해 줄 것이라고 생각하셨군요. 이렇게 생각하고 계셨다면 오늘 앞에서 물어보는 것들이 좀 낯설기도 하고 당황스럽기도 하셨겠어요.

대안반응?

내 30: 오늘은 처음 만나는 거라 선생님이 여러 가지 파악하시려고 물어보시나 보다 했어요. 그래도 물어보시는 거에 답하는 게 쉽지는 않네요. 음 (잠시 멈춤) 지금 이야기를 들으니 상담이 이런 거였구나 싶구요.

상 31: 상담에 와서 내 마음을 좀 더 들여다보는 것, 그 질문들에 답하는 거 쉽지는 않지요. (네.) 그런 만큼 은진 씨가 미리 다 생각해 보시고 답변을 잘하기를 바라고 묻는 것은 아니네요. (네.) 상담 오시기 전에도 은진 씨가 힘든 만큼 누구보다 이 문제에 대해 많이 생각해 보셨을 거예요. 힘든 일이어서 해결하고자 생각을 하지만 생각할수록 더 마음이 힘들고 혼란스러워서 혼자 그 문제를 깊게 여러 각도에서 바라보는 게 어려워요.

대안반응?

내 31: 저도 상담 오기 전에도 지난번 온 후에도 여러 생각을 해 봤는데 잘 모르겠어요. 한다고 하는데도 변화도 없고 아이도 반응도 없으니 정말 이디에서부터 뭐가 잘못된 건지 모르겠어요.

상 32: 그렇지요. 그래서 상담에서는 제가 은진 씨와 함께 꼼꼼하게 다양한 각도에서 겪고 계신 어려움을 살펴보는 것부터 하려고 해요. 그래야만 은진 씨가 고심해 보고 노력도 하셨는데 그것이 왜, 무엇 때문에 원하는 결과로 연결될 수 없었는지를 찾을 수 있다고 생각하거든요. (네.) 그 부분이 명확해진 이후에 찾아진 방법들이 은진 씨에게 실제적으로 도움이 될 수 있다고 생각하구요.

대안반응?

내 32: 네, 듣고 보니 그런 것 같네요. 그래도 마음을 들여다본다는 게 오늘처럼 하면 되는 건지, 어떻게 하면 되나요? 오늘처럼 하면 되나요?

상 33: 네, 오늘처럼 하시면 돼요. 그냥, 잘 모르겠어 하고 넘어가지 않고 멈춰서 좀 더 무엇이, 왜 이토록 힘든 것인지를 천천히 꼼꼼히 살펴보려고 하시면 돼요. 그 과정에서 잘 이해되지 않거나 궁금한 게 있으시면 당연히 물어보시면 좋구요. (네.) 상담에서 주인공은 은진 씨예요. 다름 아닌 은진 씨가 경험하고 계신 어려움을 저희가 해결하고자 함께하는 것이니까요. (네.) 그런 만큼 은진 씨는 자신의 마음을 좀 더 들여다보려고 노력하시면 되고, 저는 은진 씨가 자신의 마음을 좀 더 깊이 다양한 각도에서 바라보실 수 있도록 도울 거구요. (네.) 앞으로 진행할 상담, 그리고 저와 은진 씨의 역할에 대해서도 간단하게 이야기 드렸는데 혹 궁금하거나 이해되지 않거나 하는 부분이 있으실까요?

대안반응?

내 33: 아니요. 이해했어요. 힘들 것 같긴 한데 필요하다는 생각도 들어요.

상 34: 그래요. 혹 이후에 궁금함이 생기거나 이해되지 않는 부분이 있으시면 다음 시간에라도 꼭 이야기해 주세요. (네.) 우리가 앞에서 아이의 등교거부로 인하여 은진 씨의 힘든 마음에 대해 자세히 나누었는데 어떤 것들이 기억이 나셔요? (잠시 멈춤) 이 또한 천천히 생각나는 대로 이야기하시면 돼요.

대안반응?

내 34: 음. (잠시 멈춤) 이야기를 하다 보니 제가 아이가 등교를 안 한다는 것을 음… (잠시 멈춤) 제가 못 받아들인다는 걸 느꼈어요. 저는 학교는 당연히 가야 한다고 생각해서 아이가 안 가는 게 문제라고만 생각했고 한 번도 이런 상황을 생각해 보지 못해 진짜 쟤가 왜 저러나 싶고 저만큼 아이는 힘들지 않은 것 같아 아이가 미웠던 것 같아요.

상 35: 은진 씨가 오늘 상담을 돌아보니 아이가 등교하지 않는다는 것을 은진 씨가 받아들이지 못하고 있다는 게 다가오셨군요. (네.) 은진 씨가 받아들여지지 않는다고 여러 번 이야기하셨어요. (네.) 아이가 잘 따르고 결과도 좋았기에 은진 씨에게는 지금의 상황이 너무 힘들게 느껴질 수 있지요.

대안반응?

내 35: 네. 사실 제가 결혼을 빨리 했어요. 엄마가 워낙 강해서 항상 엄마가 하자는 대로 하면서 살았거든요. 그런데 딱히 뭘 잘하거나 하지는 못했어요. 엄마 이야기에 반대도 하고 싶은데 말로는 엄마를 이길 수도 없고 엄마 말이 맞기도 하구요. 결혼은 엄마가 반대하는데도 했어요. 집도 빨리 나오고 싶었던 것 같구요. 그런데 아이가 한참 안 생기고, 시댁이나 남편과의 일로 제가 힘들어하기도 하니, 그러면 저희 친정엄마가 '역시 너는 내 말 안 들어서 그러는 거다.'라고 이야기하시는 거예요. 그게 언제 적 이야기인데, 그래도 결혼생활 하면서 힘들면 딱히 이야기할 곳도 없고 하니까 친정 가서 이야기를 하는 건데 저희 엄마는 그냥 넘어가지를 않고 꼭 이야기하시는 거예요. 자기 말 안 들어서 너가 이렇게 고생하는 거라고. 그래서 저도 아이 잘 키우고 잘 산다는 거 좀 보여 주고 싶었어요. 아이가 안 생겨 정말 마음이 힘들었거든요. 저희 남편이 외아들이다 보니 아이가 없는 게 더욱 눈치가 보이고 힘들었어요.

상 36: 강한 어머니가 반대한 결혼을 한 만큼 어머니에게 은진 씨의 선택이 옳았고 잘하고 있다는 것을 보여 주고 싶은 마음이 컸네요.

대안반응?

내 36: 엄마가 진짜 지금도 이야기를 해요. 너는 결혼 잘못했다고. 그런데 저도 후회는 해요. 남편이 외아들이라 제가 너무 힘들거든요. 형님들하고도 남편이 관계가 안 좋고 형님들 입장에서는 아들이라고 대우받았으니 역할을 더 해야 한다는 생각이 있고. (한숨) 결국 그 일을 제가 하게 되는 거니까요.

상 37: 은진 씨 마음 안에서도 은진 씨가 선택한 결혼에 대해 후회하는 마음이 있는데 엄마는 그것을 콕 집어 계속 이야기를 하시네요.

대안반응?

내 37: 진짜 저희 엄마가 강해요. 논리적으로 이길 수가 없어요. 그래서 엄마가 하자는 대로 하게 돼요. 저희 집은 다 엄마 의견대로 했어요. 아빠는 일하시고 집안일은 엄마가 하자는 대로 다 했었어요. 엄마가 논리적으로도 딱딱 이야기를 하니 이길 수가 없어요. 그래도 싫을 때가 있잖아요. 결혼도 한 걸 어떡해요. 제가 그런다고 엄마에게 후회한다고 이야기하고 싶지는 않죠. 그냥 힘들어서 이야기하면 좀 들어 주고 넘어가면 될 것을 저희 엄마는 꼭 너 결혼 잘못했다고 못을 박는 말을 하거든요. 싫은데 저도 후회하는 마음이 있으니 어쩔 수 없지요.

상 38: 이런 상황에서 은진 씨를 잘 따르고 잘하는 아이가 은진 씨에게는 큰 행복이었겠네요.

대안반응?

내 38: 그런데다 늦게 얻은 아이기도 하니 잘해 주고 싶었어요. 저희 아이가 좀 느렸었는데 초등학교 들어갈 때도 빠른 그런 아이는 아이였어요. 그런데 학원 다니고 하는데 초등학교 2, 3학년쯤부터 공부를 꽤 하는 거예요. 그러다 보니 학원에서도 대회 있으면 나가 보자고 하고 또 준비했는데 잘해서 상도 타구요. 주변 엄마들도 어떻게 하면 이렇게 잘하는 거냐고 물어볼 정도였거든요.

상 39: 아, 정말 뿌듯했겠어요. 너무 좋았던 만큼 지금의 상황이 받아들여지지가 않겠네요.

대안반응?

내 39: 그런 것 같아요. 받아들여지지가 않아요. 제가 너무 힘들어요. 급히 이사하면서 그 전에 만났던 사람들에게도 대충 얼버무리고 이사했거든요. 그래도 그 사람들도 학교일이라 대충은 알 것 같아서 만나기 싫고 한편으로는 이렇게 피하는 마음 갖는 것도 싫어요. 그래도 저도 나름대로 학교 가서 일 해결하고 이사도 빠르게 한 건데 아이가 예전처럼 학교생활 잘하고 중학생이니 공부도 잘하고 그랬으면 좋겠거든요. 그럴 거라고 생각했었어요. 지금 상황이

제가 한 번도 생각해 보지 못한 상황이에요. 근데 이 상황이 왠지 끝나지 않을 것 같아 불안해요.

상 40: 그러게요. 내 결정대로 안내해서 다름 아닌 내 아이가 이렇게 잘 따르고 결과까지 좋았는데, (잠시 멈춤) 그런 만큼 아이가 학교를 안 가는 것을 은진 씨가 받아들이기 힘들 수밖에요. (네.) 그러다 보니 어찌 보면 학교를 안 가는 아이보다 은진 씨의 마음이 더 힘들어지고. (잠시 멈춤) 그러면 아이의 힘든 마음이 잘 보이지 않고 느껴지지 않을 수도 있고, 미래가 더 암울하게 느껴질 수 있지요.

대안반응?

내 40: 네, 제가 너무 힘들어요. 저는 정말 하루하루 등교 안 하는 날수가 계속 머릿속에서 떠나지를 않아요. 담임선생님 연락 오면 뭐라고 해야 할지, 거짓말하는 것도 너무 힘들고 제가 어쩌다 이런 처지가 됐나 싶기도 하구요. 그런데 아이는 별 말도 없고 집에서도 예전과 별 차이가 없거든요.

상 41: 내가 결정하고 추천해서 좋은 결과를 냈고 모두가 부러워할 만큼 나는 엄마 노릇을 잘했었는데, 어느새 내 처지가 등교 안 하는 거 핑계 대는 처지가 되어 버렸네요.

대안반응?

내 41: 정말 아이가 학교 공부 잘하고 엄마들도 부러워하고 할 때 기분 좋았어요. 친정엄마에게 힘든 얘기 하러 갈 일도 없고 저를 무시하던 남편에게도 제가 기가 펴지는 느낌이구요. 그런데 지금은 남편은 신경도 안 쓰면서 한 번씩 학교 갔냐고 물어보고 그럴 때 너무 화가 나요. 아빠인 자기는 역할도 안 하면서 꼭 제 책임인 것처럼 갔는지 안 갔는지만 물어보구요. 진짜 저는 아침에 안 일어나는 거 보면 화가 막 치밀어 오르는데 결국 그걸 보는 것도 저고 학교에 연락하는 것도 저인데 저만 이렇게 다 눈치 보고 신경 쓰고 저만 온 신경을 쓰고 있어요.

상 42: 이미 너무 힘든 데도 나만 혼자서 책임을 지고 있네요. (잠시 멈춤) 엄마나 남편은 은진 씨에게 도움은 커녕 평가만 하고 있구요.

대안반응?

내 42: 네, 어디 이야기할 데도 없어요. 이걸 어디에 이야기하겠어요. 그런데 집에서 아이랑 하루 종일 있다 보면 이 생각이 떠나지를 않아요. 저는 미쳐버릴 것 같고 하루 종일 너무 힘든데

아이는 저만큼 힘든 것 같지 않거든요. 저에게 밥 달라고도 하고 친구 만나러도 가구요.

상 43: 은진 씨의 마음은 하루 종일 아이의 등교문제로 동동거리며 애태우고 있는데, 은진 씨의 힘듦에 비해 아이는 덜 힘들게 느껴지시네요.

대안반응?

내 43: 아이의 마음을 잘 모르겠어요. 정말 너무 힘들어서 못 가는 것 같지가 않아요. 갈 수 있을 것 같고, 마음먹으면 갈 수 있을 것 같거든요.

상 44: 은진 씨는 마음먹으면 학교에 갈 수 있다고 생각되네요. (네.) 그렇게 생각되면 더욱 학교에 안 가는 아이를 보는 것이 답답하고 화가 나시지요. (네.) 은진 씨 이야기 잘 따르고 잘했던 아이가 학교를 안 가는 것도 받아들일 수가 없는데 아이는 마음도 안 먹고 아침에 깨우는 은진 씨의 말도 무시한다고 생각되면 더욱 화가 나지요. 은진 씨 마음의 흐름을 정리해 봤는데 어떻게 들리시나요?

대안반응?

내 44: 네, 진짜 저는 제가 더 힘든 것 같고 아이는 저보다 안 힘들어하는 것 같아요. 그래서 갈 수 있다고 생각하고 제가 마음 다잡고 아침에도 좋게 깨우려고 엄청 애쓰는데 반응이 없으니까 그럴 때 저를 무시하는 것처럼 느껴져요.

상 45: 아이에 대한 기대와 성취결과가 부모로서의 은진 씨의 능력을 반영하고, 은진 씨의 선택과 결정은 잘하고 있음을 증명하는 것과 연결되어 있네요. 그러다 보니 아이가 학교를 안 가는 지금 상황에서 은진 씨 마음이 너무 흔들리고 좌절스럽고 화가 난다고 이해되네요. (잠시 멈춤) 제 이해가 은진 씨에게 어떻게 여겨지나요?

대안반응?

내 45: 음. (잠시 멈춤) 맞는 것 같아요. 그냥 학교를 안 가니 화가 난다고만 생각했고 제가 그냥 가족에게 좀 더 화를 낸다고만 생각했는데 이야기를 하다 보니 제가 이렇게 화가 나고 마음이 너무 힘든 것에 대해 좀 더 생각해 보게 되네요.

상 46: (잠시 멈춤) 화가 순식간에 올라오고 이런 일이 자주 발생하게 되면 화를 내고 후회하게 되고 동시에 나는 화를 잘 내는 성격인 건가라고 생각할 수 있어요. (네.) 그런데 사실 화는 그냥 나는 게 아니에요. 분명 무언가 화를 나게 하는 원인이 있고 상대와의 소통하는 과정에서 건드려져서 화가 더 폭발적으로 나타나게 될 수 있어요.

대안반응?

내 46: 음. (잠시 멈춤) 그러네요. 오늘 이야기를 하다 보니 아이가 저를 잘 따르고 잘했던 것이 제가 되게 좋았고 제가 부모로서의 역할을 잘하고 인정받는 게 되게 좋았던 것 같아요. 그러다 보니 지금의 상황을 받아들이는 게 힘들고 제가 더 위축되고 안절부절못하게 되고 아이는 자꾸 안 힘들게 느껴져 화가 나구요.

상 47: 네. 아이가 공부를 잘하고 다른 부모들의 부러움을 받는 것이 내가 인정받는 느낌이었네요. (네.) 학교를 안 가는 아이를 보는 것이 분명 힘든 일이지요. 하지만 이렇게까지 은진 씨가 마음이 힘들어지고 화가 나는 것은 아이에 대한 기대, 아이의 성취나 결과가 부모역할에 대한 평가 등과 연결되는 것과 관련이 있을 수 있어요. (네.) 그래서 저희 상담에서는 아이가 등교를 할 수 있도록 돕고 가기 전까지의 힘든 시간을 잘 견뎌내기 위해서 이 부분들을 앞으로 좀 더 살펴보는 시간을 가졌으면 해요. (네.) (잠시 멈춤) 오늘 상담으로 좀 더 내 마음을 알게 된 부분이 있지만 또다시 등교하지 않는 아이가 있는 집으로 돌아가셔야 하는데 어떤 부분들을 좀 기억하고 가시면 은진 씨에게 조금이라도 도움이 될까요?

대안반응?

내 47: 그러게요. 저만 힘들다고 생각을 했었는데 지금도 아이의 마음은 잘 모르겠지만 저만 힘든 것은 아니고, 제가 이렇게 생각하는 것이 저를 더 화나게 한다는 것을 기억하면 좀 덜 화가 나지 않을까 싶은데, (잠시 멈춤) 막상 아이를 보면 쉽지는 않을 것 같아요.

상 48: 네, 맞아요. 아직 아이의 마음을 잘 알 수 없고 나는 너무 힘들기에 나만큼 힘들지 않아 보이는 아이가 밉고 화가 날 수 있어요. (네.) 이 부분을 알았어도 힘들고 화나는 마음이 바로 사라지기는 힘들죠. (잠시 멈춤) 쉽지 않지만 그래도 오늘 한 발짝 나아갔네요. 힘든 상황에서도 낯선 상담에 찾아와서 은진 씨 자기 마음을 들여다보고 자신에 대해 좀 더 이해하게 된 부분을 꼭 기억해 주세요. (고개 끄덕임) 다음 시간에는 진정 무엇 때문에 아이가 등교하지 않는지, 아이의 마음에 대해서도 함께 살펴보자구요.

대안반응?

내 48: 네. 알겠어요. 아이의 마음을 정말 모르겠어요.

상 49: 네. 그렇지요. 저희가 함께 해 봐요. 은진 씨 오늘 정말 수고 많으셨어요. 저희 다음 주에 뵐게요.

대안반응?

내 49: 네, 다음 주에 뵐게요.

2 실습 사례에 대한 사례개념화를 위해 탐색해야 할 사항

1) 내담자가 상담을 신청하게 된 결정적 계기(사건)와 관련된 내용

그에 따른 상담개입 전략

2) 내담자 현재 호소문제 〈호소내용은 내담자 언어로 기술〉

(1) 신체 · 생리적 측면:

그에 따른 상담개입 전략

(2) 인지적 측면:

그에 따른 상담개입 전략

(3) 정서적 측면:

그에 따른 상담개입 전략

(4) 대처행동적 측면:

그에 따른 상담개입 전략

(5) 대인관계적 측면:

그에 따른 상담개입 전략

3) 내담자의 과거력과 발달사의 주요 내용

그에 따른 상담개입 전략

4) 인지기능 및 유전적 소인 내용

PART I
PART II
PART III
PART IV
부록 1
부록 2
부록 3
부록 4
부록 5
부록 6

그에 따른 상담개입 전략

5) 내담자의 생활환경과 문화적 배경 특성

그에 따른 상담개입 전략

6) 내담자 개인 및 환경의 보호요인(강점 및 잠재력)과 방해요인

개인요인		환경요인	
보호 및 촉진자원	취약 및 방해요인	보호 및 촉진자원	방해 및 위험요인
활용방안	개선방안	활용방안	개선 및 조절(제거)방안
보호 및 촉진자원	취약 및 방해요인	보호 및 촉진자원	방해 및 위험요인
활용방안	개선방안	활용방안	개선 및 조절(제거)방안
보호 및 촉진자원	취약 및 방해요인	보호 및 촉진자원	방해 및 위험요인
활용방안	개선방안	활용방안	개선 및 조절(제거)방안

3 사례개념화(내담자에 대한 통합적 이해)

〈상담경위 혹은 신청계기(촉발사건)〉

〈촉발사건과 그 결과-필요시 좀 더 자세히 기술〉

〈주 호소문제〉

〈근원원인 및 유지요인과 그로 인해 내담자가 현재 받고 있는 영향〉

〈내담자가 받은 부정적 영향과 관련된 핵심욕구〉

〈내담자 강점 및 활용방안〉

〈내담자 이해를 바탕으로 한 상담 방향성〉

4 상담목표와 전략

1) 생물영역의 목표와 전략

2) 심리영역의 목표와 전략

3) 사회영역의 목표와 전략

PART III

청소년 상담 사례개념화 및 목표 · 전략수립 연습

1. 청소년 사례 정보 및 첫 회기 축어록
2. 실습 사례에 대한 사례개념화를 위해 탐색해야 할 사항
3. 사례개념화(내담자에 대한 통합적 이해)
4. 상담목표와 전략

1 청소년 사례 정보 및 첫 회기 축어록

다음에 제시된 사례는 상담 현장(유 · 무료)에서 접할 수 있는 비자발적이며 상담동기가 없는 청소년 내담자이다. 많은 청소년 내담자의 호소내용 즉, 정서 주제(무기력, 우울), 관계 주제(소극적인 또래 관계, 부모와의 대화 단절)와 학교 적응 주제(학업부진, 일반적인 학습 상황 참여 거부, 게임 몰두, 등교거부, 자퇴요구)를 드러내고 있는 내담자다. 저자들이 일하고 있는 유료상담 현장에서는 기관 의뢰 시 첫 번째 만남에서 보호자 면담, 상담신청서 작성 그리고 첫 상담 회기(접수면접 내용을 포함하는)를 동시에 진행하게 된다. 보호자 보고와 상담신청서 내용 및 내담자 보고내용을 바탕으로 빠르고 정확한 초기 사례개념화 역량을 갖출 때 성과 있는 상담을 진행할 수 있다.

부모에 의해 비자발적으로 상담에 임한 청소년과의 첫 상담 회기는 대부분의 상담자에게 상당한 고전이 되는 경험일 수 있다. 따라서 앞서 살펴본 자발적인 성인 상담 사례의 첫 상담 회기와는 상당히 다른 진행과정을 볼 수 있을 것이다. 상담동기가 없는 비자발적인 청소년 내담자의 마음에 닿기 위해 상담자는 존중하고 친절하며 겸손한 태도를 유지하되 신뢰할 수 있는 유능한 존재로 인식될 필요가 있다. 그럼에도 불구하고 상담자마다 비자발적 청소년과의 첫 상담 회기 소통방식에는 차이가 있을 것이다. 아래 제시된 첫 상담 회기 완전 축어록은 하나의 예시적인 상담자 언어반응이다. 따라서 여러분이 이 내담자의 상담자라면 첫 회기를 어떻게 진행할지 예상해 보고 제시된 축어록에 대한 여러분의 대안반응을 마련해 보기 바란다.

1. 내담자 인적사항: 남, 18세, 고2, 2남 중 둘째, 서울 거주, 현재 학교만 다님

2. 상담신청 경위: 잦은 등교거부와 조퇴로 졸업요건인 출석일수를 충족시키는 것이 시급해진 부모에 의해 상담 의뢰됨. 부모의 대화시도에 내담자는 단답형으로 끝냄. 이런 상황이 1년 가까이 반복 지속 중임

3. 주 호소문제

1) 상담신청서 체크 내용

(1) 보호자 체크: 불안, 화, 미루는 습관, 학습에 무흥미, 진로 고민

(2) 내담자 체크: 진로고민, 불안, 자신감 없음

2) 접수면접 주요 내용

(1) 보호자 주 호소문제

① 아이가 등교거부 중

② 담임교사의 지속적인 관심과 선처로 등교를 유도하지만 조퇴 잦고 학교에서는 잠만 잠

③ 간혹 친구들을 만나기도 하지만 주로 자기 방에서 게임과 웹툰 보기만 함

④ 말수가 거의 없고 물어봐도 거의 단답형

⑤ 갑자기 혼자 화를 내는 것처럼 보일 때가 있음

(2) 내담자 주 호소문제

① 엄마가 상담 한 번 받아 보라 해서 온 것일 뿐 원하는 거 없음

② 뭘 해야 할지 모르겠으나(웹툰 작가, 요리사, 래퍼 등), 학교는 내 진로에 도움이 되지 않고 비효율적이기 때문에 그만두고 싶음

4. 가족관계(상담신청서 작성 내용과 접수면접 시 파악 내용)

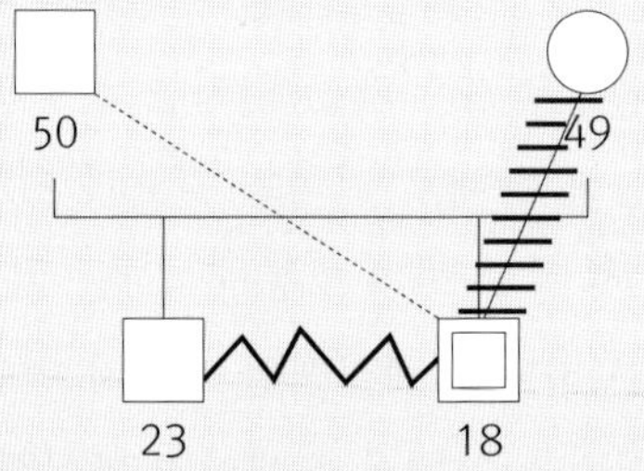

1) 부(50, 대졸): 가족형 인쇄업체 운영 중. 내담자에게 크게 관여하지 않는 성격. 어릴 때 함께 여행을 자주 다녔으나 지금은 거의 말을 안 함 (친밀도 중상)

2) 모(49, 대졸): 남편 사업 조력. 아이들 어렸을 때는 남편과 자주 싸웠으나 현재는 잘 지냄. 양육자로서 혼내지 않고 하고 싶은 것을 잘 들어주는 편임. 예전에는 내담자와 사이가 좋았으나 고등학교 졸업으로 대치하는 현재는 거의 대화를 하지 않음. 친정 근처에 살면서 여동생과 부모님에게 양육 도움 받음. 내담자 초등학교 행사에는 거의 여동생인 이모가 참석 (친밀도 중하)

3) 형(23, 대재): 군 제대 후 휴학하고 편입 준비 중. 뭐든지 적극적이고 잘함. 내담자와 같은 고등학교 졸업. 형을 아는 선생님들은 모두 형 칭찬. 어릴 때 내담자와 싸우면 매번 때리는 것으로 끝남. 최근에는 내담자에게 잔소리를 많이 함 (친밀도 하)

5. 내담자 인상 및 행동관찰

175센티 정도의 키. 체격 자체는 왜소하지 않으나 다소 말랐고 어깨가 구부정함. 피부가 하얗고 수염이 듬성듬성 자람. 표정 자체는 유순하고 온화하나 전반적으로 어두운 인상. 의자에 널브러지듯 앉아 있으나 나름 예의를 갖추려 함. 질문에 단답형 대답이거나 한참 생각하다가 모르겠다는 반응이 많았음. 학교를 그만둬야 하는 이유에 대해서는 조금은 힘 있게 이야기함

6. 내담자 개인 및 환경의 강점(자원) 및 취약점

1) 생물적 영역: 특정 신체 질환 없음. 신체발달수준 양호. 호감형의 외모. 그러나 전반적인 신체 활력은 저하되어 있음

2) 심리적 영역

(1) 인지: 인지적 학업역량 양호(중3 여름까지는 각종 학원을 열심히 다녔고 학업성취도 양호했음). 예체능 방면에 소질 있음. 그러나 현재 자기에 대한 부정적으로 편향된 사고 발달

(2) 정서: 압도적인 정서반응은 없으나 만성적인 무력감과 우울감을 경험

3) 사회적 영역

(1) 대인관계: 주변 친구들과의 갈등 없음. 단, 친한 친구는 매우 소수이고 현재는 그나마 만나는 횟수가 적어지고 있음. 부담스럽지만 우호적인 담임

(2) 가족환경: 가정의 안정적인 사회경제적 수준. 안전한 주거환경. 그러나 원활하지 못한 의사소통 방식

7. 첫 회기 상담내용

내담자가 상담 접수지 작성하는 동안, 모(母)와 간략한 접수면접 실시. 모(母)와 내담자가 같은 공간에서 각자의 주 호소문제를 듣고 비밀보장 원칙에 대해 설명하고 내담자를 따로 만남. 내담자가 선호하는 호칭을 확인하고 상담 시작

1회기(20○○년 ○월 ○일, 50분)

상 1: 성현이한테 정식으로 인사할게요. 상담자 이세형이에요. 나는 대학원에서 상담심리를 전공했고, 현재 이곳에서 성현이 같은 친구들을 많이 만나고 있는 상담자예요. 혹시 상담자인 나한테 궁금한 게 있을까요? (아니요.) 앞으로 궁금한 게 있으면 언제든지 물어봐 주세요. 우선 나는 성현이 도움을 받아 확인하고 싶은 게 있어요. 좀 전에 어머님이 하신 성현이 학교랑 공부, 진로 이야기에 대해 성현이는 동의를 하는지 궁금해요. (쓴웃음) 성현이가 직접 바로잡아 줄 내용이 있을까요?

대안반응?

____

내 1: 글쎄요.

상 2: 아, 나는 성현이 찌푸려진 미간과 씁쓸한 웃음을 보니까 동의가 안 되고 바로잡고 싶은 게 많을 수도 있겠다 싶더라구요. 내가 듣고 있다가 왠지 성현이가 답답하고 억울할 수도 있겠다 싶어서 성현이한테 직접 확인하고 싶었어요.

대안반응?

____

내 2: 그냥 뭐 좀 그렇죠. (한숨, 침묵 10초)

상 3: 한숨이 무겁게 느껴지네요. 상담이 처음이라 어디서부터 어떻게 말해야 하나 막막할 수도 있어요. 무리하지 말고 천천히 바로잡고 싶은 거 떠오르면 이야기해 줘요. (네.) (잠시 멈춤) 그럼 막간을 이용해서 아까 들었던 비밀보장에 대해 약간의 추가 설명을 하고 갈까 하는데 괜찮겠어요? (네.) (사전 동의서를 보여 주면서) 상담의 제1원칙 중 하나가 '사생활 보호의 원칙'이에요. 상담실에서 나눈 모든 이야기에 대해 비밀이 지켜지지 않는다면 누가 여기서 이야기하겠어요? 성현이는 부모님께 알리는 걸 원해요? (고개 저으며) (아니요.) 그렇죠, 비밀보장은 되어야 해서 어머니께 먼저 양해를 구했고 동의하셨죠. 일단은 우선적으로 비밀보장의 원칙을 제가 따내기는 했어요. (유머스러운 톤으로) 성현이가 조금 편하게 이야기할 수 있도록 돕고 싶어서. 그런데 여기 보면 비밀보장 예외 원칙이 있죠? 성현이가 미성년자라서 보호자에게 알려야 하는 상황이 벌어질 수도 있거든요. 타인에게 해를 가하거나 자신에게 해를 가하는 상황에 대한 것은 제외예요. 이런 상황에 해당하는 게 뭐가 있을 것 같아요?

대안반응?

____

내 3: (침묵 5초) 잘 모르겠어요.

상 4: 타인한테 해를 가하는 건 누군가를 죽이려 가야겠다 또는 누군가에게 폭력을 행사할 계획이 있다 이런 것들인데 해당사항이 있을까요? (으…그런 적 없어요.) 좋아요. 그럼 스스로 죽으려 하거나 자기 몸에 자꾸 흔적이 남을 정도의 상처를 내는 일은? (조금 기다려 줌) 혹시 이야기해 줄 수 있는 게 있을까요? (책상만 보고 있음) 자살이나 자해는 성현이가 겪고 있는 힘겨움의 크기를 반영하는 것일 수 있어서 돕고 싶고 도와야 하고. 건강한 성현이로 살 수 있도록 하기 위해 심각한 자해나 자살생각 혹은 시도는 비밀보장을 못 하게 되어 있어요. 내가 직접 도울 수 없다면 다른 사람들한테 알려서라도 도와야 해서 비밀보장을 못 하는데 이해할 수 있나요? (아, 네… 뭐…) 100프로 보장 못 해 준다는 건데 내키지 않는 건 아니구요?

대안반응?

___

내 4: 네, (떨떠름한 표정으로) 못 하게 되어있다면 어쩔 수 없죠.

상 5: 그럼 조심스럽게 물어보고 싶은 게 있는데… 혹시 자살생각, 자살시도, 자해, 이런 단어 들을 때 거북하지 않았어요?

대안반응?

___

내 5: 네, 별로요.

상 6: 사실 이런 단어에 불편해하는 경우도 많은데, 성현이는 별 반응이 없고 무덤덤하게 보여요. 그 이유가 따로 있을까요?

대안반응?

___

내 6: 그냥 익숙한데.

상 7: 그냥 익숙하다… 음… 혹시 성현이한테 익숙하다는 걸까요?

대안반응?

___

내 7: (침묵 5초)

상 8: 이런 단어들이 익숙해질 만한 경험들이 있었던 걸까? (잠시 멈춤) 아니라고 말을 안 하네.

혹시 경험이 있었다면 언제일까요? (기다려 줌) 최근에도?

대안반응?

____

내 8: (작은 기어들어 가는 목소리로) 네.

상 9: 많이 힘들었구나. 너무 힘들다 보니 다른 해소방법을 생각할 수 없었던 게 아닌가 싶은데… 지금 엄마가 보시는 것보다 성현이가 훨씬 더 힘든 상황일 수 있겠다 싶어요. (기다려 줌) 최근이라면 언제인지 물어봐도 돼요?

대안반응?

____

내 9: 어제도…

상 10: 어제도요? (고개 끄덕임) 어제에 대해 좀 이야기해 줄 수 있어요? (침묵 5초) 혹시 다친 데는?

대안반응?

____

내 10: 행동까지는 아니었구요… 생각만….

상 11: 생각만? 그 생각에 대해 함께 나누어 줄 수 있어요?

대안반응?

____

내 11: 그냥 이렇게 살아서 뭐 하나, (잠시 멈춤) 죽어야겠다. 죽고 싶다 정도….

상 12: 많이 괴롭고 힘든 생각이네. '이렇게 살아서 뭐 하나?'라는 말이 나한테는 '지금과는 다른 삶을 살고 싶다.'로 들리기도 해요. 지금과 다른 삶을 산다면 어떻게 살고 싶은 걸까요?

대안반응?

____

내 12: (침묵 6초. 약간 눈시울이 붉어짐)

상 13: 성현이 마음을 누군가와 나누는 것이 힘들 수 있어요. 안 해 봤으면 누구나 그래요. 천천히 이야기할 수 있을 때 하면 돼요. (네.) 눈물 참는 것도 왠지 익숙해 보이네요. 뭐가 이렇게 성현이를 힘들게 하고 있을까. (기다려 줌) 성현이가 혹시라도 상담을 지속한다면 나는 성현이가 자기가 살고 싶은 삶을 선택하고 만들어 가는 모습을 보고 싶고 그렇게 할 수 있도록 함께 뛰고 싶어요. 그렇게 하려면 상담기간 동안 자살시도 안 하겠다는 생명유지 서약을 해야 하는데 할 수 있겠어요?

대안반응?

내 13: 찌질해서 어차피 실제 하지도 못해요. 용기도 없어요. (침묵 5초)

상 14: 성현이는 그렇게 생각하고 있구나. 난 성현이가 찌질해서 못 하는 게 아니라 성현이가 원하는 삶에 대한 희망을 아직 붙잡고 있어서 시도를 안 하는 것일 수도 있다고 여겨져요.

대안반응?

내 14: (침묵 5초) 그런지 잘 모르겠어요.

상 15: '아니다.'라고는 안 하네요. 모르겠다는 말이 맞을지도요. 그럼 뭐가 맞는지 알아볼 필요가 있겠어요. 내가 원하는 삶에 대한 바람이 아직 꺼지지 않아서라면 죽는 것은 진짜 억울해지는 일이니까! (내담자 고개만 숙이고 있음) 상담하려면 스스로를 해하지 않고 생명을 유지한다는 서약을 해야 하는데 할 수 있을까요? (계속 고개 숙이고 있음) 설령 저랑 상담을 안 하더라도 사인은 전 받으려구요. 그렇다고 상담을 강요하는 건 아니에요. 지금 당장 부모님한테 이야기하는 것도 아니구요. 한 번 만나고 종결한다 해도 자살방지를 위한 생명유지에 대해서만은 사인을 우선 하는 거예요. (머뭇거림) 생각할 시간이 필요하면 이야기해요. (바로 싸인함) 붉어졌던 눈시울이랑 지금 사인하는 모습에서 성현이가 분명 자신을 저버리지 않을 사람이라고 느껴져요.

대안반응?

내 15: 음… 모르겠는데. (멋쩍은 표정, 침묵 6초)

상 16: 괜찮아요. 모르니까 여기 왔죠. 상담실에서 이런 거 할 거라고 생각해 봤어요? (고개 저음) 지금 힘들거나 지루하거나 그런 건 아닌지? (괜찮아요.) 아. 다행이네. 성현이가 말이 없어서 지금 이 시간들이 힘들거나 지루한 건 아닌가 싶어서 조금 걱정하고 있었는데.

대안반응?

내 16: 아니에요. 원래 말을 별로 안 해요.

상 17: 말을 하기보다 듣는 편이라고 생각하면 되나? (네.) 지금까지 말은 별로 없었지만 표정이나 자세는 듣고 있다고 느낄 수 있었어요. 듣고 있었다니 반갑고 고맙네. (어색한 미소) 아, 그럼 아까 처음으로 돌아가서 시작할 때 물어봤던 거 기억해요?

대안반응?

내 17: 네.

상 18: 엄마가 말씀하신 것에 대해 성현이가 생각하고 느낀 것이나 바로잡을 부분이 있으면 좀 들어 보고 싶네요.

대안반응?

내 18: 짜증나요. 계속 졸업만 하래요.

상 19: 아, 졸업만 하라는 말에 짜증이 나는구나. 나름의 이유가 있을 텐데. 성현이한테는 졸업만 하란 것이 어떻게 해석되는 거예요?

대안반응?

내 19: 아, 몰라요…. 졸업장만 따라는데… 그게 저한테 필요가 없는데. 의미도 없고, 그런다고 좋을 게 하나도 없는데.

상 20: 우와, 성현이가 좀 더 자세히 이야기해 주니까 성현이 생각을 좀 알게 돼서 너무 반갑네요. 음… 성현이는 졸업장이 전혀 의미가 없는데 자꾸 졸업장 이야기만 하니까 짜증이 많이 나고, 전혀 이해받지 못한다고 느껴질 거 같네요. 어떤 이유로 성현이한테는 졸업장 자체가 의미가 없는 걸까요?

대안반응?

내 20: 음… (침묵 4초) 공부는 이미 늦었고 제가 생각하고 있는 웹툰 작가나 래퍼가 졸업장이 필요한건 아니잖아요. 차라리 그림 그리고 음악 하는 게 낫죠.

상 21: 아, 성현이는 나름 진로에 대한 계획이 있는데 지금의 학업으로는 도움이 안 된다고 생각을 하고 있었구나. 공부는 늦었지만 미술이랑 음악에 대한 흥미가 있나 보다. 자퇴 후 이런 것들을 할 생각이 있다는 걸 엄마도 알아요?

대안반응?

내 21: 말했어요. (얼굴 찌푸려지며) 근데 고등학교 다니면서 하래요.

상 22: 표정 보니 절대 동의 안 되는 말이네. (네.) 사실 친구들이 절대다수가 다 다니는 학교라서 부모님도 '학교를 다녀라.' 하는 것이 분명하긴 할 텐데, 성현이한테는 다르게 들리나 봐요. 성현이는 그 말이 구체적으로 어떻게 들려요?

대안반응?

내 22: 하지 마라. 웹툰이고 랩이고 하지 마라.

상 23: 아, '학교를 졸업해라.'가 '웹툰이고 랩이고 하지 마라.'라고 들리면 내 생각이 거부된 거니까 많이 화날 텐데. (기다려 줌, 무응답) 성현이가 이 영역들을 얼마나 좋아하고 준비하고 있는 건지 내가 잘은 모르지만 학교 때문에 시간 낭비란 생각이 계속 올라오면 많이 힘들 것 같아요. (잠시 멈춤) 그래서 성현이한테 의미 없게 느껴지는 학교가 가기 싫고 말도 하기 싫은 거였나 보다.

대안반응?

내 23: (눈시울 붉어짐, 5초 침묵)

상 24: 마음껏 울지도 못하고 계속 눈만 빨개진다. 여기서는 울어도 되는데, 많이들 그러는데, 성현이가 오늘 나를 처음 만나서 우는 게 좀 민망하게 느껴질 수도 있을 거 같기도 하네요. 집에서도 이리 참는 일이 많은 걸까요?

대안반응?

내 24: 집에서는 방에서 혼자….

상 25: 에휴. 혼자 얼마나 답답하고 속상했을까! 여기는 창피할 일도 없어요. 여기 휴지 보이죠? 다른 건 떨어져도 휴지는 절대 안 떨어지게 하거든요. 얼마든지 눈물 흘려도 되는 곳. 다른 곳에 비해 그래도 눈물이 자연스러운 곳이라 편하게 있어도 돼요.

대안반응?

내 25: (소리 없이 참는 듯이 눈물 흘리며 침묵 20초)

상 26: 성현이 지금 어때요? (괜찮아요.) (침묵 5초) 오늘 꼭 하고 싶은 이야기 있었어요?

대안반응?

내 26: 아니요. 딱히.

상 27: 그럼 여기 올 때 얘기할 것도 없는데 온 거라면 정말 싫었거나 지금 불편한 건 아닐까 싶어서.

대안반응?

내 27: 아무 생각 없이 와서… 별로…. (말끝을 흐림)

상 28: 싫거나 불편하지 않다면 다행이다. 자꾸 내가 말을 놨다 높였다 하죠? 성현이랑 친해지고 싶은가 봐요. 처음에는 높임말이 익숙했는데 자꾸 말이 놔지네. 혹시 말을 편히 놓으면 불편할까요?

대안반응?

내 28: 괜찮은데요.

상 29: 그럼 말 높였다 낮추었다 나도 모르게 왔다갔다 좀 할게요. 좀 더 친해질 기회가 생긴다면 아마 완전히 놓을 수도 있어요. 그런 기회가 온다면 좋겠네. 하지만 이건 성현이의 선택이라 혹시라도 오늘 상담이 많이 불편하면 꼭 이야기해 줘요. 상담이란 것이 누가 하란다고 하면 더 하기 싫어지는 거라 성현이가 상담을 원치 않으면 내가 어머니에게 잘 설명하고 설득시킬 수 있어요. 상담 마지막에 물어볼게요. 성현이도 오늘 꼼꼼히 나를 살펴봐요. 이 사람이 과연 함께할 만한 사람인가 아닌가.

대안반응?

내 29: 어~ 네. (힐끗 한 번 쳐다봄. 상담자가 웃으니 살짝 미소)

상 30: 웃는 거 보니 내가 썩 별로는 아닌가 보다. 미소 띤 얼굴이 가만히 있을 때랑 매우 다르게 느껴지네요. 미소가 미운 사람이 어디 있겠냐마는 성현이 미소가 호감이 가네. 이런 이야기 하면 이 선생님이 왜 이러나 이 표정으로 볼 만도 한데 미소를 지어 줘서 고맙네. 그럼 나도 성현이한테 무언가 하나라도 기억될 수 있는 하나를 주고 싶은데. 혹시 오늘 원하고 바라는 게 있을까?

대안반응?

____

내 30: 그런 거 없어요.

상 31: 엄마가 가자고 해서 왔으나 여기 있는 것이 불편하지는 않고, 허나 바라는 건 없다 하고… 이건 원하고 바라는 게 없다는 걸까요? 아니면 기대해 봤자 안 될 거라고 결론을 내려서 아예 생각을 안 하는 걸까요?

대안반응?

____

내 31: 기대를 안 하는 건데요.

상 32: 기대하는 것은 있었나 보구나. 그런데 기대해 봤자라 생각하는 거고.

대안반응?

____

내 32: 네, 어차피 안 바뀌니까.

상 33: 무언가가 안 바뀔 거라고 결론을 내렸네. 그렇다면 바꾸고 싶은 게 있었다는 걸 텐데. 기대하는 게 있으니 실망도 포기도 했겠죠. 기대했었던 게 뭐였을까요?

대안반응?

____

내 33: 그런 거 없어요. 그냥… 어차피 말이 안 통해서.

상 34: 아, 시도해 본 적도 있었나 보네. 기대감이 없는 게 아니라 아예 체념한 듯이 들려요. 누구랑 어떤 말이 안 통한다는 걸까? 대충 짐작은 가는데 내가 혼자 다 추측하면 안 되니까, 성현이한테 직접 들어야 오해가 없을 듯해요.

대안반응?

내 34: 제가 뭘 하고 싶은지 관심이 없어요. 말이 안 통해요.

상 35: 아직 관심도 필요하고 도움도 필요할 텐데. 답답하고 섭섭하기도 할 것 같다. 누가 관심이 없는 걸까? 부모님이? 엄마가?

대안반응?

내 35: 둘 다. 엄마는 무조건 졸업만 하라 하고. 아빠는 그냥 원래 말을 안 하니까.

상 36: 그래도 엄마랑은 말은 안 통해도 이야기를 해 보긴 했었는데, 아빠랑은 이야기해 본 적이 없어요?

대안반응?

내 36: 없어요. 그냥 할 말이 없는데….

상 37: 그래도 아빠하고의 관계 친밀도를 '중상'이라고 썼는데! 아빠랑 사이가 안 좋은 것은 아닌 거 같고… 중상이 뭐를 말하는 걸까? 할 말도 없는 사이면 '하' 또는 '중하' 이렇게 쓸 거 같거든요.

대안반응?

내 37: 어릴 때는 아빠랑 레고도 했고 여행도 다녔었는데 중학교 이후 할 말이 없어져서.

상 38: 아빠랑 어릴 때는 교류가 있었구나. 중학교 이후 아빠랑 말이 안 통하게 되면서 할 말이 없어진 거예요?

대안반응?

내 38: 아니요. 그냥 아예 말 할 일이 없어서 대화를 안 했어요.

상 39: 아. 아빠랑 이야기를 안 해 봐서 아빠가 성현이의 지금 현재 상태를 어떻게 생각하는지 아예 모르겠구나. (고개 끄덕) 그래서 아빠가 성현이한테 관심이 없다고 생각하게 된 걸까?

대안반응?

내 39: 그럴 수도 있겠네요.

상 40: 아빠랑은 이야기를 해 볼 수 있는 상황이 생기면 어떨까 싶기도 하네요. (잠시 멈춤) 그럼 엄마는요? 엄마랑은 말이 안 통하는 경험이 자주 있었던 걸까요?

대안반응?

내 40: 그냥 항상 그랬는데… 고등학교 졸업장 이야기만. 뭐든지 다 원하는 대로 하는데 졸업만 하래요. 기승전 졸업.

상 41: 성현이는 그 말 들었을 때 어땠어요? (침묵 5초) 원하는 대로 하라면서 졸업장은 따야 한다는 말이?

대안반응?

내 41: 모순이죠. 말이 안 되죠.

상 42: 졸업장을 따려면 내가 원하는 걸 도저히 할 수 없으니까?

대안반응?

내 42: 음… 뭐…. (침묵 5초)

상 43: 아… 성현이가 확답을 안 해 주네. 졸업장을 딴다고 꼭 원하는 걸 못한다고 생각하는 게 아닐 수도 있는 것일까? (침묵 5초) 성현이가 원하는 건 정확히 무엇일까요? 물론 아까 웹툰 또는 래퍼 이런 이야기를 듣긴 했는데 구체적으로 무엇을 어떻게 원하는 것인지 궁금해져요. 좀 들어볼 수 있을까?

대안반응?

내 43: (멈칫거림. 침묵 5초)

상 44: 내가 성현이한테 너무 무리한 부탁을 했을 수도 있겠다.

대안반응?

내 44: 아니에요. 막상 저도 정리가 안 돼서.

상 45: 충분히 시간을 가질 수 있어요. 생각해 보고 이야기해 줘요. 난 그때까지 기다릴 수 있어서.

대안반응?

내 45: (손가락을 만지작거리며 고심하는 모습. 침묵 15초)

상 46: 내가 도울 수 있는 게 있으면 돕고 싶은데… 생각지도 않은 자리에 와서 본인 생각을 나누어 달라고 하니 얼마나 어렵겠어요.

대안반응?

내 46: 잘 모르겠어요. 뭘 해야 하는지도… 그림도 내 맘대로 그려지는 것도 아니고 이미 늦은 거 같은데.

상 47: 아, 이미 늦었다는 생각이 있구나. 진짜 여러 의미가 포함된 거 같은데. 진로결정이 늦었다고 생각하는 건지 아니면 새로운 걸 배운다는 게 늦었다고 생각하는 건지. 아까 뭘 해야 할지 모르겠다는 이야기를 들으니… 막막하기만 할 거 같고. 무언가 빨리 시작해야 할 거 같아 조급할 거 같고. 허나 현실은 아무것도 못 하고 있어 답답하고 자괴감도 들 거 같고. 하지만 그럼에도 불구하고 무언가를 찾고 싶어 하는 것 같은데. 내가 제대로 이해했나요?

대안반응?

내 47: 네. 맞는 것 같아요. (고개만 조금 끄덕)

상 48: 그렇구나. 내가 그냥 성현이 입장에서 최대한 이해해 보고 한 말이긴 한데… 성현이의 이런 생각은 정말 답이 쉽게 나오는 것이 아닌데 나눌 사람도 없고 방법도 모르겠으니 지금 막막해서 더 힘들겠구나 싶어요. 그래서 마음대로 하라는 엄마 말이 하나도 달갑지 않았을 수 있겠다.

대안반응?

내 48: (눈물 글썽)

상 49: 많이 답답했겠다. 막막하고. (눈물) 성현이가 무언가 해 보고 싶은 마음이 있는데 그게 잘 안될 때는 원하는 만큼 답답해질 수도 있지. 원하는 마음이 있고 나아갈 방향만 알면 웹툰이건 래퍼건 해 볼 수 있을 것 같은데. 졸업장은 왜 그리 꼭 따라고 하는지 엄마 이야기는 들어봤어요? (네.) 엄마가 뭐라 하셨을까?

대안반응?

내 49: 고등학교 졸업장이라도 있어야 알바든 뭐든 한다고. 고등학교 졸업장이라도 없으면 당장 스무살부터 어떻게 살아갈 거냐고.

상 50: 엄마의 그 말이 성현이 입장에서는 어떻게 들렸어요?

대안반응?

내 50: 틀린 말은 아닌 거 아는데 내가 하려는 것은 졸업장이 별 상관이 없긴 해서. 물론 졸업하고 부모 지원이 끊긴 상태에서 내가 하고 싶은 걸 해서 돈 벌 수 있을 정도의 실력을 갖추지 못한다면 다른 일을 찾아봐야겠죠. 그때 고졸이라도 되어야 알바라도 하기 쉽겠죠.

상 51: 엄마 말이 아예 틀린 건 아닌데 성현이 입장과는 맞지 않는다는 거구나. 고등학교 졸업장 없이 고생하며 살까 봐 엄마는 걱정 돼서 무조건 졸업장은 따야 한다 하실 수도 있겠다. (그럴 수도요.) 그럼 성현이는 웹툰이나 래퍼 관련 준비를 어떻게 하고 있어요?

대안반응?

내 51: 아직 시작하지도 못 했어요. 딱히 하고 있는 것도 없어요. 그냥 많이 보고 듣고 하는 정도.

상 52: 아직! (잠시 멈춤) 아까 그래서 뭘 해야 할지 모르겠다고 했구나. 엄마는 성현이가 아무것도 안 하는 것처럼 보이니까 졸업이라도 하라고 하시는 걸 수도 있겠네요. (그럴지도요.) 성현이도 아직 확신을 갖고 뛰어든 건 아니어서 이러지도 저러지도 못하고. 그래서 학교를 완전히 안 가는 건 아니었나 보다. 담임 선생님이 부르면 가긴 간다고 하던데. 이건 담임 선생님 봐서 나가 주기만 하는 건 줄 알았는데 다른 이유도 있을 수 있겠네요. 이를테면 아직 졸업을 포기하고 꿈을 좇는 구체적인 방법을 찾지 못해서 졸업을 아예 포기할 수는 없고. 나름 심사숙고하는 과정일 수도 있겠다고 이해되네요. 내가 제대로 이해했나요?

대안반응?

내 52: 분명하지 않는 상태인 건 맞는데 심사숙고 그 정도는 아닌 거 같은데. 그렇게 좋게 제가 행동하고 있는지는 모르겠어요.

상 53: 자퇴를 요구하지만 자퇴가 결정된 사람처럼 막 하고 있는 건 아니잖아요. 나름 신중한 모습이라 여겨지는데, 그럼 성현이는 본인의 태도를 어떻게 생각하고 있을까요?

대안반응?

내 53: 결정도 못하는 게 바보 같아요. 짜증나고.

상 54: 성현이가 고민하는 시간마저도 바보 같다고 생각한다면 짜증나겠네요. 내가 볼 때는 워낙 중요한 결정이고 나름 신중하게 선택하느라 자퇴를 확정짓지 못하는 것일 수도 있다고 생각해요. (네.) 그런데 성현이가 이리 고민하고 있다는 것을 알지 못하는 사람들한테는 '대책 없고 생각 없다.'고 오해받을까 조금 걱정도 되네요.

대안반응?

내 54: 그런 말 많이 들었는데. 생각 좀 하고 살아 보라고.

상 55: 생각이 없는 것이 아니라 자신에 대해 많은 생각을 하고 있는 건데. 구체적인 방법이나 방향을 모르는 거지 알면 어떻게든 할 마음도 있고. 이렇게 나누면 부모님과도 함께 방향을 찾을 수 있지 않을까 싶기도 해요.

대안반응?

내 55: 어차피 엄마는 안 변해요. (확신에 찬 단호한 표정)

상 56: 어머님이 면담에서는 성현이의 일들에 가급적 협조적으로 보였으나 성현이 단호한 표정을 보니 아닌 모습도 있으신가 보다. 하지만 지금 이 대치상황이 변하지 않고 그대로 이어지는 걸 바라는 건 아닌 것 같은데 맞아요?

대안반응?

내 56: 네, 변할 수만 있으면 나쁠 건 없죠. 아니 좋겠죠.

상 57: '엄마를 바꿀 수 있어요.'라고 장담할 수는 없지만, 성현이가 원한다면 지금 상황들에 대해 변화를 일으켜 보는 시도는 할 수 있다고 장담해요. 상담자인 내가 원해서가 아니라 성현이가 원하고 함께할 수만 있다면! (침묵 5초) 그걸 원한다면 아까 모르겠다던 방법도 찾아보고 부모님과 상의도 해 보고 환경도 바꿔 보고. 하지만 원치 않는다면 성현이가 원할 때까지 기다릴 수도 있기 때문에 아직은 상담이 성현이한테 시기상조라고 엄마에게 말씀드릴 수도 있어요. 성현이가 원하는 대로! 정말 원할 때 하면 그때가 가장 빠르고 지름길을 찾기도 쉬워져요.

대안반응?

____

내 57: (침묵 5초) 시도를 해 본다고 바뀌는 건 아니잖아요.

상 58: 분명 지금까지 성현이가 쓴 방법과는 다른 방법들로, 그리고 성현이가 원하는 것을 확인해서 그 방향으로 움직일 거라서. 성현이가 잘 모르는 방법들은 내가 이것저것 제안해 보기도 할 거고, 시도해 보는 과정에서 생각지도 못했던 방법을 성현이가 찾을 수도 있고. 그러니까 바뀌는지 안 바뀌는지는 해 봐야 알죠. (침묵 5초) 안 바뀔 수도 있지만 시도 자체가 달라지면 반응하는 사람들도 달라질 가능성이 있으니까요. 쉽지만은 않겠죠. 그러나 브레이크가 걸릴 때마다 나도 같이 노력할 거예요. (잠시 멈춤) 상담 시간이 거의 다 되어 가네요. 성현이가 상담을 할지 말지 직접 말해 줘도 좋고, 집에 가서 충분히 생각해 보고 엄마를 통해 결정한 바를 말해도 괜찮아요.

대안반응?

____

내 58: (침묵 5초) 해 보고 싶기도 하고, 어차피 해서 별 변화가 없으면 더 힘들어질 것 같기도 하고. (침묵 5초) 그냥 한 번 해 볼게요. 안 하고 후회하는 것보다는 낫겠죠.

상 59: 지금 상황에서 정말 벗어나고 싶구나. 성현이가 변화를 원하는 마음은 무엇보다 중요한 강력한 무기인데다가 스스로 선택했기에 끈기 있게 밀고 나갈 거고, 나도 성현이가 원하는 것을 얻을 수 있도록 함께 노력해 볼 수 있을 것 같아. 앞으로의 함께하는 시간이 기대된다. 오늘 우리 만남이 성현이한테는 어땠나요?

대안반응?

____

내 59: 그냥 괜찮았어요. 생각보다 좋았어요.

상 60: 그래요. 좋음을 더 크게 만들어 보도록 다음 주에 또 이어 이야기해요. 뭘 바꾸고 싶은지, 어떻게 바꿀지, 그리고 자퇴할지 말지 그에 따라 뭘 대비해야 할지. 나도 성현이에 대해 궁금한 것도 알고 싶은 것도 많아요. (기다려 줌) 그래야 성현이에게 가장 좋고 만족스러운 것이 뭔지를 같이 찾을 수 있을 테니까요. 아휴, 할 게 많네…. 할 게 없을 줄 알고 왔을텐데…. 그래서 마음 바뀌는 건 아니죠? (피식 웃음) 아직까지는 성현이가 준비할 게 많지는 않으니 가벼운 마음으로 와요. 나는 무엇을 준비해야 할지 열심히 생각해 볼게요. 오늘 상담에서 혹시 남는 게 있다면?

대안반응?

______

내 60: (숙여졌던 고개가 들리고 어깨를 펴며) 처음 말할 때보다는 좀 정리가 되고 마음이 좀 편해졌다?!

상 61: 마음이 편해졌다는 것이 지금 성현이의 몸 어디에서 느껴지는지 한번 살펴볼래요?

대안반응?

______

내 61: (잠시 멈춤) 몸이요? 그건 잘 모르겠는데요.

상 62: 우리 마음은 항상 몸이랑 연결되어 있어요. 안 좋은 감정이 계속 쌓이면 몸이 아프고 면역력이 떨어지는 것처럼 감정이랑 몸 감각은 같이 움직여요. 앞으로 성현이의 감정과 몸 감각에 관심을 갖는 연습을 해 보면 감정조절을 하는 데 도움이 될 거예요. 앞으로 같이 해 보면 어떨까요?

대안반응?

______

내 62: 네. 어떻게 하는지 상상은 안 되는데 기분이 나아지는 데 도움이 된다면 좋을 것 같아요.

상 63: 긍정적으로 생각해 줘서 반갑고 좋네요. 나는 지금 이 기분이 심장 쪽 감각으로 느껴져요. 약간 기분 좋게 부풀어 오른 풍선처럼 느껴져요. 성현이도 다음 한 주 동안 좋을 때도 힘들 때도 자기 몸에서 일어나는 반응을 살펴보면 자기 상태를 알아차리는 데 도움이 될 거예요. 나는 다음 한 주 동안 성현이의 현재 처한 어려움과 불편감을 어떻게 하면 정확히 이해하고 해결해 나갈 수 있을지 고민해 볼게요. 다음 주에 서로 할 것 해 와서 만나 보자구요. (네.)

대안반응?

______

- 상담 시간 예약과 예약 변경 등에 대해 안내하고 마무리

2 실습 사례에 대한 사례개념화를 위해 탐색해야 할 사항

1) 내담자가 상담을 신청하게 된 결정적 계기(사건)와 관련된 내용

그에 따른 상담개입 전략

2) 내담자 현재 호소문제 〈호소내용은 내담자 언어로 기술〉

(1) 신체 · 생리적 측면:

그에 따른 상담개입 전략

(2) 인지적 측면:

그에 따른 상담개입 전략

(3) 정서적 측면:

그에 따른 상담개입 전략

(4) 대처행동적 측면:

그에 따른 상담개입 전략

(5) 대인관계적 측면:

그에 따른 상담개입 전략

3) 내담자의 과거력과 발달사의 주요 내용

그에 따른 상담개입 전략

4) 인지기능 및 유전적 소인 내용

그에 따른 상담개입 전략

5) 내담자의 생활환경과 문화적 배경 특성

그에 따른 상담개입 전략

6) 내담자 개인 및 환경의 보호요인(강점 및 잠재력)과 방해요인

개인요인		환경요인	
보호 및 촉진자원	취약 및 방해요인	보호 및 촉진자원	방해 및 위험요인
활용방안	개선방안	활용방안	개선 및 조절(제거)방안
보호 및 촉진자원	취약 및 방해요인	보호 및 촉진자원	방해 및 위험요인
활용방안	개선방안	활용방안	개선 및 조절(제거)방안
보호 및 촉진자원	취약 및 방해요인	보호 및 촉진자원	방해 및 위험요인
활용방안	개선방안	활용방안	개선 및 조절(제거)방안

3 사례개념화(내담자에 대한 통합적 이해)

〈상담경위 혹은 신청계기(촉발사건)〉

〈촉발사건과 그 결과-필요시 좀 더 자세히 기술〉

〈주 호소문제〉

〈근원원인 및 유지요인과 그로 인해 내담자가 현재 받고 있는 영향〉

〈내담자가 받은 부정적 영향과 관련된 핵심욕구〉

〈내담자 강점 및 활용방안〉

〈내담자 이해를 바탕으로 한 상담 방향성〉

4 상담목표와 전략

1) 생물영역의 목표와 전략

2) 심리영역의 목표와 전략

3) 사회영역의 목표와 전략

PART IV

대학생 상담 사례개념화 및 목표 · 전략 수립 연습

1. 대학생 사례 정보 및 첫 회기 축어록
2. 실습 사례에 대한 사례개념화를 위해 탐색해야 할 사항
3. 사례개념화(내담자에 대한 통합적 이해)
4. 상담목표와 전략

1 대학생 사례 정보 및 첫 회기 축어록

다음은 대학교 학생상담센터에서 보편적으로 접할 수 있는 호소내용(진로문제)과 차별적 주제(애도)를 모두 가지고 있는 내담자와의 상담사례다. 대체로 10~15회기 단기상담으로 진행되는 대학상담세팅에서는 상담자가 상담신청서 및 접수면접 내용과 첫 회기 상담내용을 바탕으로 빠르고 정확한 초기 사례개념화 역량을 갖출 때 성과 있는 상담을 진행할 수 있다. 앞에서 살펴본 성인 및 청소년 사례와 마찬가지로 다음에 제시된 대학생 사례로 사례개념화, 목표 및 전략 수립 과정을 스스로 혹은 팀으로 마무리해 보기 바란다. 한편 〈부록 6〉에 10회기로 진행된 대학생 상담의 전체 회기 내용을 요약정리하여 제시하였다. 사례개념화, 목표 및 전략 수립 과정을 진행하면서 대학생 사례의 전체 상담과정을 미리 그려 보는 훈련도 유익할 것이다. 여러분이 이 대학생 내담자의 상담자라면 1회기 이후 10회기까지의 상담과정을 어떻게 전개할 것인지 계획해 보길 바란다.

1. 내담자 인적사항: 여, 24세, 통계학과 3학년, 재수, 2학년 마치고 1년 휴학, 경상도 고향, 기숙사 생활하다 3학년부터 학교 앞 고시텔 자취, 휴학 후 편의점 주말 알바 지속

2. 상담신청 경위: 복학 후 학교 적응이 휴학 전과 마찬가지로 다시 힘들어짐. 오히려 이전보다 더 집중력 저하, 우울감이 더 심해지자 상담받고 있는 친구가 추천하여 신청함

3. 주 호소문제
   1) 상담신청서 체크 내용: 낮은 자존감, 우울, 불안, 화, 만성피로, 미루는 습관, 학습의 어려움, 미래불안, 진로고민, 가족갈등
   2) 접수면접 주요 내용
      (1) 기력이 점점 딸려 일상생활이 이전보다 더 늘어짐
      (2) 수업 내용을 따라가기 힘들고 적성에 안 맞는 공부하려니 계속 회의감이 듦
      (3) 미래가 막연하고 이런 상태에서 학교를 계속 다니는 게 맞나 갈등
      (4) 우울하고 나 자신에게 짜증도 나고 답답함이 극에 달하면 자해하고 싶은 생각 강해짐

(5) 가족들은 휴학 반대, 복학 후 힘들어하는 날 보고 '배부른 소리 한다. 학교 그만둬라.'고 함

4. 가족관계(상담신청서 작성 내용과 접수면접 시 파악 내용)

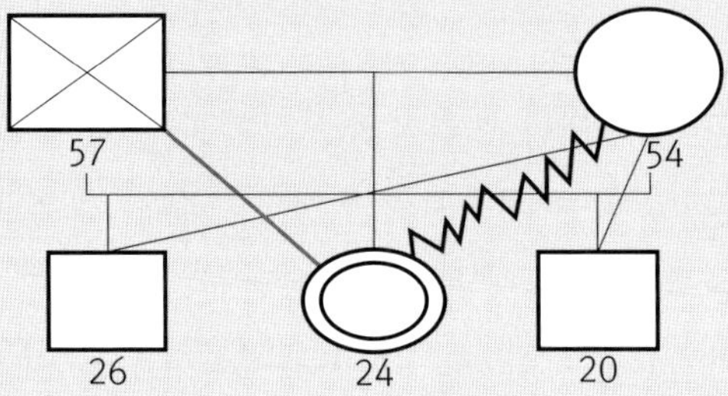

1) 부(57, 고졸): Cl(내담자, Client 줄임) 고3 때 폐암 선고받고 3개월 만에 사망. '가족 안 유일한 내 편', 꼭 4년제 대학 보내라고 엄마한테 당부. 그립고 힘들 때면 더 그리워짐.
2) 모(54, 고졸): 초등학교 조리사, 코로나로 현재 쉬고 있음. 아들들만 두둔. '자기도 여자면서 여자는 시집만 잘 가면 되는데, 전문대나 가서 적당히 취직하지 재수까지 하면서 대학 간다고 못마땅해' 함. 사주 보고 와서 "니가 기가 쎄서 아들들이 잘 안 된다. 동생은 니가 돈 벌어 지원해."라고 함
3) 오빠(26, 전문대졸): 군대 갔다 와서 자동차 정비사 자격증 따고 3월에 취업, 부럽기도 하고 안심. 말수 없어 속을 알 수 없음. 아빠가 장남에게 기대하는 게 많아서인지 유독 엄하게 대했었음. 내 잘못도 아닌데 괜히 눈치 보일 때가 많았음.
4) 남동생(20, 고졸): 공부 재능 없고 친구 엄청 많아 놀기 바쁨. 대학 떨어지고 곧바로 군입대. 막내라 뭐든 허용. 아빠 떠나시고 많이 힘들어했고 사춘기 심하게 겪음. 엄마가 가장 예뻐하는 아들이지만 막내는 엄마 싫어함. Cl과는 대화 거의 안 함

5. 내담자 인상 및 행동관찰

155센티 작은 키. 왜소한 체형. 창백한 얼굴. 머리를 하나로 묶고 단정한 인상. 어깨 처지고 시선 바닥. 의자에 푹 꺼지듯 앉음. 기운이 없고 말이 느리나 질문을 잘 이해하고 답하였음. 답하기 전에 한참 생각. 학과 수업에 대한 얘기에는 연거푸 한숨

〈접수면접자의 인상〉 기운 없고 아버지 얘기에 많이 울었음. 충분한 애도작업이 안 된 상태라 여겨짐

6. 내담자 개인 및 환경의 강점(자원) 및 취약점

1) 생물적 영역: 특정 신체 질환 없음
2) 심리적 영역
(1) 인지: 학업적 역량, 경청 및 이해능력 양호하나 자신에 대한 부정적인 평가적 사고 발달

(2) 정서: 자기 정서 상태에 대한 자각 수준 양호하나 아버지에 대한 상실감과 죄책감에 대한 애도작업 미비한 상태

(3) 대처행동: 학과 수업, 출결, 과제 등 일과 유지. 알바 지속. 그러나 전공에 대한 효능감 떨어져 다소 수동적이고 회피적인 대처

3) 사회적 영역

(1) 대인관계: 학창시절 대인관계 갈등 사건 없었고, 소수지만 현재 친한 학교 및 고향 친구들과의 연락은 이어지고 있음

(2) 가족관계: 가족 내 소외감이 발달되어 있으나, 신의를 지키는 엄마는 보호요인으로 가용할 수 있음

(3) 대학 내 지원환경: 심리안정과 진로결정에 도움을 받을 수 있는 학교상담센터 및 진로지원 서비스 활용가능

7. 첫 회기 상담내용

1회기(20○○년 ○월 ○일, 50분)

상 1: 지향 씨 반가워요. (네.) 저는 상담센터 상담자 김다연이라고 해요. 한 달 전에 상담 신청하시고 2주 전에 접수면접 하신 걸로 알고 있는데 맞나요? (네.) 그래요. 오늘부터 본 상담에 들어갈 거예요. (네.) (여러 차례 숨을 몰아쉬고 몸 전체가 힘이 빠져 있음) 들어가기 전에, 잠시 지금 어떤 상태인지 좀 살펴보고 싶네요.

대안반응?

____

내 1: 어떤 거요?

상 2: 지금 지향 씨 몸 상태부터 충분히 편안하게 돌보고 이야기하려구요. 앞으로 상담 시작할 때마다 잠시 머리부터 발끝까지 어떤 상태인지, 불편하게 느껴지는 곳이 있으면 최대한 편히 하는 것부터 하고 들어갈 거예요. 마음이 불편하면 몸도 같이 불편해질 때가 많아요. 같이 살펴보는 거 괜찮겠어요?

대안반응?

____

내 2: 네, 한 번도 안 해 봐서 좀 어색한데 도움이 될 것 같아요.

상 3: 좋아요. 제가 안내할 테니 따라와 볼래요? (네.) 불편하면 언제든지 그만해도 돼요. (네.) 잠시 눈을 지그시 감고, 천천히 호흡을 들이마시고 내쉬고, 머리부터 발끝까지 훑어본다 생각하고, 살펴 준다는 마음으로 어디 불편한 데가 있는지, 괜찮은지 느껴 보세요. (침묵 5초) 몸에서 느껴지는 걸 말해 볼래요?

대안반응? ____________________

내 3: 가슴이 무겁고 답답하게 느껴져요.

상 4: 잘 느끼네요. 좋아요. 잠시 그 가슴의 무겁고 답답한 느낌에 잠시 머물러 볼래요? (네.) 자, 이제 내 몸은 방이고 무겁고 답답한 기운은 방안 공기라고 상상해 봐요. (네.) 내 방의 창문이 있어요. 코와 입이 창문이에요. 창문으로 공기가 들어올 수도 나갈 수도 있어요. (네.) 자, 창문을 열어 천천히 숨을 깊이 들이쉬고 힘껏 코와 입으로 '후우'하고 그 공기를 밀어내 봐요. (후우, 상담자도 같이 후우, 천천히 호흡 반복 2분) 지향 씨 몸의 느낌이 어때요?

대안반응? ____________________

내 4: 아까보다 훨씬 가슴이 가벼워졌어요. 폭신한 구름에서 숨 쉬고 있는 것 같았어요.

상 5: 아까 상담실 들어와 앉아 있는데 몇 번씩 지향 씨가 숨을 몰아 쉬더라구요. 몸부터 편히 돌봐야겠구나 생각이 들더라구요.

대안반응? ____________________

내 5: 아, 제가 그러고 있는 줄 몰랐어요.

상 6: 관심을 기울이지 않으면 누구나 잘 몰라요. 짧은 시간으로도 지향 씨가 스스로의 상태를 이번처럼 더 편하게 바꿔 줄 수 있어요.

대안반응? ____________________

내 6: 근데 이렇게 하는 사람들이 많나요? 제 주변에서는 잘 못 본 것 같아요. 하긴 맘이 힘들면 몸도 같이 힘들어질 수 있을 것 같긴 하네요.

상 7: 빨리 알아차리는 지향 씨네요. (멋쩍은 미소) 자, 편히 숨 한 번 더 쉬고 이제 이야기해 볼까요? (네.) 반복하는 게 번거롭고 귀찮을 수 있지만, 좀 더 정확한 의사소통을 위해 몇 가지 확인하고 가려구요. (네, 괜찮아요.) 접수면접 때 나누었던 이야기 기억나요?

대안반응? ____________________

내 7: 정확히는 잘 안 나는데, 음(침묵 5초), 전공 적성도 안 맞고, 힘들어서 휴학 1년 하고 왔는데도 그때보다 더 우울하고 지치고, 점점 학년은 올라가는데 아직도 이러고 갈팡질팡하고 있는 게 좀 한심하다고 해야 하나?! (침묵 5초) 제 자신이 답답하고 짜증나고 좀 그런 것 같아요. 뭔가 돌파구가 필요한데 그걸 잘 못 찾겠어요.

상 8: 지향 씨 가슴이 무겁고 답답하게 느껴지는 이유가 있었네요. (네? 가슴이요?) 아까 몸 돌보기 할 때, 가슴이 무겁고 답답하다 했는데, 지금 지향 씨가 자기 자신이 답답하게 여겨진다고 동일한 표현을 쓰고 있어서요.

대안반응?

내 8: 아~ 그러네요. 진짜 마음이랑 몸이랑 연결되나 봐요.

상 9: 그러네요. 돌파구가 필요하고 찾고 싶은 지향 씨인데, '그게 뜻대로 잘 찾아지지가 않아 답답하고 실망스러운 나'라고 이해되네요. 제가 제대로 이해했나요?

대안반응?

내 9: 네네, 정말 돌파구가 필요해요. 넘 답답하고 이러다 진짜 내가 한심하다 싶고, 짜증이 확 올라오면 갑자기 막 살을 꼬집기도 해요. 점점 심해지는 것 같아 좀 무섭기도 하구요.

상 10: 스스로 아프게 하고 싶은 사람은 없어요. 그만큼 지향 씨의 돌파구가 간절하다는 의미로 이해가 돼요. 같이 돌파구를 찾아봐요. 같이 찾다 보면 혼자보다는 눈이 두 배로 늘어나니 더 넓게 볼 수 있어요. 그러기 위해 상담받는 거예요.

대안반응?

내 10: (눈시울 붉어짐) 네, 감사해요. 정말 그러면 좋겠어요. 아빠가 어떻게 보내 준 대학인데 내가 이러고 있나, 아빠한테 너무 미안해요. 정말 잘못하고 있는 것 같아요. (눈물, 침묵 10초) 진짜 잘 다니고 취업도 잘하는 모습 보여 주고 싶었거든요.

상 11: 지향 씨 돌파구가 필요한 이유에 아빠가 계시구나. 아빠 얘기 좀 더 해 볼래요? 시간 많으니 천천히 해요.

대안반응?

내 11: (10초 눈물, 울음 고르며) 아빠가 고3 때 폐암으로 돌아가셨어요. 암 선고 받고 3개월밖에 못 사셨어요. 아빠가 '너 대학졸업 때까지는 관리 잘하면 버틸 수 있다고 의사선생님이 그랬다고, 걱정 말고 열심히만 하라.'고. (소리 내 울음 30초) 근데 6월 모의고사 보기 전날 '아빠 항암치료 받으러 병원 들어갔다 올 테니 파이팅하라고, 아빠도 파이팅 하겠다.'고 그러고 갔는데 그게 마지막이었어요. 뭐 치료과정에서 쇼크가 왔다고. 너무 쇠약해져서 못 받아냈다고. 중환자실에 들어갔다 거기서 돌아가셨어요. 같이 파이팅하기로 했는데. 정말 아빠가 버텨 줄 줄 알았어요. 나 맘 편하라고 그런 것 같아서. 그게 진짜 그럴 거라 바보같이 믿고…. (푹 꺼지면서 숨죽여 눈물, 침묵 30초)

상 12: 버텨 주고 싶었던 아빠 마음은 진심이었을 거예요. 얼마나 대학생이 된 딸을 보고 싶었을까! 마지막까지 안간힘을 다해 버티고 싶으셨을 거예요. (내담자 눈물 30초) 지향 씨한테 어떤 아빠였어요?

대안반응?

____

내 12: 늘 내 편. 주변 사람들이 딸 바보라고. 사실 엄마는 그냥 전문대 취업 잘되는 대로 가라고. 빨리 돈 벌어 시집 잘 가면 그게 제일이라고, 진짜 나랑 안 맞는 소리만 해요. 아빠는 지금이 어떤 시대인데 그런 소릴 하냐고. 꼭 대학 보낸다고 그랬어요. 아빠 돌아가시기 전에 엄마한테 자기 죽어도 지향이 대학은 꼭 보내야 한다고, 그래서 보험금으로 재수했어요. 저한테 직접 말하진 않아서 엄마가 숨길 수도 있었는데, 아빠 숨넘어가면서도 대학은 꼭 보내라고 손을 꼭 잡았던 게 자꾸 밟혀서, 안 보내면 나중에 죽어 만나서 제대로 얼굴 못 볼 것 같아 돈 대준다고 그러더라구요. 수시 넣었던 거 다 떨어지고, 전문대 간호학과 전액 장학금 받을 정도의 성적은 됐는데, 정말 나랑 너무 안 맞아도 그냥 가야지 그랬어요. 맨날 죽상하고 우울해하고 있으니까 엄마가 나중에 시집갈 때 보태 줄 돈으로 원하면 재수하라고. 기센 기집애라 오빠나 동생보다 어찌됐든 지가 원하는 대로 하고 사는 팔자다. 그러니 어쩌겠냐고. 그 대신 동생 나중에 대학은 니가 보내라고.

상 13: 아빠는 진짜 끝까지 딸 편이었네요. 얼마나 간절한 맘이었으면 엄마가 도저히 저버릴 수 없었을까! 구시렁대셔도 들어주실 수밖에 없으셨네. 그 큰 사랑을 받은 지향 씨라 지금의 내 모습이 아니라 더 멋지고 자신있게 잘해 내는 모습을 보여 주고 싶었겠다. 돌파구가 너무나 간절하겠다. 이해가 되네요.

대안반응?

____

내 13: (눈물) 진짜 저 지금 이러고 있으면 안 돼요. 아빠가 너무 가슴 아파하고 있을 것 같아요. 아는데 고 3, 6월 여름부터 정신을 못 차리고 있는 것 같아, 진짜 내가 싫어요. 근데 뭘 어떻게 해야 할지 모르겠어요.

상 14: 지향 씨, 아빠가 진심으로 딸을 사랑했다는 건 믿어요? (네.) 딸을 진심으로 사랑하는 아빠라면, 지향 씨가 아빠 기쁘게 해 드리고 싶은데 잘 안 돼서 자신을 한심하다고 질책하는 지금 모습 보고 뭐라 하실 것 같아요?

대안반응?

내 14: (흐느끼며) 아빤 맨날 괜찮다고, 잘 해낼 거라고 그랬어요. 아마 괜찮다고…. (소리 내어 울음 1분) 아빠 이야기하려고 했던 건 아닌데 죄송해요.

상 15: 죄송할 일 아니에요. 아빠 이야기도 중요해요. 이후에 우리 찬찬히 아빠 얘기하는 시간을 가져 봐요. (네.) 숨 좀 고르게 쉬어 봐요. 깊이 들이쉬고 토닥토닥, 후우 내쉬고. (반복 30초) 이제 우리 돌파구 찾으러 갑시다. 아빠한테 미안한 딸이 아니라 당당한 딸 해 봅시다.

대안반응?

내 15: 가능성이 있을까요? 학점 관리도 안 되어 있고, 자격증도 없고, 공인 영어점수도 없고, 스펙 관리가 하나도 안 되어 있는데, 지금도 늦지 않았을까요?

상 16: '늦지 않았고 가능성은 열려 있다고 격려해 주세요.'라고 들리네요. 늦지 않았고, 가능성은 만들어 갈 수 있어요.

대안반응?

내 16: 뭘 어떻게 시작해야 하는지 모르겠어요.

상 17: 일단 내 길을 찾아가는 절차가 있어요. 처음 실타래 시작점을 찾아 어디서 엉켰는지 찾아봅시다. (네.) 지향 씨가 대학에 진학 할 때 이 전공을 선택한 과정이 어땠는지 말해 볼래요?

대안반응?

내 17: 처음부터 지금 전공인 통계 쪽에 관심이 있었던 건 아니에요. 엄마는 특성화고를 가서 취업하거나 전문대 정도 가라 그랬는데, 아빠는 일반고 보내야 한다고 그러셨어요. 그때만 해도 내 편인 아빠가 권하는 쪽으로 당연히 마음이 갔고, 근데 제가 수학을 좋아했어요. 그렇다

고 성적이 1등급 뭐 그런 건 아니었는데 진짜 영어가 너무 아닌 거예요. 국어는 상대적으로 괜찮았는데, 영어는 어떻게 해도 마음이 안 가고 하기 싫고. 그래서 나는 이과인갑다, 그러고 3등급 밑으로 떨어진 적이 없어서. 근데 물리, 뭐 과학은 또 싫은 거예요. 여자가 공대는 아니다, 선생님도 아빠도 그러고. 이과 중에 전문 자격증 가지고 돈 잘 버는 게 세무, 회계 쪽이면 은행이나 세무 공무원도 가능하다고 진로 상담할 때 추천해 주셨어요. 제가 좀 꼼꼼해서 자료 정리도 잘하고 수학 적성도 있으니 잘 맞을 것 같다고. 저도 그때는 그렇게 생각하고 처음에 세무대학교 가려고 준비했어요. 성적은 간당간당했었는데 잘 하면 될 수도 있겠다 싶어 그때는 긍정적인 편이었네요, 지금 생각해 보니깐. (그런데?) 아빠 6월에 떠나시고 정말 맨날 눈물만. 공부가 손에 안 잡히고 보고 싶어 울면서 잠들고. 맨날 눈이 부어 있어 애들이 개구리 왕눈이 같다고. 아빠 돌아가셨다는 거 안 알렸어요. 아무도 몰랐어요. 왠지 너무 싫은 거예요. 담임 샘한테 그냥 아파서 일주일 쉬는 걸로 해 달라고 했는데, 알겠다 배려해 주셨어요. 잠깐 학교상담실에서 상담도 몇 번 했는데 그냥 멍하니 보냈어요. 잠깐 진짜 너무 그리울 때는 나도 아빠 따라갈까 그랬는데 왠지 아빠가 안 된다고 할 것 같아 또 울고. 엄마는 산 사람 살아야지 별나게 굴지 말라고, 암튼 막판 내신이 중요한데 수학 성적 확 떨어지고, 수능도 망치고. 막판에 정신 차려서 그래도 열심히 했는데 생각했던 것보다 너무 안 나오니까. 담임 쌤이 세무대학은 힘들다, 그냥 세무학과나 회계학과를 가자. 근데 3학년 가장 비중이 높은 성적이 안 되니까 학과는 그대로 두고 지방대라도 갈래, 아니면 수도권 소신 지원해 볼래? 지방은 너무 벗어나고 싶었어요. 엄마 잔소리도 싫고, 아빠가 사람은 서울로 가야 한다고 그래서 소신 지원하겠다고 그랬는데 다 떨어졌죠. 지금은 그냥 집에서 다닐 수 있는 ○○전문대 간호학과 장학금 받고 갈 걸 후회도 해요. 자취에 학비에 생활비에, 엄마 욕 들어먹는 것도 싸다 싶어요. 어쨌든 아빠 덕에 재수했고 수능성적도 올랐는데 세무대는 여전히 어려웠고, 세무회계학과는 많지도 않고 높기도 해서 떨어지는 게 너무 겁나 좀 낮춰 여기 통계학과에 온 거예요.

상 18: 지향 씨 참 일목요연하게 정리를 잘한다. 아까 꼼꼼하고 자료 정리 잘한다고 그러더니 진짜 그러네요. 들으면서 지향 씨가 어떻게 진로를 선택해서 여기까지 왔나 잘 그려졌어요.

대안반응?

내 18: 아, 그래요? 다들 이 정도는 말할 수 있지 않나요?

상 19: 일목요연하게 말할 수 있는 사람들도 있지만 다 그렇지는 않죠. 스스로 정리를 잘하고 기억력이 좋고 꼼꼼함이 자기 강점이라고 생각해요?

대안반응?

내 19: 그냥 그렇다 정도였지 '강점이다'까지는 생각해 보지 못했어요.

상 20: 지향 씨가 해결할 첫 번째가 나왔네요. (뭐요?) 자기가 뭘 가지고 있고, 어떤 강점이 있는지, 그리고 그걸 앞으로 자기 진로에 어떻게 활용할 수 있는지 찾아보기. 지금 바로 해 볼까요? '자료 정리 역량' '기억능력' '꼼꼼함'을 필요로 하는 일에는 어떤 게 있을까요?

대안반응?

내 20: 음. (침묵 20초) 맞는지는 모르겠는데, 그냥 생각나는 건 갑자기 도서관이 생각났어요. 자료 정리라 그런가! 그리고 은행일도 그런 것 같지 않을까요? (그렇죠. 또?) 음. (침묵 10초) 회사면 총무팀 일? 아, 진짜 생각보다 제가 알고 있는 직업들이 별로 없네요.

상 21: 지향 씨가 해결할 두 번째가 나왔네요. (네?) (놀라면서) (또요?) 자기 강점과 부합하는 직업을 갑자기 질문했는데도 세 개를 찾았는데, 지향 씨는 '세 개를 찾은 나'가 아니라 '세 개밖에 못 찾은 나'라고 하고 있어요.

대안반응?

내 21: 세 개면 정말 조금 아는 거 아닌가요? 제가 너무 부정적인 거죠? 친구들도 걱정이 너무 많다고 그러긴 해요.

상 22: 지향 씨, 나 따라해 볼래요? (네.) '자료 정리 능력' '기억능력' '꼼꼼함'이 꼭 필요로 하는 일터에는

대안반응?

내 22: '자료 정리 능력' '기억능력' '꼼꼼함'이 꼭 필요로 하는 일터에는

상 23: '도서관' '은행' '기업 총무팀'이 있다.

내 23: '도서관' '은행' '기업 총무팀'이 있다.

상 24: 나는 지금처럼 내 강점을 찾을 수 있고,

내 24: 나는 지금처럼 내 강점을 찾을 수 있고,

상 25: 강점을 발휘할 수 있는 직업도 찾을 수 있을 거다.

내 25: 강점을 발휘할 수 있는 직업도 찾을 수 있을 거다. (3초 침묵) 진짜 그러고 싶어요.

상 26: 지향 씨가 원하고 또 원하는 거라면 강점도 찾고, 일터도 찾아낼 수 있어요.

대안반응?

내 26: 한 번도 이런 특성을 내가 가진 강점이라고 생각 안 해 봤는데, 이렇게 얘기해 보니까 좀 다르게 느껴져요.

상 27: 다르게 느껴진다?! 좀 더 얘기해 볼래요?

대안반응?

내 27: 그니까 좀 약간, 희망 뭐, 그런 게 약간 느껴져요. 가능할 수도 있겠다.

상 28: 그러니까 첫 번째, 강점을 의식적으로 찾아보기, 두 번째, 긍정문으로 진술하기. 지금 나랑 지향 씨가 그 두 가지를 한 거예요. 이 두 개가 약간의 희망을 만들어 낸 거예요. 뭐 우리가 다른 거 했나요?

대안반응?

내 28: 아뇨. 생각을 이렇게 자꾸 하면 좀 달라질 수 있나요? 생각이 달라지면 학과 공부에도 영향을 주려나? 그건 잘 모르겠어요.

상 29: 천천히 같이 살펴보죠. 그렇게 아빠랑 헤어지고 그 어려운 시간을 거쳐 대학 진입 성공했는데, 통계학과 들어와 어떤 경험을 한 거예요?

대안반응?

내 29: 그러니까 그냥 세무, 회계, 통계 다 거기서 거기라고 생각했고 쌤들도 그렇게 말했어요. 그래서 일단 이 세 학과만 썼는데, 아 맞다, 수학교육학과도 하나 썼어요. 근데 그건 진짜 떨어진다 알았는데 엄마가 하도 선생님 타령을, 여자 교사가 젤로 좋다고 난리 해서. 수도권 대학 낮춰서 써도 안 되더라구요. 암튼 사실 여기도 대기 10번이었어요. 이 얘긴 처음해요. 자존심 넘 상해서. 참, 처음부터 꼴찌로 출발, 기분이 안 좋았지만 그래도 따라가지 뭐 그랬죠. (근데?) 세무랑 회계는 좀 많이 비슷한데, 통계는 되게 달라요. 알아보고 싶은 걸 알기 위해 프로그램을 직접 짜는 게 중요해요. 물론 회계 프로그램도 짜야 해요. 그런데 쓰는 프로그램이 이미 짜여 있는데, 있는 게 거기서 거기 빤한데, 통계학과는 너무 다양하고 직접 만들어야 하는데 제가 너무 머리가 딸려요. 좀 창의성이 많이 필요해요. 그니까 정말 전 세

무공무원이 딱인 것 같은 느낌이라고 해야 하나?!

상 30: 지향 씨가 나름 '왜 내가 통계학과와 안 맞을까, 왜 이렇게 헤매고 있을까?' 진지하게 고민한 흔적이 느껴져요. 어떤 유사점이 있고, 차이점이 있고, 이거 하려면 창의적인 사고가 필요하구나. 난 꼼꼼, 기억력 좋고 정리 잘해도 창의성이 상대적으로 모자랄 수 있구나.

대안반응?

내 30: 그러니까 정말 창의성은 그냥 뭐 노력한다고 이쪽 창의성이 확 생기거나 그런 거가 아니잖아요. 하다 보면 늘겠지 그랬는데 그게 아니더라구요. 적성이 정말 있구나 깨닫기만.

상 31: 비교분석해서 기운이 좀 빠지기도 했겠네요. 뭔가 극복하고 해낼 수 있다는 단서를 찾고 싶었을 텐데. 그런데 여기에서 지향 씨가 가지고 있는 강점을 난 발견했어요.

대안반응?

내 31: 뭐요? 여기에도 있어요? 뭐지?

상 32: 적극적 문제해결식 대처 능력.

대안반응?

내 32: 뭘 해결한 게 없는데요? 대처를 못해서 이렇게 답답하고 헤매고 있는 것 같은데~

상 33: 아직 문제해결을 마무리를 하지 않는 상태라 그렇지. 뭔가 전공 공부가 어렵다, 어쩌지 어쩌지 그러고만 있는 게 아니라, 왜? 어디서? 뭐가 원인일까? 진지하게 생각해 보고, 체계적으로 논리적으로 세 전공 특성을 비교 · 분석해 보고, 이게 원인이었구나 이유를 찾아내는 과정을 밟을 수 있는데, 이건 적극적 문제해결식 대처의 기본 역량이에요.

대안반응?

내 33: 아, 그래요? 몰랐네요.

상 34: 지향 씨가 스스로 생각하고 알아 가는 역량이 있는 거예요. 그렇다고 모든 전공을 다 잘할 수 있다 그렇게 말할 수는 없겠죠. 지향 씨뿐만 아니라 어느 누구도 몇 가지의 강점과 역량으로 모든 일을 다 잘 해낼 수 있다, 그럴 수는 없어요. 그저 각자의 강점과 역량으로 잘 해낼 수 있는 일이 분명히 있다는 건 확실해요.

대안반응?

내 34: 얘기하다 보니까 제가 너무 통계학과 전공을 살려야 한다는 생각에 너무 많이 매여 있었던 것 같아요.

상 35: 통계학과 전공을 꼭 살리고 싶었던 지향 씨 나름의 이유가 있었겠지요?

대안반응?

내 35: (침묵 5초, 목 메여) 아빠요. (아~ 아빠!) 아빠 목숨 값으로 온 대학이잖아요. 헛되게 하고 싶지 않았어요. 당연히 잘 해낼 거라 생각했었는데 너무 헤매니까 정말 하늘을 쳐다볼 수도 없었어요. 시험 치고 나오는 날은 아 정말 미치겠는 거예요. 또 C다. D 나오는 건 아니야? 3년 내내 프로그램 짜고 결과 내는 시험을 끝까지 마무리한 적이 없어요. 맨날 친구들한테 묻기도 쪽 팔리고. 어느 순간 시험 보려고 컴퓨터 앞에 딱 앉으면 눈앞이 하얘지고 정신이 아득해지는 거예요. 이런 게 노이로젠가 싶기도. 엄마가 너 성적이 이게 뭐냐고, 이따위로 할 거면 당장 내려오라고. 그게 어떤 돈인데. 그만두고 공무원 준비하라고 그래요. 오빠가 올해 취업을 했는데, 자동차 정비 쪽 전문대 졸업했는데 자격증 따자마자 취업 되더라구요. 오빠는 전문대지만 열심히 해서 성적도 잘 받고 장학금도 타고 취업도 째깍닥 하는데, 저건 쓸데없이 4년제 가서 돈만 축내고, 힘들긴 뭐가 힘든데, 배부른 소리 한다고. (눈물) 근데 다 사실이니까 할 말이 없어요. 사실 진짜 그만둘까 진지하게 생각하고 휴학했어요. 휴학하면서 돈도 덜 축내야겠다 싶어 편의점 알바하면서 공무원 쪽도 알아보고 그랬는데, 그래도 세무 쪽을 처음부터 생각했으니까 알아봤는데, 통계학과에서 배운 내용이랑 겹치는 게 거의 없어요. 공무원 경쟁률 너무 센데, 과연 내가 할 수 있을까, 처음부터 맨땅에 헤딩해야 하는데, 대학 중퇴하고 최종학력 고졸인데. 이게 뭔가! 진짜 한심하다. 그럼 일반 사무행정 할까. 갈팡질팡하다가 1년 갔어요. 그래도 알바하면서 돈 모아 생활비를 보태니까 그나마 엄마가 좀 조용하더라구요.

상 36: '아빠의 목숨 값'이란 말에 그간 잘 해내야 한다는 그 압박감의 크기가 얼마나 컸을지 감히 상상이 간다고도 못하겠다. 아빠 목숨은 하나인데, 주어진 단 한 번의 기회를 반드시 성공시켜야 하는데, 뭔가 부족하고 모자라 충분히 따라갈 수가 없네. 발버둥을 쳐 봐도 메워지지가 않아 얼마나 막막했을까!

대안반응?

내 36: 네, 정말 졸업은 점점 가까이 오고, 준비되어 있는 건 없고, 학점이 안 좋으면 취업도 어려운데, 통계 관련 자격증은 정말 적성이 없어 공부하기 넘 힘들고, 숨이 막히고 점점 무기력해지고 있었죠.

상 37: 얘기 들으면 내가 숨이 막히고 쪼그라들고 짓눌리는 느낌이 확 올라오는데 지향 씨는 오죽하겠어요. 오늘 지향 씨가 그간 지금의 전공을 반드시 성공적으로 살려야 한다고 부여잡고 있었던 이유에 아빠가 있었다는 것도 이해할 수 있었고, 돌파구 마련을 위해 강점과 그걸 활용할 수 있는 일을 연결해서 살펴보는 것이 필요하겠다는 것도 찾았어요. 지향 씨는 같이 나눈 내용들이 어떻게 정리가 돼요? 정리의 달인 지향 씨는?

대안반응?

내 37: (계면쩍게 웃음) 돌아가서 찬찬히 정리를 다시 해 봐야 할 것 같지만, 일단 가슴이 후련해요. 내가 이전에는 이렇게 부정적으로 생각하는 사람은 아니었는데 오늘 얘기하다 보니까 너무 부정적으로 치우쳐 버린 것 같았어요. 여전히 아직 자신이 없지만 아직 남은 시간이 있으니까 좀 더 구체적으로 제가 할 수 있는 것들을 찾아봐야 할 것 같아요. 그리고 사실 아빠 이야기가 이렇게 나올 줄은 몰랐어요. 진로랑 아빠가 연결되어 있다고 생각해 보지 못했거든요. 아빠는 뭘 해도 잘했다 했을 텐데. (목 메여 눈물 삼킴, 15초) 어쩌면 이렇게 맨날 눈물바람 하고 스스로 갉아먹고 있는 걸 아빠가 보고 있으면 억장이 무너지지 않을까 싶어 너무 미안한 맘이 들었어요. 좀 덜 울어야겠다 싶어요.

상 38: 전적으로 동의!! 그런 아빠니까 지향 씨가 그토록 그리워하고 그토록 잘 해내는 모습을 보여주고 싶었겠죠. 꼭 전공을 살려야 아빠 사랑 보답하는 건 아니에요. 뭐든 지향 씨가 가진 강점을 잘 살릴 수 있는 일을 하며 행복할 수 있으면, 아빠 뭐라 하실까나?

대안반응?

내 38: 니가 행복하면 된 거여! (눈물, 웃음)

상 39: 그래, 그런 거여~ 우리 다음 시간부터 좀 더 객관적이고 구체적으로 지향 씨 성격적 강점, 키워낸 역량 찾아 맞는 진로 찾고 준비하는 계획 같이 세워 봅시다. (네.) 그런 차원에서 좀 더 효율적으로 찾는 데 도움이 되는 심리검사 몇 가지를 해 보면 좋겠어요.

대안반응?

내 39: 여기서도 진로검사 할 수 있어요? (그럼요.) 안 그래도 해 보고 싶었어요. 그런데 오늘은 수업 때문에 하고 가긴 힘들어서, 다른 날 하러 와도 되나요? (그럼요.) 감사합니다.

• 상담자 심리검사 시간 예약하고, 서면으로 작성된 상담안내서를 활용하여 상담구조화 후 마무리

2 실습 사례에 대한 사례개념화를 위해 탐색해야 할 사항

1) 내담자가 상담을 신청하게 된 결정적 계기(사건)와 관련된 내용

그에 따른 상담개입 전략

2) 내담자 현재 호소문제 〈호소내용은 내담자 언어로 기술〉

(1) 신체 · 생리적 측면:

그에 따른 상담개입 전략

(2) 인지적 측면:

그에 따른 상담개입 전략

(3) 정서적 측면:

그에 따른 상담개입 전략

(4) 대처행동적 측면:

그에 따른 상담개입 전략

(5) 대인관계적 측면:

그에 따른 상담개입 전략

3) 내담자의 과거력과 발달사의 주요 내용

그에 따른 상담개입 전략

4) 인지기능 및 유전적 소인 내용

그에 따른 상담개입 전략

5) 내담자의 생활환경과 문화적 배경 특성

그에 따른 상담개입 전략

6) 내담자 개인 및 환경의 보호요인(강점 및 잠재력)과 방해요인

개인요인		환경요인	
보호 및 촉진자원	취약 및 방해요인	보호 및 촉진자원	방해 및 위험요인
활용방안	개선방안	활용방안	개선 및 조절(제거)방안
보호 및 촉진자원	취약 및 방해요인	보호 및 촉진자원	방해 및 위험요인
활용방안	개선방안	활용방안	개선 및 조절(제거)방안
보호 및 촉진자원	취약 및 방해요인	보호 및 촉진자원	방해 및 위험요인
활용방안	개선방안	활용방안	개선 및 조절(제거)방안

3 사례개념화(내담자에 대한 통합적 이해)

〈상담경위 혹은 신청계기(촉발사건)〉

〈촉발사건과 그 결과-필요시 좀 더 자세히 기술〉

〈주 호소문제〉

〈근원원인 및 유지요인과 그로 인해 내담자가 현재 받고 있는 영향〉

〈내담자가 받은 부정적 영향과 관련된 핵심욕구〉

〈내담자 강점 및 활용방안〉

〈내담자 이해를 바탕으로 한 상담 방향성〉

4 상담목표와 전략

1) 생물영역의 목표와 전략

2) 심리영역의 목표와 전략

3) 사회영역의 목표와 전략

부록

부록 1. 성인 상담(기혼여성) 사례에 대한 사례개념화 및 상담목표와 전략 수립 모범답안
부록 2-1. 기혼여성 사례에 대한 상담자 A 언어반응 해설
부록 2-2. 기혼여성 사례에 대한 상담자 B 언어반응 해설
부록 3. 청소년 사례에 대한 사례개념화 및 상담목표와 전략 수립 모범답안
부록 4-1. 청소년 사례에 대한 상담자 A 언어반응 해설
부록 4-2. 청소년 사례에 대한 상담자 B 언어반응 해설
부록 5. 대학생 사례에 대한 사례개념화 및 상담목표와 전략 수립 모범답안
부록 6. 대학생 사례에 대한 상담자 첫 회기 언어반응 해설 및 이후 상담회기 요약

부록 1. 성인 상담(기혼여성) 사례에 대한 사례개념화 및 목표와 전략 수립 모범답안

1 실습 사례에 대한 사례개념화를 위해 탐색해야 할 사항

1) 내담자가 상담을 신청하게 된 결정적 계기(사건)와 관련된 내용

자녀의 등교거부로 인한 갈등과 분노폭발

→ 자녀의 학업적 성취는 내담자의 인정욕구 충족과 자기효능감 유지에 중요한 요소로 작용하고 있었음. 따라서 현재 자녀 입장에서 등교거부 행동을 이해해 보려는 노력이 좌절되고 있으며, 등교거부 상황 지속에 대한 불안이 자녀에게 분노로 표현됨. 나아가 자기 삶에 대한 무력감과 우울감으로 확대되고 있는 상황이라 생각됨

그에 따른 상담개입 전략

1. 촉발사건인 자녀의 등교거부와 그 결정적 원인을 자녀 요인, 내담자 요인, 둘 간의 상호작용 측면에서 탐색
2. 현재의 인지 및 정서 상태 파악과 자기이해를 위한 심리검사 실시
3. 우울 및 분노를 비롯한 부정적 정서 조절역량 저하가 일상생활 기능을 심각하게 저해하고 있는 상황이라면 약물치료 고려 필요

2) 내담자 현재 호소문제 〈호소내용은 내담자 언어로 기술〉

(1) 신체 · 생리적 측면: "답답하고 숨이 안 쉬어져요." "다 귀찮고 기운이 없어요." "화가 치밀어 오르면 심장이 벌렁거려요."

그에 따른 상담개입 전략

- 심리적 스트레스 원인의 장기적 미해결로 인해 신체적 증상이 초래되고 있을 수 있음

1. 전반적인 신체증상 및 컨디션과 생물적 욕구(식이, 수면, 성)충족 상태를 점검하고, 신체 안정화 훈련과 규칙적인 일상생활 리듬 관리 필요
2. 심리적 스트레스를 해소 및 완화할 수 있는 긍정 심리자원 발굴과 사회적 지지체계 구축방안 모색

(2) 인지적 측면

① 자기에 대한 신념: '강한 엄마의 뜻을 늘 따랐던 나' '딱히 뭘 잘한 적이 없는 나' '이해와 인정을 받지 못하는 나' '밖에서는 타인에게 맞춰 주고 집에서 화내는 나' '공부 잘하는 아이를 둬서 부러움을 받던 나' '아이의 등교거부로 거짓말을 하게 되는 나'

② 타인에 대한 신념: '자기주장이 강해 논리적으로 이길 수 없는 엄마, 엄마 뜻대로 안 하면 비난하는 엄마' '가부장적이고 나를 무시하는 남편' '초등학교 때까지 나를 잘 따르며 곧잘 하던 아들, 그러나 이제는 등교도 거부하고 무반응으로 나를 무시하는 아들' '모이면 남 뒷담화 하는 사람들'

③ 미래와 세상에 대한 신념: '이 상황이 왠지 끝나지 않을 것 같아 불안하다.'

그에 따른 상담개입 전략

1. '이해, 승인과 인정을 받지 못한 나'라는 자기신념과 연결된 내담자의 성장발달사를 탐색하고, 현재 아이양육에 영향을 주고 있는 자신의 '상처받은 내면 아이'의 욕구와 정서를 통찰
2. 좌절되고 결핍된 심리적 욕구 자각과 자기위로 역량을 증진시켜, 타인의 평가적 시선에 대한 염려 완화
3. 자기효능감과 아이의 성취 간의 연관성을 이해하여, 등교를 거부하는 아이에 대한 왜곡된 해석과 부정적 감정 발생 과정을 이해
4. 인지 재조직화를 통해 왜곡된 자기신념을 수정 및 보완하고, 아이를 통한 자기보상이 아닌 자기주도적인 경험을 촉진

(3) 정서적 측면

① 자신에 대한 감정: 우울, 무기력, 불안

② 타인에 대한 감정: 자녀-화, 엄마-억울함과 화, 남편-화와 원망감

그에 따른 상담개입 전략

1. 정서와 연결된 욕구와 사고내용을 구체화하고, 자신의 욕구를 스스로 충족시켜 감정조절 능력을 증진
2. 부정적 감정조절을 위한 실제적인 훈련 실시(호흡, 이완, 심상법 등)

(4) 대처행동적 측면

① 등교하지 않는 무반응의 아이에게 소리 지르고 분노함

② 대인관계에서 자기욕구 억제하고 타인욕구 중심으로 행동 후 집에서 화를 냄

그에 따른 상담개입 전략

1. 정서중심적 대처의 비효율성을 점검하고, 적극적 문제해결식 대처역량 강화
2. 갈등관리를 위한 의사소통 방식을 점검하고 실천행동 훈련(역할연기, 비폭력대화 훈련, 상대반응에 대한 오류적 해석 예방을 위한 욕구차원으로 치환하기 등)

(5) 대인관계적 측면

① 학교폭력사건과 전학 이후 학부모들과의 만남 회피

② 타인 신뢰 부족하여 힘들고 어려운 자기 상황에 대한 이야기 나누지 않고 스스로 고립

③ 친정가족(엄마, 여동생)과 가끔 만남. 그러나 자녀양육 및 결혼생활의 어려움에 대한 이해와 지지에 대한 기대 좌절

그에 따른 상담개입 전략

1. 대인신념, 타인의 평가적 시선에 대한 염려와 분노표출 방식을 포함한 자기 대인관계 패턴을 이해하고 수용하는 작업
2. 이해, 승인과 인정욕구가 충족되는 상담관계 경험 제공
3. 호혜적 상호작용 능력 향상(자기주장 훈련, 의사소통 훈련)시켜, 새로운 사회적 지지체계 확장

3) 내담자의 과거력과 발달사의 주요 내용

1. 1남 2녀 중 둘째, 강한 모(母) 밑에서 순응적인 삶을 지속
2. 모(母) 반대를 무릅 쓰고 24세에 결혼, 6년간 아이가 생기지 않아 마음고생, 현재까지도 '결혼을 잘못했다'는 비난과 지적에 상처받고 있음

그에 따른 상담개입 전략

1. 주 양육자(母)와의 관계경험이 자기신념, 대인신념 및 대인관계 방식(사회적 관계, 배우자, 자녀관계)에 미친 영향에 대한 이해 필요
2. 재양육적 접근을 통한 교정적 정서체험 제공(정서적 표현 및 해소, 정서에 대한 타당화와 정상화)

4) 인지기능 및 유전적 소인 내용

생물학적 기질적 취약성 없음

그에 따른 상담개입 전략

• 감정조절을 위한 긍정적 신체자원(somatic resources)을 탐색, 발굴, 활용

5) 내담자의 생활환경과 문화적 배경 특성

1. 남아 선호문화(남편은 외아들로 모(母)의 편애를 받고 성장, 내담자도 1남 2녀의 둘째로, 첫째인 남아(오빠) 중심문화에서 성장)
2. 자녀의 성취가 여성들 간의 관계에서 중요한 이야기 요소로 작용하는, 교육열이 높은 지역에서 거주

그에 따른 상담개입 전략

1. 원가족과 시댁의 남아 선호문화가 내담자의 자기상(self image)과 효능감에 미치는 영향을 파악하고, 조건화된 가치의 역가치조건화 작업
2. 교육열이 높은 거주지 문화가 내담자의 평가 예민성과 자의식 발달에 미치는 영향을 점검하고 내적 통제력을 가질 수 있도록 조력

6) 내담자 개인 및 환경의 보호요인(강점 및 잠재력)과 방해요인

※ 다음에 제시된 내용은 개인 및 환경요인과 그 활용 및 개선방안을 찾아보는 훈련입니다. 이해를 돕고자 일부 활용방안 및 개선방안에 대한 예시를 제공하였으니 참고하기 바랍니다. 제시된 것 이외에 더 많은 내용을 여러분들이 직접 찾아보고, 활용 및 개선방안도 개인 및 그룹작업을 통해 마련해 봅니다.

개인요인		환경요인	
보호 및 촉진자원	취약 및 방해요인	보호 및 촉진자원	방해 및 위험요인
문제해결을 위한 정보수집 및 의사결정능력	타인의 평가적 시선에 대한 예민성	자녀양육, 결혼에 대한 고민을 나누는 여동생	등교를 거부하는 자녀
활용방안	개선방안	활용방안	개선 및 조절(제거)방안
예시: 자기신념 재구축을 위한 자기주도적 성취경험 발굴과 새로운 사회적 지지 체계 구축에 도움이 되는 정보수집	예시: 인지조망 확장 작업을 통해 타인의 반응의도에 대한 객관적 해석 훈련	예시: 여동생과의 우호적 관계 촉진을 위한 공감적 의사소통 훈련	예시: 자녀 상담자와의 협업을 통해 자녀의 내면상태를 정확히 이해한 후, 근본적인 등교거부 원인 해결을 위한 양육자 역할 명료화
보호 및 촉진자원	취약 및 방해요인	보호 및 촉진자원	방해 및 위험요인
	'이해와 인정을 받지 못한 나'라는 자기신념	경제적 여유로움	강한 엄마
활용방안	개선방안	활용방안	개선 및 조절(제거)방안
보호 및 촉진자원	취약 및 방해요인	보호 및 촉진자원	방해 및 위험요인
		내담자의 심리적·현실적 어려움 해결을 위한 적극적 조력자인 상담자	교육열 높은 지역에 거주
활용방안	개선방안	활용방안	개선 및 조절(제거)방안

2 사례개념화(내담자에 대한 통합적 이해)

〈상담경위 혹은 신청계기(촉발사건)〉

내담자는 자녀의 등교거부로 인한 갈등 중에, 자녀의 학교상담 선생님으로부터 부모상담 권유를 받고 스스로도 그 필요성이 인정되어 자발적으로 내방하였다.

〈촉발사건과 그 결과-필요시 좀 더 자세히 기술〉

자녀가 초등학교 6학년 때 학교폭력 사건에 연루된 이후 새로운 환경변화(이사와 전학)를 통해 자녀 학교문제는 해결됐다고 생각하였다. 그러나 자녀가 중학교 1학년 1학기 방학 시작 얼마 전부터 등교를 거부하기 시작하였고, 개학 이후 현재도 등교거부를 계속하고 있는 상황이다. 이전 학업수행과 성취도가 우수하여 주변 학부모의 부러움을 샀던 내담자는 자녀의 길어지는 등교거부 상황에 대한 이해와 수용이 힘들고, 무력감과 분노를 스스로 조절하기 힘든 상태다.

〈주 호소문제〉

호소문제의 주요 내용을 살펴보면 다음과 같다. 신체 · 생리적으로는 전반적으로 기운이 없고 숨쉬기가 힘들고 가슴이 벌렁거리는 증상을 경험하고 있으며, 인지적으로는 '이해와 인정을 받지 못하는 나' '부정적으로 평가하는 타인' '지금의 고통스런 상황이 끝나지 않을 것 같은 미래'라는 생각을 지니고 있다. 이로 인하여 정서적으로 우울, 무기력, 불안, 화를 경험하고 있으며, 대인관계에서는 자신의 취약한 모습을 보이기 싫어 사람들을 회피하고, 사회적으로 철수된 상태다.

〈근원원인 및 유지요인과 그로 인해 내담자가 현재 받고 있는 영향〉

호소문제의 근원원인 및/혹은 유지요인을 살펴보면 다음과 같다. 자기주장이 강하고 논리적으로 몰아세워 이길 수 없는 어머니의 둘째로 태어난 내담자는 어머니의 의견에 따르는 순응적인 삶을 살아왔다. 이 과정에서 내담자는 자기 패배적 신념과 타인의 평가적 시선에 대한 예민성이 발달되어, 긍정적 자기상과 자율성을 충분히 성장시키지 못하였다. 이런 상태에서 어머니의 반대를 무릅쓰고 강행한 결혼 생활과 자녀 양육 과정에서 최선을 다했으나 좌절과 난관에 부딪히자 부정적 자기신념과 평가염려가 더욱 활성화되었다. 특히 자녀의 성취와 주변 학부모들의 부러움의 시선은 내담자의 인정욕구 충족과 자기효능감 증진의 가장 중요한 요소였기 때문에, 학교폭력 사건과 이후 자녀의 등교거부 행동은 내담자에게 심리적 위기사건으로 인식되고 있다. 이로 인해 심리적으로 조급해지고 인지조망이 제한되고 자녀가 경험하는 어려움에 대한 이해 없이 갈등과 좌절을 반복하고, 불안, 우울, 화라는 부정적 감정의 악순환이 유지되고 있는 것으로 생각된다.

〈내담자가 받은 부정적 영향과 관련된 핵심욕구〉

내담자는 자기 존재와 노력에 대한 긍정적인 승인과 존중을 해 주는 관계경험이 필요하며, 이를 통해 자율성과 유능성 욕구를 충족시켜 긍정적인 자아상을 회복하길 희망하고 있다.

〈내담자 강점 및 활용방안〉

내담자가 현재 심리적 위기를 경험하고 있지만, 그간 자녀 양육과 교육에 관한 양질의 정보를 수집하고 성과 있는 선택과 실행을 해 본 성취 경험이 있다. 또한 학교상담 교사의 추천 후 자발적으로 외부상담센터를 조사하고 직접 선택하고 참여하는 모습은 내담자의 자율성과 유능성이 발휘되고 있는 단서이다. 따라서 이전의 성취 경험을 구체화하여 내담자의 긍정적 자기상과 평가염려 완화의 자원으로 활용할 수 있을 것이다.

〈내담자 이해를 바탕으로 한 상담 방향성〉

생물-심리-사회적 모델에 기반한 본 상담에서는 내담자의 자율성과 유능성 욕구 충족과 성장의 기틀을 마련하고자 다음과 같은 상담방향성을 취하고자 한다. 우선적으로 내담자와 자녀의 심리적 분리 작업을 통해 자녀의 등교거부에 대한 정확한 이해를 돕고, 자녀와의 소통을 회복시켜 합리적인 문제해결식 접근을 증진시킨다. 이와 함께 원가족에서의 성장과정과 내담자 자신의 '상처받은 내면 아이'에 대한 심층적 이해를 돕고, 교정적 정서체험을 통해 좌절된 욕구와 감정을 자기 위로할 수 있는 역량을 강화하여 심신의 안정화를 도모한다. 또한 자녀를 통한 자기욕구(자율성과 유능성 욕구) 보상이 아닌 스스로 충족시킬 수 있는 현실적 방안을 마련하도록 한다. 마지막으로 현재 주요한 주변 인물들과 사회적 지지 체계를 재구축하기 위해 내담자의 욕구를 명료하게 전달하고, 타인들의 반응에 대한 현실적인 기대를 가질 수 있도록 도와, 보다 원만하고 건강한 관계경험을 확보할 수 있도록 한다.

3 상담목표와 전략

1) 생물영역의 목표와 전략

(1) 현재 신체적 건강상태를 점검하고, 생물학적 온전성 확보를 위한 자기관리 역량을 강화한다.

① 인간은 유기적인 통합체라는 시각으로 자신을 바라볼 수 있도록 한다.

② 현재의 일상생활을 확인하고 자기관리에 관심을 갖고 점진적으로 실제 스트레스 해소 방안을 마련하고 실천할 수 있도록 한다.

③ 등교를 거부하는 상황에서 분노 폭발(화)과 신체증상, 즉 정서와 신체와의 관련성에 대한 이해를 돕고 이를 토대로 부정정서와 연결되는 신체증상들을 자각하고 스스로 조절할 수 있도록 신체안정화 훈련을 실시한다.

2) 심리영역의 목표와 전략

(1) 부정적 자기신념과 타인의 평가적 시선에 대한 예민성을 자각하고, 이것이 자녀 성취에 대한 기대와 자기효능감에 미치는 영향을 이해한다.

① 전반적 심리상태와 특성을 평가하기 위해 심리검사를 실시하고, 역기능적 사고 활성과 부정적 정서가 일상생활 기능을 저해하는 상황이라면 약물치료를 고려한다.

② 자녀의 등교거부 행동에 있어 자녀 요인, 내담자 요인, 둘 간의 상호작용 요인을 면밀히 살펴보고, 내담자 요인에 대한 자기조절 훈련을 실시한다.

③ 원가족에 대한 심층적 이해를 통해 부정적 자기 및 타인 신념의 형성과정에 대한 이해와 교정적 정서체험을 통해 자기이해와 수용 역량을 키운다.

(2) 전반적인 자기자각과 조절역량을 강화한다.

① 정서와 연결된 욕구와 사고내용, 문제해결과정을 구체화하여 욕구와 정서 자각 수준을 향상시킨다.

② 자녀의 등교거부 행동과 학교폭력 사건에 대한 조망을 확장하여, 자녀와 내담자 자신을 돕는 적극적이고 효율적인 문제해결 역량을 키운다.

③ 부정적 감정조절을 위한 실제적인 훈련(호흡, 이완, 심상법 등)을 실시한다.

(3) 건강한 긍정적 자기상을 재구축한다.

① 패배적 자기신념과 불일치하는 긍정적인 성취 경험을 발굴하고 내담자가 가진 구체적인 강점자원을 인식하고 자기 승인하도록 한다.

② 타인의 반응 의도에 대해 욕구차원으로 기술해 보도록 하여, '무시와 불승인'에 대한 예민한 해석경향성을 완화한다.

3) 사회영역의 목표와 전략

(1) 환경의 보호요인을 발굴하고 일상생활과업에 대한 과도한 심리적 부담감을 완화시킨다.

① 주요 주변인물들과의 의사소통 방식을 개선하여, 내담자의 승인과 인정욕구를 충족시킬 수 있는 새로운 관계패턴을 개발한다.

② 전반적인 환경의 보호요인(경제적 안정)과 위험요인(교육열이 높은 지역)을 파악하여, 보호요인의 활용방안과 상대적으로 자기통제 가능한 위험요인을 해소하는 현실적 방안을 모색한다.

부록 2-1. 기혼여성 사례에 대한 상담자 A 언어반응 해설

- 상담자 언어 반응 아래 표 안의 내용은 상담자 반응 의도에 대한 설명임

상 1: 은진 씨~ 안녕하세요. (네.) 저는 상담자 이현정이라고 해요. 신청하고 접수면접도 하고 오늘부터 첫 상담 시작인데 오늘 오시면서 마음은 어떠셨어요?

- 상담자는 내담자의 상담에 대한 마음가짐, 준비도 등을 파악하고, 편안하게 맞이하고자 개방형 질문으로 상담을 시작함

내 1: 음, (잠시 멈춤) 드디어 시작이구나 싶기도 하고 결국 오늘도 싸우고 나와서 기분이 안 좋기도 하고 그러네요.

상 2: 그러셨군요. 아이와의 관계에서 어려움이 있지만 그것을 변화시켜 보고자 이리 상담도 신청하셨는데 참 쉽지 않지요.

- 내담자는 자녀의 학교상담 선생님의 권유로 상담에 오게 되어 상담에 대한 불편감(부모역할에 대한 타인의 평가)을 경험하고 있을 수 있음. 따라서 이를 고려하여 내담자의 변화하고자 하는 마음을 상담자가 언급하면서 내담자의 자녀관계에 대한 어려움을 반영하고자 함

내 2: 오늘도 아이가 학교를 안 갔어요. 정말 학교를 안 가고 누워 있는 아이를 보면 너무 화가 치밀어요. 한편으로는 지도 오죽 힘들까 싶어서 좀 기다려 줘야지 싶다가도 이 정도 기다려 줬으면 가야 하는 거 아닌가 싶기도 하고 모르겠어요. (한숨) 정말 기다리면 갈까 싶기도 하고 갈 마음이 있는 건가 싶기도 하고 아이 생각하면 답답하고 숨 쉬기가 힘들어요.

상 3: 학교에 가지 않는 아이를 보는 마음이 참 힘드시지요. (네.) (한숨) 은진 씨가 힘드셔서 자꾸 한숨이 쉬어지네요.

- 내담자의 한숨이라는 비언어적 행동관찰에 대한 반영
- 내담자의 비언어적 메시지에 대한 상담자의 세밀한 관찰과 이것을 다시 내담자를 위해 사용하는 것은 내담자와 상담자의 라포 형성에 매우 중요함

내 3: 네, 정말 저희 아이 괜찮은 아이였거든요. 제 말도 잘 따르고 공부도 잘하고 정말 사람들이 부러워했었어요. 아들을 어떻게 이렇게 잘 키웠냐고. 그런데 이렇게 됐다는 게 (한숨) 정말 부끄러워서 어디 다니지를 못하겠어요. 제가 집에 잘 안 있고 돌아다니는 편이었거든요. 아이들 부모들도 자주 만나고 그랬는데 요즘은 다 연락 끊고 지내고 있어요. 어떡해야 아이가

학교에 갈까요?

상 4: 모범적이고 잘 키웠다고 부러움 받던 아이가 학교를 안 가는 날이 늘어나니 어떻게 해야 할지 모르겠는, 모든 것이 혼란스러운 마음이시지요. (네.) 그래서 빨리 해결책을 찾고 싶으시죠. 그런 만큼 상담 오시기 전에 은진 씨가 나름 여러 노력들을 해 보셨을 텐데 그 과정들을 살펴보는 시간을 먼저 가졌으면 해요. (네.) 그래야 은진 씨와 아이가 했던 노력들 중에 실제 등교로 연결되는 데 효과적이지 않았던 것의 이유를 살펴보고, 앞으로 어떤 부분들을 달리해 볼 수 있을지 알 수 있을 거라고 생각되거든요.

- 상담자는 호소문제(등교하지 않는 아이를 보는 것이 힘들다)에 대한 내담자의 인식정도 및 내담자 삶에 미치는 영향(내담자가 경험하고 있을 주관적 고통에 대한 이해, 자녀의 성취가 내담자의 자기효능감에 미치는 영향)에 대하여 생각해 보고, 이를 바탕으로 자녀문제로 힘들어하는 내담자의 감정에 대해 반영하고자 함
- 접수면접자의 행동관찰을 통해 파악된 내담자의 의존적 성향과 자녀에게 과도하게 초점화된 태도 등을 고려해 볼 때, 조망 확장을 위해 자녀와 내담자 간의 상호작용에 대해 언급함

내 4: 네, 음… (잠시 멈춤) 어떤 것부터 할까요? 어떤 것부터 해야 해요?

상 5: 은진 씨한테 지금 떠오르시는 것부터 (침묵 5초) (좀 막막하네요.) 그럼 신청서와 지난 접수면접에서는 아이로 힘드신 것과 화를 내는 것에 대해서 이야기하셨는데 거기서부터 시작하셔도 돼요. (네.) 그 두 가지 중 어떤 것부터 이야기를 해 볼까요?

- 상담자는 내담자 4번 반응을 통해 내담자의 의존성을 확인
- 내담자가 자발적으로 기억하는 내용이 그만큼 자신에게 중요하고 의미 있는 것일 수 있으므로 내담자에게 선택권을 먼저 줌. 그러나 의존적인 내담자의 경우, 첫 상담에서 자기주도적 반응이 어려울 수 있을 때는 어느 정도의 반응 구조를 제공할 수 있음. 상담신청서와 접수면접 내용을 요약 정리하여 전달하면서 내담자 신청동기를 상기시키면서 선택권을 주고자 함

내 5: 아이가 학교를 안 간 지 한 달이 넘어가요. 1학기 끝날 때쯤부터 한 번씩 안 가기는 했어요. 그래서 학교상담실도 갔고, 그러곤 곧 방학이었어요. 그래서 저는 2학기가 되면 다시 학교 가겠지 했는데 2학기가 되면서는 더욱 학교 안 가는 날이 많아졌어요. 그런데다 아침에 학교가라고 깨우면 듣는 체도 안 하고 그냥 누워 있어요.

상 6: 오늘도 아침에 비슷한 상황이었던 것 같은데 오늘 상황에 대해 좀 더 이야기해 주시겠어요?

- 등교를 거부하는 자녀의 행동에 있어 자녀 요인뿐만 아니라 자녀와 내담자의 상호작용 방식 그리고 내담자의 자녀문제에 대한 대처방식과 태도에 대해 이해하고자 호소문제와 관련된 오늘 상황을 구체화하고자 함

내 6: 어제 저녁만 해도 갈 것처럼 이야기하더라구요. 저녁 먹으면서 저한테 몇 마디 말도 걸고 그래서 얘가 그래도 가려나 보다 했어요. 그런데 막상 아침에 깨우니 아무 반응이 없는 거예요. 화 안 내야지 하면서 몇 번 더 깨웠는데 아무 반응 안 하고 누워 있는 뒷모습 보니 너

무 화가 나고 심장이 벌렁거려요. 그래서 제가 막 소리를 질렀어요. 너무 속이 답답해 그냥 소리가 막 나왔어요. 니 마음대로 살라고 나도 학교에 전화 안 한다고. 그러고 보기 싫어서 옷만 급하게 챙겨 입고 나와 버렸어요.

상 7: 오늘은 그래도 가려나 보다 기대했던 만큼 반응 없는 아이를 보는 것이 더욱 힘드셨겠어요.

- 상담자는 등교거부하는 자녀의 상태에 대한 이해, 등교에 대한 자녀와의 명확한 의사소통에 대한 부분이 내담자에게 현재로서는 주요하게 인식되지 않고 있음을 확인
- 내담자는 등교하지 않는 자녀를 보는 자신의 힘든 마음에 머물러 있으므로 이에 대해 감정반영을 하고자 함. 현재 내담자의 상태에 맞춰 내담자의 힘든 마음을 따라감으로써 감정자각을 돕고, 내담자가 경험하는 어려움에 대한 공감적 태도를 유지함으로써 치료적 관계형성의 토대를 마련하고자 함

내 7: 저는 나름대로 한다고 했어요. 제가 이렇게 상담신청도 하고 지난번 와서도 이야기도 하고 보니 저도 아이 마음을 좀 더 챙겨야겠다는 생각이 들더라구요. 그래서 요즘 예전보다는 덜 다그치고 부드럽게 말하려고 저도 노력하고 있거든요. 그런데 반응이 없으니 화가 치밀어요.

상 8: 은진 씨가 오늘 있었던 일들을 이야기하시면서 그때의 감정들이 지금 올라오시는 것 같네요.

- 내담자 6번에서의 빨라지고 커지는 목소리에 대한 관찰을 토대로 내담자의 화 표출양상(정도, 방식)을 파악하고 내담자의 자기 감정에 대한 알아차림 정도를 확인하고자 함

내 8: 저도 한다고 하는데 변화가 없으니 더 화가 나요.

상 9: 은진 씨도 나름대로 노력하고 있는 만큼 아이도 좀 변화했으면 싶은데 그렇지 않으니 노력해도 변화가 없는 건가 더욱 힘이 빠지시지요. (네.) 그러다 보니 은진 씨가 이런 순간에 확 화가 올라오시는 것 같은데 (잠시 멈춤) 제가 제대로 이해했나요?

- 내담자의 비언어적 행동 관찰(목소리가 빨라지는 것 등)을 통해 라포 형성을 위한 노력을 하면서 내담자 호소문제 중 하나인 화에 초점을 두고자 함
- 내담자의 신체감각에 대한 자각정도와 정서자각 정도를 확인하고자 함

내 9: 네, 제가 밖에서는 안 그러는데 가족들에게는 화를 좀 내는 편이에요. 남편과도 이걸로 좀 다툼이 있고는 한데 가족이니까 편하게 자꾸 나오게 되는 것 같아요. 안 그래도 사람들 만나면서 밖에서는 사람들에게 잘해야 한다는 생각이 제가 좀 있거든요. 사실 그렇지 않으면 소문 돌고 그러잖아요. 그렇게 구설수에 오를 일이 뭐가 있어요. 그러니 그냥 밖에서는 웬만하면 사람들 맞춰줘요. 그런데 저도 하고 싶은 말도 있고 하니 가족에게는 좀 편하게 하게 돼요. 제 말대로 안 따라 주고 그러면 좀 목소리도 커지고 짜증이 나요.

상 10: 바깥 관계에서는 그렇지 않은데 가족들 관계에서는 은진 씨 마음대로 되지 않을 때 짜증이 나면서 목소리가 커지게 되네요.

- 상담자는 타인의 평가적 시선에 대한 염려 및 이에 기초한 대인관계 양상이 내담자의 정서조절 및 자기효능감에 미치는 영향에 대해 생각함
- 내담자의 의존성 및 소극적인 자기표현과 연관된 신체감각과 화에 대한 자각정도를 고려하여, 내담자로 하여금 자신이 말한 내용을 탐색하도록 재진술을 통해 촉진하고자 함

내 10: 저희 엄마도 항상 이야기를 하셨었어요. 바깥 사람들에게는 책잡힐 일 하지 말라고. 그래서 밖에서는 괜한 이야기 돌 행동 하지 않는 게 익숙해요. 그래도 사람 모이면 계속 이야기 돌고 그렇잖아요. 그래서 더욱 밖에서는 잘하는 편이에요. 그리고 아이 초등학교 때까지만 해도 공부를 잘하니 엄마들이 부러워하고 아이 공부나 학원 등으로 맺어진 엄마들, 동네 엄마들과 불편할 일도 없었어요. 그런데 아이 때문에 이렇게 이사 와서 저도 힘든데, 사실 아이 학원 등도 새로 알아보고 할 것들도 많고 그렇잖아요. 사람들도 다시 알아 가야 하고 그러다 보니 힘들고 집에 오면 좀 편하고 싶어요. 그래서 제가 하라고 한 것들이 되어 있는지 확인부터 하게 돼요. 안 되어 있으면 빨리 하라고 다그치게 되는데 아이가 예전에는 곧잘 하고는 했는데 요즘처럼 반응이 없으면 너무 화가 나요. 저도 모르게 화가 치밀어 목소리가 점점 커져요. 제가 생각해도 제가 요즘 화를 많이 내는 것 같은데 아이가 반응이 없으면 화가 순식간에 올라와요.

상 11: 아이가 반응이 없다는 게 은진 씨에게 어떻게 느껴져서 더욱 화가 나게 되는 걸까요? (잠시 멈춤) 은진 씨의 그 화가 나는 마음을 좀 더 이해하고 싶어서 물어요.

- 내담자에 대한 존중의 태도를 전달하면서 정서경험에 대한 탐색을 촉진하고자 함

내 11: 네. 저희 아이가 순한 편이고 저를 잘 따르는 편이었어요. 그랬던 아이인데 학교를 안 가는 것도 너무 당황스럽고 받아들이기 힘든데 반응도 없으니 너무 힘들어요. 안 그랬던 애인데 저러니 더욱 쟤가 왜 저러나 싶고 미쳤나 싶어요. 제가 잘 키웠는데 왜 이러나 싶고 이러는 아이한테 너무 화가 나요. 그 순간은 너무 화가 치밀어 오르는 느낌이에요.

상 12: 은진 씨가 오전에 있었던 상황 이야기하시면서도 그렇고 지금도 이야기하시면서 화가 확 올라오시는 것 같네요. (네.) 화가 치밀어 올라오는 그 느낌에 잠시 머물러 보시겠어요? (잠시 멈춤) 조금 전에 이야기하면서 목소리가 빨라지고 커지셨는데. (잠시 멈춤) 그 마음을 좀 느껴 보시겠어요?

- 비언어적 행동관찰을 통해 내담자의 화라는 정서에 대한 알아차림을 촉진하고자 내담자의 화가 올라오는 지금-여기에서의 경험을 활용하고자 함. 이때 상담자는 내담자에 대한 세밀한 관찰을 통해 내담자가 지금-여기의 경험에 머물 수 있도록 상담자의 언어 · 비언어적 반응을 조절해야 함

내 12: 조금 전에도 이야기하다 보니 화가 나면서 제 목소리가 커졌어요. 이야기하다 보니 확 화가 났어요.

상 13: 음~ 은진 씨도 화나는 것을 느끼셨네요. 이야기하시면서 어떤 것이 이렇게 확 올라오게 했

던 걸까요? (잠시 멈춤) 조금 전 이야기하면서 어떤 부분부터 (잠시 멈춤) 어떤 것이 나를 이렇게 화나게 했던 걸까요?

- 상담자는 내담자의 의존성과 소극적인 자기표현성을 고려하여 개입속도를 조율하고, 내담자의 정서자각에 대한 피드백과 함께 정서경험에 머물러 자기관찰을 해 보도록 초대함

내 13: 제 말에 아이가 반응을 안 한다는 게…. (침묵 5초, 감정이 올라오는 모습)

상 14: 은진 씨 말에 반응하지 않는 아이. (잠시 멈춤) 말 잘 듣던 아이가 이렇게 내 말에 반응조차 없다는 것이 은진 씨를 너무 힘들게 하네요.

- 내담자의 정서경험을 따라가면서 촉진자 역할을 하고자 함. 이를 통해 내담자가 자신의 정서에 더 머물면서 깊이 있는 탐색이 진행되도록 감정반영을 함

내 14: 제가 집에서 좀 제 마음대로 하는 면이 있기는 하지만 아이가 잘 따르고 별 문제 없었거든요. 그런데 학교를 안 간다는 것, 저는 받아들이기 힘들어요. 그런데다 다른 것도 아니고 학교를 안 가는 것으로 제가 말하는데 반응이 없다는 게 받아들여지지가 않아요.

상 15: 엄마 말을 잘 따르던 아이가 이렇게 반응이 없다는 것, (잠시 멈춤) 받아들여지지가 않네요.

- 자녀 및 가족관계에 있어 접수면접 및 상담에서 관찰한 내담자의 의존성과는 반대되는 통제적이며 자기중심적인 측면을 확인함. 내담자의 결핍된 욕구와 부정적 자기상과의 연관성을 생각했지만, 내담자는 이에 대한 자각이 없으므로 이후 탐색 주제로 남겨두고 '받아들여지지 않는 마음'에 함께 머묾

내 15: 네, (눈물 흘리며 계속 이야기) 초등학교 때까지만 해도 제가 하라고 하는 것들은 다 하는 아이였어요. 저도 아이 좋으라고 시켰던 것들이구요. 시키면 아이가 잘 따라 하기도 했어요. 순하고 저를 잘 따랐던 아이인데 모르겠어요. 초등학교 5학년 때 한 번 소리 지르고 약간 그런 적이 있기는 했어요. 뭐 어쩌다 여서 별 대수롭지 않게 여겼었는데 초등학교 6학년 때 학교폭력, 그 일로 인해 난리였지요. 겨우 수습하고 전학시켜 중학교 와서 학교 잘 다녔는데 어디서부터 잘못된 건지 모르겠어요. 그때부터였나 언제부터였을까 온갖 생각을 하게 돼요. 그러면 더욱 이제까지 살아온 게 의미 없이 느껴지고 집안일 하는 것도 다 귀찮게 느껴져요.

상 16: 엄마가 시키면 곧잘 잘하던 아이가 왜 지금은 내 말에 반응조차 없는 건지 아무리 생각해도 어디서부터 무엇이 잘못된 것인지 알 수가 없네요.

- 상담자는 자녀의 학교폭력 사건에 대한 구체적인 탐색이 필요하다고 생각하였으나, 현재 내담자의 호소문제에 대한 자각수준이 자녀에게 초점화 되어 있으므로, 이후 작업할 것으로 남겨두고 내담자의 정서경험을 따라감. 단, 상담자는 잠정적으로 학교폭력 및 등교거부 행동과 관련된 자녀의 의사소통과 대처방식(분노 표출 양상 포함)이 내담자의 통제적 양육방식과 관련될 수 있다는 가설을 세워 둠

내 16: 제가 아이를 위해 공부나 학원 같은 거 추천하고 그러면 아이가 잘 따라오는 것이 좋았어

요. 제가 성장하면서 뭔가 결정해 본 일들이 별로 없는데, 저희 친정엄마가 좀 강하세요. 그래서 그런 것들을 해 본 적이 없고 대부분 엄마가 하라는 것들을 했거든요. 그런데 아이를 위해서는 제가 해 주려고 애썼고 아이가 잘 따라오고 결과도 좋으니 잘 되고 있다고 생각했어요. 주변 엄마들이 가끔 저에게 융통성이 없다고 해서 제가 좀 더 아이를 풀어 줘야겠구나 하는 생각은 있었지만 무엇 때문에 이렇게까지 학교를 안 가려고 하는지 모르겠어요.

상 17: 도대체 왜 이렇게 되었나 생각해 보지만 이유를 알 수가 없네요. (네.) 아이가 등교를 안 하고 있어 아이에 대해서도 좀 나누고 싶어요. 아이의 등교문제로 학교상담실에도 방문하셨었고 그때 상담도 추천받으셨는데 그때 아이에 대해서 나누신 부분들은 어떤 것들일까요?

- 상담자는 타인의 반응에 예민한 내담자의 취약성을 고려하여, 내담자에 대한 이해와 존중의 태도를 유지함
- 자녀의 내면을 탐색하는 방향으로 안내함으로써, 등교를 거부하는 자녀 상태 파악 및 자녀에 대한 내담자의 이해정도, 자녀와의 의사소통 방식을 파악할 수 있는 탐색적 질문을 함

내 17: 전학 가서 괜찮은 줄 알았는데 학원에서 예전 초등학교 이야기를 어떤 아이가 물어봤었나 봐요. 그러고 나니 아이가 그 이후 학교에 소문이 퍼지지 않을까 두려워하고 위축되어 있다고 하시더라구요. 그래서 저도 아이를 좀 기다려 줘야겠다고 생각하고 부드럽게 해야겠다고도 생각했어요.

상 18: 아이가 초등학교 때 일이 지금의 학교 친구들에게 전달될까 두려워하는 마음이 있었군요. (네.) 이 부분들 학교상담실에서 처음 들으셨던 걸까요? (네.) 아~ 혹 아이와 은진 씨가 이와 관련하여 나눈 이야기들은 어떤 것들일까요?

- 등교거부하는 자녀의 내적 두려움의 원인에 대한 이해와 반영
- 자녀에 대한 내담자의 이해 및 의사소통 방식을 파악하고자 탐색적 질문을 함

내 18: 사실 저는 그전에는 몰랐어요. 그냥 말 안하고 안 일어나길래 그런 줄만 알고 아이랑 싸우고 다그쳤었거든요. 학교상담실도 선생님이 연락 와서 아이가 학교에서 상담받으려고 했다는 거 알게 되어 좀 당황스러웠어요. 이후에 왜 이야기 안 했냐니까 그때 일 다시 이야기하고 싶지 않았다고만 얼버무리더라구요. 그래서 저는 학교에서 상담도 받고 있고 하니까 2학기 되면 학교 갈 줄 알았어요. 그런데 또다시 안 가고 이야기가 없으니 가려는 마음이 있는 건가 싶어요. 저는 갈 수 있을 것 같은데 아이가 안 가려는 것 같아요.

상 19: 아~ 은진 씨에게는 아이가 학교를 갈 수 있는데 안 가려고 하는 것으로 느껴지시네요.

- 내담자 자신과 자녀의 정서 상태에 대한 자각이 명확하지 않음을 확인
- 자녀의 등교여부에만 관심을 기울이고 있고, 자녀의 행동선택 의도에 대해 부정적으로 왜곡할 가능성을 살펴볼 수 있도록 내담자 해석내용을 부드럽게 요약 진술함

내 19: 네, 일어나면 집에서는 별반 다르지 않아요. 그리고 친구들과도 연락하는 것 같고 잠깐씩 친구들도 만나러 나갔다 오거든요.

상 20: 아이의 모습을 보면 갈 수 있는데 안 가는 것처럼 생각이 드시니 아이가 일어나지 않는 모습에서도, 은진 씨의 이야기에 반응이 없는 모습에서도, 아이가 안 하고 있다고 더욱 느껴지시겠어요.

- 내담자의 문제이해 정도에 맞춰 내담자의 정서경험을 반영함

내 20: 네, 저는 그런 것 같아요. 저는 아이의 상태가 갈 수 있는 상태라고 생각이 들어요. 아침에도 일어날 수 있는데 안 일어나는 것 같구요. 그리고 저는 의지의 문제인 것도 같아요. 의지만 있으면 학교 갈 수 있을 것 같고 학교는 다녀야지요. 의지가 있으면 갈 수 있는 건데 제가 깨울 때 반응 안 하고 누워 있는 뒷모습이 저를 무시하는 것 같아요.

상 21: 집에서의 아이를 보면 정말 힘든 것 같지도 않고 의지가 있으면 학교에 갈 수도 있다고 생각하시니, 더욱 아이가 갈 수 있는데 안 가는 것으로도 느껴지고. (잠시 멈춤) 은진 씨에 대해서도 반응을 못 하는 게 아니라 안 하는 것으로 느껴지시네요. (네.) 이런 생각들에 대해 아이와 이야기 나눠 보신 게 있으실까요?

- 내담자의 문제이해 수준에 맞춰 정서경험을 반영하며, 자녀와의 의사소통 정도를 확인하고자 함. 앞에서도 내담자가 자녀와 원활한 상호작용을 하지 않고 있는 것을 파악하였으나, 좀 더 자세한 정보(언제부터인지, 어느 정도인지)를 살펴보고자 질문함
- 자녀의 등교거부에 대한 근본적 원인을 인식하지 못하고 있으며, 등교를 못하고 있는 게 아니라 안 하고 있는 것으로, 즉 의지의 문제로 인식하고 있음을 확인함

내 21: 아니요. 아이 보면 화가 나서 요즘은 제가 말 안 하려고 피해요. 아이 보면 화가 나요.

상 22: 은진 씨가 화내시거나 요즘처럼 말 안하고 피할 때 아이는 어떻게 반응하나요?

- 내담자와 자녀의 상호작용에 있어 자녀의 반응(의사표현 방식)을 통해 자녀의 자율성 발달, 분노와 공격성을 포함한 감정처리 방식을 살펴보고자 함

내 22: 등교 안 하면서는 저도 화내고 아이도 소리 지르고 가끔 방에 들어가 소리 지르거나 책상을 발로 차기도 하더라구요. 그러다 소리 내 울기도 하고. (잠시 멈춤) 그러다 아이도 상담받으면서 좀 더 노력하는 것 같고 저도 상담 신청하면서 이렇게 해서는 더 사이만 나빠질 것 같아서 부드럽게 하려고 해요. 그래서 저도 피하고 나와 버리기도 하구요. 그런데 학교 안 가는 것에 대해서는 아이랑 이야기를 자세히 해 본 적은 없어요. 좋은 이야기도 아니고 이야기하면 싸우게 되니 이야기를 안 하게 되는 것 같아요.

상 23: 지금으로서는 은진 씨도 아이도 더 이상 싸우지 않으려고 애써 덜 싸우기는 하지만 서로의 마음을 나누지는 못하고 있네요.

- 내담자와 자녀 모두 등교거부로 인한 정서적 불편감을 경험하고 있지만 서로 우호적 의사소통을 하지 못하고 있음을 파악함. 이후 상담에서 내담자의 양육방식이 자녀의 현재 정서 상태와 심리적 발달에 미치는 영향을 살펴볼 필요가 있다고 생각함
- 내담자는 자신의 현재 어려움에 몰두하여 조망확장이 힘든 상태임. 상담자는 내담자와 자녀 모두의 어려움을 반영하여 자녀에게만 문제원인을 국한시키지 않고 양쪽 모두에 대한 조망을 가질 수 있도록 상황을 기술함

내 23: 그러네요. 2학기 시작할 때에 비하면 덜 싸우기는 하는데 애가 정말 왜 안 가려고 하는지, 제가 얼마나 힘든지 알기는 하는 건지. (한숨) 이런 이야기를 안 해 봤네요. 기력도 없고 정신도 없어서.

상 24: 네, 그러다 보니 지금으로서는 은진 씨도 아이의 마음을 잘 모르시고 아이도 은진 씨 마음을 잘 모를 것 같아요. (네.) 그러니 각자 애쓰고는 있지만 어떻게 하는 것이 서로에게 필요한 것인지 알 수가 없지요. 그런 면에서 아이가 정말 어떤 것이 얼마나 힘든 건지 이런 부분들이 좀 궁금하네요. (잠시 멈춤) 상담선생님으로부터 아이에 대해서 어떤 이야기들을 들으셨어요?

- 자녀에 대한 좀 더 구체적, 사실적 정보를 파악하고자 함

내 24: 아이가 좀 위축되어 있고 학폭사건이 학교 내에서 소문날 것에 대한 두려움이 있다고 하시면서 초등학교 6학년 때 일도 좀 물어보시고 아이가 위축되어 있고 불안해하고 있으니 집에서도 좀 더 편안하게 대해주라고 하시더라구요.

상 25: 네, 상담선생님은 이렇게 이야기하셨군요. 그런데 학교상담 선생님이 아이에 대해 이야기하신 것들이 집에서 보는 아이의 모습과는 좀 달라서 은진 씨에게는 잘 다가오지 않으신 것도 있지요. (네.) 이런 부분에 대해 상담선생님과 나눠 보셨을까요?

- 내담자의 의사소통 방식에서의 양가적 태도(통제적 vs 의존적; 일방향적)를 고려하면서 다양한 영역에서 내담자의 의사소통 양상을 파악하고자 함

내 25: 아니요.

상 26: (잠시 멈춤) 상담선생님과 나눠보지는 못하셨군요. (네.) 네, 상담선생님이 은진 씨에게 상담도 권하셨던 것 같은데 어떤 이야기를 하시면서 권하셨을까요?

- 내담자의 자녀 초점화된 시야를 자기 초점화로 이동시키기 위해 자기 상담을 결정하게 된 주요한 이유를 탐색하는 개방형 질문을 함

내 26: 아이가 학교에서 어려움이 있는 만큼 집에서 좀 더 편안하게 해 주는 것이 필요하다고 하시면서 저와 아이의 관계를 좀 물어보셨어요. 그런데 제가 사실 아이 속마음을 잘 모르겠고. (잠시 멈춤) 사실은 제가 등교거부 그리고 학교상담실에서 연락이 와서 학교에 가니 너무

마음이 콩닥거리는 거예요. 그래서 그날도 마음이 너무 힘들고 아이가 학교 안 가는 게 제가 너무 힘들어 그 이야기를 드렸어요. 그랬더니 선생님이 제가 이렇게 흔들리면 그 마음이 아이에게 영향을 미친다고 하시면서 상담 권하시더라구요. 그런데다 저도 아이가 학교 안 가고 집에 있으면 어떻게 해야 할지 모르겠는 거예요. 너무 화가 나서 자꾸 소리 지르게 되고 그런다고 밖에 나가는 것도 불편하고 그러니까 저도 어떻게 해야 할지 모르겠어요. 밤에는 안 그래야지 하는데 막상 아침에 안 일어나는 아이 보면 또다시 저도 모르게 소리 지르게 되고 밖에 나갈 수도 없고 계속 화가 풀리지도 않고, 화 안 내고 싶은데 아이 보면 화가 나니까 제가 어떻게 해야 할지 모르겠더라구요.

상 27: 분명 잘하던 아이가 등교를 안 한다는 것은 힘들고 속상한 일이지요. 그런데 지금으로서는 이런 상황에 대해 은진 씨의 마음이 너무 흔들리셔서 모든 일상이 무너지시는 것 같아요. (네.) 그래서 학교상담 선생님도 상담을 권유하신 것 같고 은진 씨 스스로도 마음을 좀 추스르고 화를 조절하고 싶다는 생각을 하게 되신 것 같구요. (네.) 그래서 은진 씨가 가지고 계신 부모로서의 역할에 대한 생각, 자녀의 성취나 결과가 은진씨에게 갖는 의미 등에 대해 좀 더 나누고 싶어요.

- 내담자의 정서경험을 반영하면서 자신의 정서상태가 현재 자녀와의 어려움에 미치는 영향을 명확하게 전달하고, 이후 내담자 초점의 상담주제를 제안해 봄

내 27: 네, 저는 선생님이 하자고 하시는 대로 할게요.

상 28: 아이의 등교거부로 은진 씨의 마음이 너무 흔들리시고 그러면 아이에게 화를 내게 되어 은진 씨도 더욱 힘들어지시고 아이도 또 영향을 받게 되지요. 그래서 무엇이 이토록 은진 씨의 마음을 흔들리게 하는지를 좀 더 이해하는 것이 필요하다고 생각돼요. (네.) 그래서 은진 씨가 가지고 계신 부모로서의 역할에 대한 생각, 자녀에 대한 기대와 자녀의 결과가 은진 씨에게 주는 의미 등에 대해 나누고 싶다고 제가 이야기 드렸네요. 이런 이야기가 은진 씨는 어떠신가요?

- 의존적인 내담자인 만큼 내담자의 정서경험을 적극 반영해 주면서, 동시에 상담의 방향성을 외부 초점에서 자기 초점으로 이동하여 내담자의 탐색의 적극성을 높이고자 함

내 28: 네, 음, 뭐라고 해야 할지 잘 모르겠어요.

상 29: 제 이야기가 어떻게 생각되시는지요? (잠시 멈춤) 이해되면 되는 부분에 대한 은진 씨의 생각, 그렇지 않으시면 이해되지 않은 부분들에 대해 나누고 물어보시고 이야기하셔도 좋구요.

- 내담자의 적극성을 촉진하고자 내담자에 대한 세밀한 관찰을 유지하면서 내담자 참여에 대한 안내를 함

내 29: 저는 상담에 오면 선생님이 답을 주시는 줄 알았거든요. 진짜 아이 마음도 모르겠고 저는 못 가는 게 아니라 안 가는 것 같고 그런데 제가 너무 힘들고 화가 치밀고 하니 선생님께 상황을 이야기드리면 이렇게 하라고 방법을 알려주시는 건 줄 알았어요.

상 30: 아하. 경험하고 있는 어려움을 이야기하면 전문가인 상담자가 해결책을 제시해 줄 것이라고 생각하셨군요. 이렇게 생각하고 계셨다면 오늘 앞에서 물어보는 것들이 좀 낯설기도 하고 당황스럽기도 하셨겠어요.

- 내담자의 의존적 반응에 대한 수용적 태도를 유지
- 내담자가 경험했을 어려움을 반영해 주고, 상담에 대한 부정적인 생각이나 감정을 표현할 수 있도록 초대함

내 30: 오늘은 처음 만나는 거라 선생님이 여러 가지 파악하시려고 물어보시나 보다 했어요. 그래도 물어보시는 거에 답하는 게 쉽지는 않네요. 음 (잠시 멈춤) 지금 이야기를 들으니 상담이 이런 거였구나 싶구요.

상 31: 상담에 와서 내 마음을 좀 더 들여다보는 것, 그 질문들에 답하는 거 쉽지는 않지요. (네.) 그런 만큼 은진 씨가 미리 다 생각해 보시고 답변을 잘하기를 바라고 묻는 것은 아니네요. (네.) 상담 오시기 전에도 은진 씨가 힘든 만큼 누구보다 이 문제에 대해 많이 생각해 보셨을 거예요. 힘든 일이어서 해결하고자 생각을 하지만 생각할수록 더 마음이 힘들고 혼란스러워서 혼자 그 문제를 깊게 여러 각도에서 바라보는 게 어려워요.

- 상담에 대한 구조화 작업을 통해 안정감과 신뢰감을 형성하고자 함
- 의존적인 내담자인 만큼 구조화를 통해 내담자의 역할을 인식시키고 안전하게 참여할 수 있도록 안내함

내 31: 저도 상담 오기 전에도 지난번 온 후에도 여러 생각을 해 봤는데 잘 모르겠어요. 한다고 하는데도 변화도 없고 아이도 반응도 없으니 정말 어디에서부터 뭐가 잘못된 건지 모르겠어요.

상 32: 그렇지요. 그래서 상담에서는 제가 은진 씨와 함께 꼼꼼하게 다양한 각도에서 겪고 계신 어려움을 살펴보는 것부터 하려고 해요. 그래야만 은진 씨가 고심해 보고 노력도 하셨는데 그것이 왜, 무엇 때문에 원하는 결과로 연결될 수 없었는지를 찾을 수 있다고 생각하거든요. (네.) 그 부분이 명확해진 이후에 찾아진 방법들이 은진 씨에게 실제적으로 도움이 될 수 있다고 생각하구요.

- 상담에 대한 구조화 작업(상담목표 달성을 위한 전략)

내 32: 네, 듣고 보니 그런 것 같네요. 그래도 마음을 들여다본다는 게 오늘처럼 하면 되는 건지, 어떻게 하면 되나요? 오늘처럼 하면 되나요?

상 33: 네, 오늘처럼 하시면 돼요. 그냥, 잘 모르겠어 하고 넘어가지 않고 멈춰서 좀 더 무엇이, 왜 이토록 힘든 것인지를 천천히 꼼꼼히 살펴보려고 하시면 돼요. 그 과정에서 잘 이해되지 않거나 궁금한 게 있으시면 당연히 물어보시면 좋구요. (네.) 상담에서 주인공은 은진 씨예요. 다름 아닌 은진 씨가 경험하고 계신 어려움을 저희가 해결하고자 함께하는 것이니까요. (네.) 그런 만큼 은진 씨는 자신의 마음을 좀 더 들여다보려고 노력하시면 되고, 저는 은진 씨가 자신의 마음을 좀 더 깊이 다양한 각도에서 바라보실 수 있도록 도울 거구요. (네.) 앞

으로 진행할 상담, 그리고 저와 은진 씨의 역할에 대해서도 간단하게 이야기 드렸는데 혹 궁금하거나 이해되지 않거나 하는 부분이 있으실까요?

- 내담자의 의존성 및 소극적인 자기표현적 특성을 고려하여, 내담자의 불편감을 완화하고 상담에 참여할 수 있도록 상담진행방식, 상담자와 내담자 역할에 대한 구조화 작업을 함

내 33: 아니요. 이해했어요. 힘들 것 같긴 한데 필요하다는 생각도 들어요.

상 34: 그래요. 혹 이후에 궁금함이 생기거나 이해되지 않는 부분이 있으시면 다음 시간에라도 꼭 이야기해 주세요. (네.) 우리가 앞에서 아이의 등교거부로 인하여 은진 씨의 힘든 마음에 대해 자세히 나누었는데 어떤 것들이 기억이 나셔요? (잠시 멈춤) 이 또한 천천히 생각나는 대로 이야기하시면 돼요.

- 상담구조화를 통해 상담과 내담자 역할에 대한 이해정도를 확인하고, 상담주제에 대한 초점화를 위해 이전 내용 요약하며 초대함
- 내담자가 상담시간 동안 무엇을 경험했는지 다시 생각하고 정리하는 과정을 통해 상담구조화에 대한 정보를 적용하는 기회를 줄 수 있으며 내담자의 적극적 참여를 증진시킬 수 있음

내 34: 음. (잠시 멈춤) 이야기를 하다 보니 제가 아이가 등교를 안 한다는 것을, 음… (잠시 멈춤) 제가 못 받아들인다는 걸 느꼈어요. 저는 학교는 당연히 가야 한다고 생각해서 아이가 안 가는 게 문제라고만 생각했고 한 번도 이런 상황을 생각해 보지 못해 진짜 쟤가 왜 저러나 싶고 저만큼 아이는 힘들지 않은 것 같아 아이가 미웠던 것 같아요.

상 35: 은진 씨가 오늘 상담을 돌아보니 아이가 등교하지 않는다는 것을 은진 씨가 받아들이지 못하고 있다는 게 다가오셨군요. (네.) 은진 씨가 받아들여지지 않는다고 여러 번 이야기하셨어요. (네.) 아이가 잘 따르고 결과도 좋았기에 은진 씨에게는 지금의 상황이 너무 힘들게 느껴질 수 있지요.

- 내담자의 초점이 자녀의 등교거부 행동에서 '자신의 받아들이지 못하는 마음'으로 이동하고 있음을 확인하고 감정을 반영함

내 35: 네, 사실 제가 결혼을 빨리 했어요. 엄마가 워낙 강해서 항상 엄마가 하자는 대로 하면서 살았거든요. 그런데 딱히 뭘 잘하거나 하지는 못했어요. 엄마 이야기에 반대도 하고 싶은데 말로는 엄마를 이길 수도 없고 엄마 말이 맞기도 하구요. 결혼은 엄마가 반대하는데도 했어요. 집도 빨리 나오고 싶었던 것 같구요. 그런데 아이가 한참 안 생기고, 시댁이나 남편과의 일로 제가 힘들어하기도 하니, 그러면 저희 친정엄마가 '역시 너는 내 말 안 들어서 그러는 거다.'라고 이야기하시는 거예요. 그게 언제 적 이야기인데, 그래도 결혼생활 하면서 힘들면 딱히 이야기할 곳도 없고 하니까 친정 가서 이야기를 하는 건데 저희 엄마는 그냥 넘어가지를 않고 꼭 이야기하시는 거예요. 자기 말 안 들어서 너가 이렇게 고생하는 거라고. 그래서 저도 아이 잘 키우고 잘 산다는 거 좀 보여 주고 싶었어요. 아이가 안 생겨 정말 마음이 힘

들었었거든요. 저희 남편이 외아들이다 보니 아이가 없는 게 더욱 눈치가 보이고 힘들었어요.

상 36: 강한 어머니가 반대한 결혼을 한 만큼 어머니에게 은진 씨의 선택이 옳았고 잘하고 있다는 것을 보여 주고 싶은 마음이 컸네요.

- 반대한 결혼이었지만 잘 살고 있음을 어머니에게 인정받고 싶었던 내담자의 깊은 내면적 욕구를 명료화함

내 36: 엄마가 진짜 지금도 이야기를 해요. 너는 결혼 잘못했다고. 그런데 저도 후회는 해요. 남편이 외아들이라 제가 너무 힘들거든요. 형님들하고도 남편이 관계가 안 좋고 형님들 입장에서는 아들이라고 대우받았으니 역할을 더 해야 한다는 생각이 있고. (한숨) 결국 그 일을 제가 하게 되는 거니까요.

상 37: 은진 씨 마음 안에서도 은진 씨가 선택한 결혼에 대해 후회하는 마음이 있는데 엄마는 그것을 콕 찝어 계속 이야기를 하시네요.

- 내담자 반응 요약 재진술

내 37: 진짜 저희 엄마가 강해요. 논리적으로 이길 수가 없어요. 그래서 엄마가 하자는 대로 하게 돼요. 저희 집은 다 엄마 의견대로 했어요. 아빠는 일하시고 집안일은 엄마가 하자는 대로 다 했었어요. 엄마가 논리적으로도 딱딱 이야기를 하니 이길 수가 없어요. 그래도 싫을 때가 있잖아요. 결혼도 한 걸 어떡해요. 제가 그런다고 엄마에게 후회한다고 이야기하고 싶지는 않죠. 그냥 힘들어서 이야기하면 좀 들어 주고 넘어가면 될 것을 저희 엄마는 꼭 너 결혼 잘못했다고 못을 박는 말을 하거든요. 싫은데 저도 후회하는 마음이 있으니 어쩔 수 없지요.

상 38: 이런 상황에서 은진 씨를 잘 따르고 잘하는 아이가 은진 씨에게는 큰 행복이었겠네요.

- 내담자의 승인과 인정에 대한 핵심욕구와 자녀의 성취가 내담자에게 의미하는 바를 연결하여 반영해 줌

내 38: 그런데다 늦게 얻은 아이기도 하니 잘해 주고 싶었어요. 저희 아이가 좀 느렸었는데 초등학교 들어갈 때도 빠른 그런 아이는 아이였어요. 그런데 학원 다니고 하는데 초등학교 2, 3학년쯤부터 공부를 꽤 하는 거예요. 그러다 보니 학원에서도 대회 있으면 나가 보자고 하고 또 준비했는데 잘해서 상도 타구요. 주변 엄마들도 어떻게 하면 이렇게 잘하는 거냐고 물어볼 정도였거든요.

상 39: 아, 정말 뿌듯했겠어요. 너무 좋았던 만큼 지금의 상황이 받아들여지지가 않겠네요.

- 자녀의 성취경험을 통해 내담자 욕구가 충족되었을 때의 긍정적인 감정을 반영해 주고, 현재 좌절상황에 대한 수용하기 힘든 마음을 공감해 줌

내 39: 그런 것 같아요. 받아들여지지가 않아요. 제가 너무 힘들어요. 급히 이사하면서 그 전에 만났던 사람들에게도 대충 얼버무리고 이사했거든요. 그래도 그 사람들도 학교일이라 대충은 알 것 같아서 만나기 싫고 한편으로는 이렇게 피하는 마음 갖는 것도 싫어요. 그래도 저도

나름대로 학교 가서 일 해결하고 이사도 빠르게 한 건데 아이가 예전처럼 학교생활 잘하고 중학생이니 공부도 잘하고 그랬으면 좋겠거든요. 그럴거라고 생각했었어요. 지금 상황이 제가 한 번도 생각해 보지 못한 상황이에요. 근데 이 상황이 왠지 끝나지 않을 것 같아 불안해요.

상 40: 그러게요. 내 결정대로 안내해서 다름 아닌 내 아이가 이렇게 잘 따르고 결과까지 좋았는데, (잠시 멈춤) 그런 만큼 아이가 학교를 안 가는 것을 은진 씨가 받아들이기 힘들 수밖에요. (네.) 그러다 보니 어찌 보면 학교를 안 가는 아이보다 은진 씨의 마음이 더 힘들어지고. (잠시 멈춤) 그러면 아이의 힘든 마음이 잘 보이지 않고 느껴지지 않을 수도 있고, 미래가 더 암울하게 느껴질 수 있지요.

- 내담자 호소문제("등교하지 않는 아이를 보는 것이 힘들어요.")가 내담자의 받아들이지 못하는 마음과 자녀 성취를 통해 어머니에게 인정받고 싶은 마음이 연결되어 있음을 구체화된 내담자 이야기로 재진술해 줌

내 40: 네, 제가 너무 힘들어요. 저는 정말 하루하루 등교 안 하는 날수가 계속 머릿속에서 떠나지를 않아요. 담임선생님 연락 오면 뭐라고 해야 할지, 거짓말하는 것도 너무 힘들고 제가 어쩌다 이런 처지가 됐나 싶기도 하구요. 그런데 아이는 별 말도 없고 집에서도 예전과 별 차이가 없거든요.

상 41: 내가 결정하고 추천해서 좋은 결과를 냈고 모두가 부러워할 만큼 나는 엄마 노릇을 잘했었는데, 어느새 내 처지가 등교 안 하는 거 핑계 대는 처지가 되어 버렸네요.

- 내담자의 핵심욕구와 욕구좌절에 대한 수용하기 힘든 마음에 대해 더 깊은 공감적 이해 반응 제공

내 41: 정말 아이가 학교 공부 잘하고 엄마들도 부러워하고 할 때 기분 좋았어요. 친정엄마에게 힘든 얘기 하러 갈 일도 없고 저를 무시하던 남편에게도 제가 기가 펴지는 느낌이구요. 그런데 지금은 남편은 신경도 안 쓰면서 한 번씩 학교 갔냐고 물어보고 그럴 때 너무 화가 나요. 아빠인 자기는 역할도 안 하면서 꼭 제 책임인 것처럼 갔는지 안 갔는지만 물어보구요. 진짜 저는 아침에 안 일어나는 거 보면 화가 막 치밀어 오르는데 결국 그걸 보는 것도 저고 학교에 연락하는 것도 저인데 저만 이렇게 다 눈치 보고 신경 쓰고 저만 온 신경을 쓰고 있어요.

상 42: 이미 너무 힘든 데도 나만 혼자서 책임을 지고 있네요. (잠시 멈춤) 엄마나 남편은 은진 씨에게 도움은 커녕 평가만 하고 있구요.

- 내담자가 내적 욕구좌절과 그로 인한 부정적 정서경험에 좀 더 깊이 접촉하기 시작했기 때문에 함께 조율하면서 머묾

내 42: 네, 어디 이야기할 데도 없어요. 이걸 어디에 이야기하겠어요. 그런데 집에서 아이랑 하루 종일 있다 보면 이 생각이 떠나지를 않아요. 저는 미쳐버릴 것 같고 하루 종일 너무 힘든데 아이는 저만큼 힘든 것 같지 않거든요. 저에게 밥 달라고도 하고 친구 만나러도 가구요.

상 43: 은진 씨의 마음은 하루 종일 아이의 등교문제로 동동거리며 애태우고 있는데, 은진 씨의 힘

듦에 비해 아이는 덜 힘들게 느껴지시네요.

- 내담자가 경험하는 심리적 불편감에 대한 공감적 해석

내 43: 아이의 마음을 잘 모르겠어요. 정말 너무 힘들어서 못 가는 것 같지가 않아요. 갈 수 있을 것 같고, 마음먹으면 갈 수 있을 것 같거든요.

상 44: 은진 씨는 마음먹으면 학교에 갈 수 있다고 생각되네요. (네.) 그렇게 생각되면 더욱 학교에 안 가는 아이를 보는 것이 답답하고 화가 나시지요. (네.) 은진 씨 이야기 잘 따르고 잘했던 아이가 학교를 안 가는 것도 받아들일 수가 없는데 아이는 마음도 안 먹고 아침에 깨우는 은진 씨의 말도 무시한다고 생각되면 더욱 화가 나지요. 은진 씨 마음의 흐름을 정리해 봤는데 어떻게 들리시나요?

- 자녀 반응에 대한 내담자의 부정적 인지 해석(나보다 덜 힘들다, 갈 수 있는데 안 가는 것이다, 무시다)과 감정반응 과정을 재진술 해 줌. 이는 자녀와 내담자 각자의 입장에 대한 통합적인 조망확장 작업을 하기 전에 내담자 입장을 명료화하는 것임

내 44: 네, 진짜 저는 제가 더 힘든 것 같고 아이는 저보다 안 힘들어하는 것 같아요. 그래서 갈 수 있다고 생각하고 제가 마음 다잡고 아침에도 좋게 깨우려고 엄청 애쓰는데 반응이 없으니까 그럴 때 저를 무시하는 것처럼 느껴져요.

상 45: 아이에 대한 기대와 성취결과가 부모로서의 은진 씨의 능력을 반영하고, 은진 씨의 선택과 결정은 잘하고 있음을 증명하는 것과 연결되어 있네요. 그러다 보니 아이가 학교를 안 가는 지금 상황에서 은진 씨 마음이 너무 흔들리고 좌절스럽고 화가 난다고 이해되네요. (잠시 멈춤) 제 이해가 은진 씨에게 어떻게 여겨지나요?

- 공감적 해석을 통해 내담자의 호소문제와 내면적 핵심욕구와의 관련성에 대한 자각을 증진시키고자 함

내 45: 음. (잠시 멈춤) 맞는 것 같아요. 그냥 학교를 안 가니 화가 난다고만 생각했고 제가 그냥 가족에게 좀 더 화를 낸다고만 생각했는데 이야기를 하다 보니 제가 이렇게 화가 나고 마음이 너무 힘든 것에 대해 좀 더 생각해 보게 되네요.

상 46: (잠시 멈춤) 화가 순식간에 올라오고 이런 일이 자주 발생하게 되면 화를 내고 후회하게 되고 동시에 나는 화를 잘 내는 성격인 건가라고 생각할 수 있어요. (네.) 그런데 사실 화는 그냥 나는 게 아니에요. 분명 무언가 화를 내게 되는 원인이 있고 상대와의 소통하는 과정에서 건드려져서 화가 더 폭발적으로 나타나게 될 수 있어요.

- 호소문제와 내담자의 내면적 핵심욕구와의 관련성에 대한 통찰이 이루어지고 있어, 이에 대한 추가 탐색 작업이 필요하지만 남은 상담 시간과 일상생활 복귀 등을 고려하여 화에 대한 심리교육을 실시함
- 심리교육을 통해 화라는 정서표출방식과 이유를 이해하도록 돕고, 유기체적 인간에 대한 시선을 전달하여 자기관찰 증진의 토대를 마련하고자 함

내 46: 음, (잠시 멈춤) 그러네요. 오늘 이야기를 하다 보니 아이가 저를 잘 따르고 잘했던 것이 제

가 되게 좋았고 제가 부모로서의 역할을 잘하고 인정받는 게 되게 좋았던 것 같아요. 그러다 보니 지금의 상황을 받아들이는 게 힘들고 제가 더 위축되고 안절부절못하게 되고 아이는 자꾸 안 힘들게 느껴져 화가 나구요.

상 47: 네, 아이가 공부를 잘하고 다른 부모들의 부러움을 받는 것이 내가 인정받는 느낌이었네요. (네.) 학교를 안 가는 아이를 보는 것이 분명 힘든 일이지요. 하지만 이렇게까지 은진 씨가 마음이 힘들어지고 화가 나는 것은 아이에 대한 기대, 아이의 성취나 결과가 부모역할에 대한 평가 등과 연결되는 것과 관련이 있을 수 있어요. (네.) 그래서 저희 상담에서는 아이가 등교를 할 수 있도록 돕고 가기 전까지의 힘든 시간을 잘 견뎌내기 위해서 이 부분들을 앞으로 좀 더 살펴보는 시간을 가졌으면 해요. (네.) (잠시 멈춤) 오늘 상담으로 좀 더 내 마음을 알게 된 부분이 있지만 또다시 등교하지 않는 아이가 있는 집으로 돌아가셔야 하는데 어떤 부분들을 좀 기억하고 가시면 은진 씨에게 조금이라도 도움이 될까요?

- 내담자의 호소문제에 대한 자기 원인으로 초점을 이동시켜, 내면적 핵심욕구와의 관련성에 대해 이해한 부분을 재진술하고 격려함
- 동시에 의존적, 소극적인 면을 고려하여 내담자가 돌아가야 할 현실상황에 대한 관심과 이러한 준비를 함께 하고자 하는 상담자의 태도를 전달함

내 47: 그러게요. 저만 힘들다고 생각을 했었는데 지금도 아이의 마음은 잘 모르겠지만 저만 힘든 것은 아니고, 제가 이렇게 생각하는 것이 저를 더 화나게 한다는 것을 기억하면 좀 덜 화가 나지 않을까 싶은데, (잠시 멈춤) 막상 아이를 보면 쉽지는 않을 것 같아요.

상 48: 네, 맞아요. 아직 아이의 마음을 잘 알 수 없고 나는 너무 힘들기에 나만큼 힘들지 않아 보이는 아이가 밉고 화가 날 수 있어요. (네.) 이 부분을 알았어도 힘들고 화나는 마음이 바로 사라지기는 힘들죠. (잠시 멈춤) 쉽지 않지만 그래도 오늘 한 발짝 나아갔네요. 힘든 상황에서도 낯선 상담에 찾아와서 은진 씨 자기 마음을 들여다보고 자신에 대해 좀 더 이해하게 된 부분을 꼭 기억해 주세요. (고개 끄덕임) 다음 시간에는 진정 무엇 때문에 아이가 등교하지 않는지, 아이의 마음에 대해서도 함께 살펴보자구요.

- 내담자가 상담과정을 통해 자신을 이해한 부분에 대해 격려하며, 현실적인 어려움을 타당화함. 타인의 평가적 시선에 예민하고 자기효능감이 떨어져 있는 내담자이므로, 현실상황에서 경험할 수 있는 무력감과 이로 인하여 자녀에게로 향하는 분노반응을 예상하도록 하여 내담자의 낙담을 미연에 방지하고자 함
- 다음 회기 안내(등교를 거부하는 자녀의 밑마음에 대한 탐색)

내 48: 네, 알겠어요. 아이의 마음을 정말 모르겠어요.

상 49: 네, 그렇지요. 저희가 함께 해 봐요. 은진 씨 오늘 정말 수고 많으셨어요. 저희 다음 주에 뵐게요.

- 참여 격려하고 회기 마무리 인사

내 49: 네, 다음 주에 뵐게요.

부록 2-2. 기혼여성 사례에 대한 상담자 B 언어반응 해설

- 상담자 언어 반응 아래 표 안의 내용은 상담자 반응 의도에 대한 설명임

상 1: 은진 씨~ 안녕하세요. (네.) 오늘 좀 지쳐 보이세요. 접수면접 하고 가신 이후 은진 씨는 어떠셨고, 아이하고는 어떠셨는지 궁금하네요.

- 접수면접 이후 내담자의 내적반응(생각과 감정)의 변화가 있었는지 확인하고, 주 호소문제가 자녀와 관련된 점을 상담자가 유념하고 있음을 전달함
- 내담자의 비언어적인 모습까지 상담자가 관심 있게 살피고 있음을 반영함으로써 라포 형성을 도모함

내 1: 면접 때 이야기를 쭉 하다 보니 앞으로 방향이 좀 생길까 싶었는데 싸우고 나와서 기분이 안 좋기도 하고 그러네요.

상 2: 해결에 대한 기대를 좀 하셨을 텐데, 아이와의 갈등이 여전하다고 생각되면 마음이 많이 안 좋으시죠. 아이가 어려서 내 맘 같지가 않죠? 엄마가 이렇게 애쓰고 있는 걸 알아주면 한결 수월할 텐데요.

- 내담자는 자녀 문제로 상담에 오게 되었을 때, 자신의 문제(부적절한 부모역할 또는 자신의 취약성)가 드러나는 것에 대한 불편감을 경험할 수 있기에 노력하고자 하는 자세를 언급하면서 내담자의 방어기제를 완화시키고자 함

내 2: (눈물 글썽) 오늘도 아이가 학교를 안 갔어요. 정말 학교를 안 가고 누워 있는 아이를 보면 너무 화가 치밀어요. 한편으로는 저도 오죽 힘들까 싶어서 좀 기다려 줘야지 싶은데 그래도 이 정도 기다려 줬으면 가야 하는 거 아닌가 싶기도 하고 모르겠어요. (한숨) 정말 기다리면 갈까 싶기도 하고 갈 마음이 있는 건가 싶기도 하고 아이 생각하면 답답하고 숨이 잘 쉬어지지가 않아요.

상 3: 부모 입장에서 학교를 안 가는 아이를 기다려 주는 것만큼 힘든 게 없죠. 기약도 없고, 이유도 안 와닿고, 답답하고 화도 나니 계속 한숨만 나죠. 은진 씨 한숨의 깊이가 깊게 느껴져요. 이게 어디까지인지 감이 안 오고 끝이 없을까 무섭고 두렵고. (네.) (내담자 한숨과 눈물 글썽)

- 내담자의 한숨이라는 비언어적 행동관찰에 대한 반영
- 비언어적 메시지에 대한 상담자의 공감과 숨겨진 감정에 대한 반영을 통해 내담자의 정서 접촉과 라포 형성 시도

내 3: 네, 정말 무서워요. 정말 저희 아이 괜찮은 아이였거든요. 제 말도 잘 따르고 공부도 잘하고 정말 사람들이 부러워했었어요. 아들을 어떻게 이렇게 잘 키웠냐고. 그런데 이렇게 됐다는 게 (한숨) 정말 부끄러워서 어디 다니지를 못하겠어요. 제가 그래도 아이들 학부모들도 자주 만나고 그랬는데 요즘은 다 연락 끊고 지내고 있어요. 어떡해야 아이가 학교에 갈까요?

상 4: 은진 씨는 예전에는 아이를 보면 뿌듯했는데 요즘에는 부끄럽고 지금의 아이를 이끌 방법까지 모르겠어서 혼란스러울 수밖에요. (네.) (한숨) 아이가 정말 괜찮았을 때 은진 씨가 어떻게 이끌어 주셨던 걸까요? (침묵 5초) 혹은 아이와 은진 씨와의 관계는 지금과 무엇이 달랐던 걸까요?

- 내담자가 현재 주 호소문제에서 느끼고 있는 다양한 부정적 감정으로 반영해 주어 좀 더 깊이 내담자의 주관적 고통을 공감적으로 이해. 또한 자녀의 성취결과가 내담자의 정서에 미치는 영향을 반영해 줌
- 접수면접 시 내담자의 의존적 성향과 정서반응의 주된 근원이 자녀임을 확인하였기에, 상황을 설명하는 내담자에게 정서를 인식시키고 자녀와 내담자 간의 상호작용에 대해 탐색적 질문을 함

내 4: 음. (잠시 멈춤) 어떤 것부터 할까요? 어떤 것부터 해야 할지 좀 막막하네요.

상 5: 은진 씨가 편한 것부터 하세요…. (침묵 5초) 지금 더 하고 싶거나 떠오르는 것을 하시면 돼요. 그게 은진 씨한테 중요한 거거든요. (질문을 한 번만 더) 아, 아이가 정말 괜찮았을 때 은진 씨는 어떻게 이끌어 주셨는지, 또는 그때 아이와의 관계와 현재의 아이와의 관계가 어떻게 다른지 이 두 가지 중 어떤 것을 먼저 이야기하고 싶으세요?

- 내담자가 자발적으로 기억하는 내용이 그만큼 자신에게 중요하고 의미 있는 것일 수 있으므로 내담자에게 선택권을 먼저 줌
- 상담자는 내담자의 반응을 통해 의존성을 확인. 상담신청서와 접수면접 내용을 요약 정리하여 전달하면서 막막함을 완화시켜 줌

내 5: 예전에는 정말 다 따라와 주는 아이였어요. 빠른 건 아니었지만 학원을 보내 놓으니 처음에는 느렸지만 속도가 붙으니 잘 쫓아가더라구요. 대견했어요. 지금은 아이가 학교를 쭉 안 간지 한 달이 넘어가요. 1학기 끝날 때쯤부터 한 번씩 안 가기는 했어요. 학교서 상담도 시작했으니 2학기가 되면 다시 학교 가겠지 했는데 지금 더 학교 안 가는 날이 많아졌어요. 아침에 학교 가라고 깨우면 듣는 체도 안 하고 그냥 누워 있어요.

상 6: 듣는 척도 안 하고 누워 있는 아이를 보면 어떠세요? 예전에는 다 따라와 주는 아이라고 말씀하셨는데 너무 다른 아이처럼 느껴져서요.

- 등교를 거부하는 자녀의 행동에 대한 내담자의 자기 내면반응을 살펴볼 수 있도록 초대함. 이러한 탐색적 질문은 이후 자녀와의 갈등국면을 초래하는 원인(자녀와 내담자의 상호작용 방식과 내담자의 문제 대처방식 그리고 자기 욕구(needs))을 이해하는 데 필요한 정보를 수집하는 역할도 함

내 6: 답답해요. 왜 저러나 싶고, 화나요. 분명 어제 갈 것처럼 이야기하더라구요. 상담을 해서인지 이제 몇 마디 말도 하고 그랬는데, 아침에 깨우니 반응이 없는 거예요. 화 안 내야지 하면서

몇 번 더 깨웠는데 아무 반응 안 하고 누워 있는 뒷모습 보니 너무 화가 나는 거예요. 그래서 제가 막 소리를 질렀어요. 너무 속이 답답해 그냥 소리가 막 나왔어요. 니 마음대로 살라고 나도 학교에 전화 안 한다고 그러고 보기 싫어서 옷만 급하게 챙겨 입고 나와 버렸어요.

상 7: 답답한데 화까지 참으려 했으나 이게 끝내 폭발해서 그냥 나와 버리셨네요. (맞아요.) 더 붙잡고 혼내실 수도 있었을 거고 혹은 어제 말과 다른 태도에 대해 아이와 이야기 해 보는 방법도 있었을 텐데, 그저 옷을 입고 급하게 나오실 수밖에 없을 정도로 힘드셨나봐요.

- 등교거부 행동을 지켜보고 있는 내담자의 심정과 이 상황에서 자녀와의 상호작용 패턴에 대해 인식시키고 탐색하고자 함
- 내담자는 등교를 거부하는 자녀에 대한 자기 불편감에 초점을 맞추고 있음. 내담자의 어려움을 타당화하고 공감적인 태도를 유지하여 치료적 관계형성에 토대를 마련하고자 함

내 7: 저는 나름대로 한다고 했어요. 제가 이렇게 상담신청도 하고 지난번 와서도 이야기해 보니 저도 아이 마음을 좀 더 챙겨야겠다는 생각이 들더라구요. 그래서 요즘 제가 예전보다는 덜 화내고 참으려고 저도 노력하고 있거든요. 그런데 반응이 없으니 화가 치밀어 오르고 심장이 벌렁거려요.

상 8: 그죠, 노력을 많이 하고 계시는데도 간다 안 간다 왔다 갔다 하면 은진 씨는 온탕 냉탕을 오가게 되죠. 놀리는 것도 아니고 기대한 만큼 실망하고 화도 나죠. 충분히 그럴 수 있죠. 지금 말씀 들어보니 오늘 아침은 '더 이상 화를 안 내기 위해 그 자리를 피하신걸까?'라는 생각도 드네요.

- 내담자의 분노반응이 일어나는 내적 과정을 반영해 주고, 자리를 피한 대처행동 안에 포함된 내담자의 긍정적인 욕구를 승인해 줌

내 8: 네, 화가 둘 다에게 안 좋다는 건 아니까 피해 나왔어요. 저도 한다고 하는데 변화가 없으니 화가 멈추지 않네요.

상 9: 은진 씨가 이전과는 다르게 아이를 대해도 아이는 똑같으니 실망스럽고 화가 나는데 그럼에도 피해 가면서 화를 최소화하시려는 마음이 느껴져요. 내가 노력한 만큼 아이도 변하면 좋을 텐데. (고개 끄덕임) 은진 씨가 아이하고의 관계에서 이전과는 달리 하고 계신 것이 무엇인지 좀 더 이야기해 주실래요?

- 내담자가 이전 반응 패턴과 달리 부연설명 없이(비언어적인 태도) 자신의 의사와 감정을 표현하는 것을 보면서 내담자 호소문제 중 하나인 화와 연결된 욕구와 바람을 명료화시킴
- 내담자와 자녀의 구체적인 상호작용 양상과 그 변화를 탐색하기 시작함

내 9: 예전에는 아이가 잘 못 쫓아오거나 이해할 수 없는 행동을 할 때는 화를 좀 많이 내는 편이긴 했어요. 그럼 바로 아이가 다시 따라오더라구요. 그렇게 하면 사실 이렇게까지 화를 낼 필요도 없었는데. 제가 밖에서는 안 그러는데 가족들에게는 화를 좀 내는 편이에요. 가족들

이 편해서인지 남편과도 이걸로 좀 다투기도 했구요. 밖에서는 사람들에게 잘해야 하잖아요. 사실 그렇지 않으면 소문 돌고 그러잖아요. 그렇게 구설수에 오를 일이 뭐가 있어요. 그러니 그냥 밖에서는 웬만하면 사람들한테 맞춰줘요. 그런데 저도 하고 싶은 말도 있고 하니 가족에게는 좀 편하게 하게 돼요. 제 말대로 안 따라 주고 그러면 좀 목소리도 커지고 짜증을 내요.

상 10: 이전과는 달리 화를 안 내고 참는 걸로 아이를 이해하려 노력한 게 달라진 모습이란 거네요. (고개 끄덕임) 바깥과는 달리 가족에게는 내 맘대로 안 되면 짜증이 나거나 목소리가 커지는데 아이한테는 지금 많이 참으려고 하시네요. 그걸 아이는 전혀 몰라주는 느낌이라 화가 더 나시는거구요. (네.) 그런데 바깥에서는 어떻게 가족들하고는 다르게 대하실 수 있는 걸까요?

- 아이한테 다르게 하는 반응방식을 이야기하면서 내담자의 전반적인 관계패턴을 (가족 VS 타인) 생각할 수 있도록 도움
- 재진술과 명료화 반응을 통해 내담자로 하여금 자신이 말한 내용을 바탕으로 관계패턴에 대해 보다 심층적으로 탐색하도록 촉진함

내 10: 저희 엄마가 항상 이야기를 하셨었어요. 바깥 사람들에게는 책잡힐 일 하지 말라고. 그래서 밖에서는 괜한 이야기 돌 행동을 하지 않는 게 익숙해요. 그래도 사람 모이면 계속 이야기 돌고 그렇잖아요. 그래서 더욱 밖에서는 잘하는 편이에요. 그리고 아이 초등학교 때까지만 해도 공부를 잘하니 엄마들이 부러워하고 아이 공부나 학원 등으로 맺어진 엄마들, 동네 엄마들과 불편할 일도 없었어요. 그런데 아이 때문에 이렇게 이사 와서 저도 힘든데, 사실 아이 학원 등도 새로 알아보고 할 것들도 많고 그렇잖아요. 사람들도 다시 알아 가야 하고 그러다 보니 힘들고 집에 오면 좀 편하고 싶어요. 그래서 제가 하라고 한 것들이 되어 있는지 확인부터 하게 돼요. 안 되어 있으면 빨리 하라고 다그치게 되는데 아이가 예전에는 곧잘 했는데 요즘처럼 반응이 없으면 너무 화가 나요. 저도 모르게 화가 치밀어 목소리가 점점 커져요. 제가 생각해도 요즘 화를 많이 내는 것 같은데 아이가 반응이 없으면 화가 순식간에 올라와요.

상 11: 밖에서 잘하시려다 보니 본인의 행동을 더욱 조심하시게 되는 것도 있을 것 같아요. 그러다 보면 자신이 원하는 것을 하려는 걸 참기보다는 남들 이해를 먼저 하려는 부분도 많지 않으셨을까 싶네요. (네네.) 집에서까지 그렇게 하려니 힘드셨을 거구요. 그런데 아이가 반응이 없으니 은진 씨는 화만 나는 것이 아니라 또 다른 생각과 감정도 있었을 것 같은데. (네.) 어떤 것들이 있었을까요?

- 내담자의 대인관계 방식으로 인한 애로 사항(자기욕구 억압, 심리적 피로감, 가족 안에서 쉽게 분노 표출)에 대한 타당화를 하면서 더 깊은 정서경험 탐색을 촉진함

내 11: 네, 저희 아이가 순한 편이고 저를 잘 따르는 편이었어요. 그랬던 아이인데 학교를 안 가는

것도 너무 당황스럽고 받아들이기 힘든데 반응도 없으니 너무 힘들어요. 안 그랬던 애인데 저러니 미쳤나 싶기도 하구요. 제가 잘 키웠는데 왜 이러나 혼란스럽고 이러는 아이한테 너무 화가 나요. 그 순간은 너무 화가 치밀어 오르는 느낌이에요.

상 12: 잘 키웠다고 자부심도 있었는데 안 하던 행동을 하니 얼마나 속상하시겠어요. (반응이 미비) 속상함을 넘어서 화인거죠! (고개 끄덕임) 지금도 목소리도 커지시고 생각만 했을 뿐인데도 화가 올라오는 게 보이거든요. 이 화는 어디서 오는 '화'일까요? 예로 나의 노력의 결과가 이것 밖에 안 돼서? 내 기대에 부응하지 못해서? 은진 씨가 생각하는 화의 근원에 대해 생각해 보신다면?

- 비언어적 행동관찰을 통해 내담자의 화를 알아차리도록 촉진하고자 지금-여기에서 올라오는 화를 신체적 반응을 반영하여 인식하게 함. 그런 다음 화와 연결된 사고내용을 탐색함

내 12: 조금 전에도 제 목소리가 커졌죠? 이야기하다 보니 확 화가 났어요. 음… 그런데 제 화의 근원이 뭔지 생각해 본 적이 없어요. 그냥 화가 나는 거였는데… 뭘까요?

상 13: 은진 씨 방금도 확실히 화를 느끼셨어요. 방금 전 무엇이 확 올라오게 했던 걸까요? 무엇 때문인지 생각하시기 어려우면 화와 함께 뭐가 더 느껴지시는지 살펴보셔도 돼요.

- 내담자의 자기자각 수준이 충분히 올라오지 않은 상황이고, 의존성을 고려하여 개입속도를 조절함
- 내담자가 지금 여기에서 자각한 화에 머물면서 자기관찰을 하도록 촉진함

내 13: 제 말에 아이가 반응을 안 한다는 게…. (감정이 올라오는 모습)

상 14: 은진 씨는 아이가 반응이 없는 게 제일 먼저 떠오르시네요. 반응이 없다는 것은 은진 씨에게는 뭘 의미하는 걸까요?

- 내담자의 정서경험을 따라가면서 내담자 내적 반응을 더 깊이 있게 탐색하도록 질문함

내 14: 무시요. (아하, 무시~) 제가 집에서 좀 제 마음대로 하는 면이 있기는 했어도 아이가 잘 따르고 별 문제 없었거든요. 그런데 다른 것도 아니고 학교를 안 간다. 근데 이제 반응까지 안 한다는 건 정말 받아들여지지가 않아요.

상 15: 무시한다와 반응이 없다. 반응이 없다는 건 날 무시하는 행동으로 해석되는 걸까요? (그렇죠.) 만약 아이가 반응은 하지만 학교를 여전히 가지 않는다면 지금과 다를 수도 있을까요?

- 내담자의 정서경험을 따라가면서 정서와 사고를 통합하는 촉진자 역할을 함
- 상담자는 내담자의 의존성과는 반대되는 자녀와 가족관계에서 통제적이며 자기중심적인 측면을 확인. 이는 내담자의 발달과정에서 발생한 욕구좌절과 부정적 자기상과 연결되어 있을 수 있다고 잠정적인 추론을 함. 이후 탐색 주제로 남겨두고, '무시'에 대한 내담자의 주관적 의미를 추가 탐색함

내 15: 말이라도 하면 이렇게 화는 안 날 것 같아요. (눈물 흘리며 계속 이야기) 초등학교 때까지만 해도 제가 하라고 하는 것들은 다 하는 아이였어요. 저도 아이 좋으라고 시켰던 것들이

구요. 그리고 시키면 아이가 잘 따라서 하기도 했어요. 순하고 저를 잘 따랐던 아이인데 모르겠어요. 초등학교 5학년 때 한 번 소리 지르고 약간 그런 적이 있기는 했어요. 어쩌다여서 별 대수롭지 않게 여겼었고, 초등학교 6학년 때 학교폭력 그 일로 인해 난리였지요. 겨우 수습하고 전학시켜 중학교 와서 학교 잘 다녔는데 어디서부터 잘못된 건지 모르겠어요. 그때부터였나 언제부터였을까 온갖 생각을 하게 되요. 그러면 더욱 이제까지 살아온 게 의미 없이 느껴지고 집안일 하는 것도 다 귀찮고 자꾸 몸이 처져요.

상 16: 순하고 잘 따르고 하자는 대로 다 하던 아이가 왜 지금은 반응조차 없는 건지 많이 답답하시겠어요. 아이는 엄마한테 무언가를 요구하기보다는 잘 따르는 스타일이라 더욱더 엄마는 열심히 아이한테 이것저것 제공했는데 지금 상황이 엄마로서는 이해가 안 될 것 같아요. (계속 눈물 흘림) 학교폭력이라는 감당하기 어려운 상황도 있었는데 엄마가 이를 수습하시고 둘이서 함께 힘든 상황을 헤쳐 왔는데 왜 이렇게까지 되었는지 정말 이유를 찾아봐야 할 것 같아요.

- 학교폭력이라는 중요한 에피소드에서 모자(母子)가 어떻게 상호작용하였고 무엇을 수습(내담자의 표현)했는지 탐색이 필요함. 그러나 주 호소문제로 보고하지 않고 있기 때문에 이후 탐색주제로 남겨 둠
- 내담자의 통제적 양육방식이 자녀의 자율성 발달지연 및 수동 공격적인 양상을 초래했을 수 있다는 잠정적 가설을 가지고 확인 작업의 필요성을 제시함

내 16: 아이를 위해 공부나 학원 같은 거 추천하고 그러면 아이가 잘 따라오더라구요. 저희 친정엄마가 좀 강하세요. 저도 어릴 때 왜 필요한지도 몰라도 대부분 하라는 것들을 했거든요. 그런데 내 아이만큼은 미리 필요한 것들을 제가 설명하고 추천했고 아이가 잘 따라오고 결과도 좋으니 잘 되고 있다고 생각했어요. 주변 엄마들이 가끔 저에게 융통성이 없다고 해서 제가 좀 더 아이를 풀어 줘야겠구나 생각도 했는데 무엇 때문에 이렇게까지 학교를 안 가려고 하는지 모르겠어요.

상 17: 친정어머님과 달리 많이 애쓰셨네요. 은진 씨가 친정엄마가 제시하는 걸 별 생각 없이 따라간 것이 좋은 결과를 낳았는지 모르겠으니 내 아이에게는 잘 따라올 수 있도록 미리 설명하고 추천을 했는데 도대체 어디서 뭐가 문제인 건지 아이의 모습을 보면서 혼란스러울 것 같아요. 이렇게 많은 것을 노력한 엄마가 있는데 아이의 마음은 현재 어떤 마음인 걸까요?

- 내담자의 지금까지의 양육방식에 대한 존중의 태도를 유지하고자 친정엄마와 다른 방식과 태도에 대해 반영하고 인정해 줌
- 자신의 과거 모습과 현재의 자녀 모습을 자연스럽게 연결시켜, 자녀의 현재 내적 상태와 정서를 이해하고 서로의 의사소통 방식을 파악하고자 함

내 17: 전학 가서 괜찮은 줄 알았는데 학원에서 약간 예전 초등학교 이야기를 어떤 아이가 물어봤었나 봐요. 그리고 나니 아이가 그 이후 학교에 소문이 퍼지지 않을까 두려워하고 위축되어 있다고 하시더라구요. 그래서 저도 아이를 좀 기다려 줘야겠다고 생각하고 부드럽게 해야

겠다 생각했어요.

상 18: 아이가 초등학교 때 일로 아직도 두려워하고 있네요. 그 부분을 은진 씨도 걱정하고 있구요 (네.) 은진 씨의 이렇게 아이를 위하는 마음이 전달되면 어떨까 싶기도 하네요. (침묵 5초) 이런 사실은 어떻게 알게 되셨을까요?

- 등교거부 행동을 이해하는 데 도움이 되는 자녀 정서를 인식하고 있음을 확인
- 자녀와의 의사소통 방식을 파악하고자 탐색적 질문을 함

내 18: 사실 저는 그전에는 몰랐어요. 그냥 말 안하고 안 일어나길래 그런 줄만 알고 아이랑 싸우고 다그쳤었거든요. 학교상담실도 선생님이 연락 와서 아이가 학교에서 상담받으려고 했다는 거 알게 되어 좀 당황스러웠어요. 이후에 왜 이야기 안 했냐니까 그때 일 다시 이야기하고 싶지 않았다고만 얼버무리더라구요. 그래서 저는 학교에서 상담도 받고 있고 하니까 2학기 되면 학교 갈 줄 알았어요. 그런데 또 다시 안 가고 이야기가 없으니 가려는 마음이 있는 건가 싶어요. 저는 갈 수 있을 것 같은데 아이가 안 가려는 것 같아요.

상 19: 아이가 그래도 자발적으로 상담실을 찾아갔네요. 말수도 적은 친구가 많이 두려웠나 봐요. 그런데 엄마하고는 더 이야기 안 하려고 하니…. (침묵 5초) 은진 씨도 아이가 소문에 대한 두려움이 있다는 걸 아시고 걱정하시면서도 아이가 학교 갈 수 있는데 안 가는 건 아닐까라는 생각도 있으신 것 같은데요. (고개 끄덕임) 그렇게 생각하시는 나름의 이유가 있을까요?

- 내담자 자신과 자녀의 정서 상태에 대한 자각 수준이 다소 피상적임을 확인함
- 내담자의 양가적인 마음(걱정하는 마음과 그럼에도 불구하고 아이가 등교를 했으면 하는 마음)을 명료화하기 위한 탐색적 질문을 함

내 19: 일어나면 집에서는 별반 다르지 않아요. 그리고 친구들과도 연락하는 것 같고 잠깐씩 친구들 만나러도 나갔다 오거든요.

상 20: 아이의 모습을 보면 힘들어 보이지 않으니 아이가 일어나지 않는 모습도, 은진 씨의 이야기에 반응이 없는 모습도 은진 씨가 이해가 안 되니 보기가 많이 힘들고 버거울 것 같아요.

- 자녀의 표면적으로 드러난 적은 정보로 판단하는 내담자 반응을 통해 제한적 인지조망과 공감역량의 한계를 확인함. 첫 회기이기 때문에 추가 탐색보다는 내담자의 정서를 반영하며 따라감

내 20: 네, 보고 있으면 너무 힘들고 화가 나요. 아침에도 일어날 수 있는데 안 일어나는 것 같구요. 저는 의지의 문제인 것도 같아요. 의지만 있으면 학교 갈 수 있을 것 같고 학교는 다녀야지요. 의지가 있으면 갈 수 있는 건데 깨울 때 반응 안 하고 누워 있는 뒷모습이 저를 무시하는 것 같아요.

상 21: 아이가 반응을 못하는 게 아니라 안 하는 거라 생각되시네요. (네.) 아이가 학교에서 소문날까 두려움에 떠는 것도 걱정은 되는데 학교 안 가는 게 더 신경이 쓰이시는 거 같이 보여요. 엄마의 마음이나 아이의 마음을 서로 나눠 보는 시간이 있었을까요?

- 자녀의 등교거부 행동에 대한 내담자의 해석과 아이가 걱정은 되면서도 등교는 해야 한다는 양가적인 마음에 대해 분명하게 직면시킴
- 자녀와의 의사소통 방식을 점검하기 위한 탐색적 질문을 함

내 21: 아니요. 아이 보면 화가 나서 요즘은 제가 말 안 하려고 피해요. 아이 보면 화가 나요.

상 22: 사실 은진 씨는 아이가 두려움이 있다는 것에 대해 분명 걱정하셨는데 지금도 아이에게 화가 나는 것만 표현하시지 아이를 걱정하거나 신경 써 주고 싶은 마음에 대해서는 직접 표현은 안 하시네요. 저는 아이를 걱정하는 은진 씨 마음이 느껴지지만 아이는 엄마가 화를 내거나 화를 참거나 이것만 보면 전혀 모를 것 같기도 해서요. 아이는 현재 엄마를 어떻게 보고 있을지 궁금하네요.

- 내담자의 자녀에 대한 양가적인 마음(걱정하는 마음과 화가 나는 마음)을 다루는 회피적 의사소통 방식을 명료화함
- 내담자(엄마)에 대한 아이의 조망을 추론해 보는 과정을 통해 내담자의 인지조망을 확장하고자 함

내 22: 등교 안 하면서는 저도 화내지만 아이도 가끔 방에 들어가 소리 지르거나 책상을 발로 차기도 하고 그래요. 그러다 소리 내어 울기도 하고…. 그러다 아이도 상담받으면서 좀 더 노력하는 것 같고 저도 상담 신청하면서 이렇게 해서는 더 사이만 나빠질 것 같아서 부드럽게 하려고 해요. 그래서 저도 피하고 나와 버리기도 하구요. 그런데 학교 안 가는 것에 대해서는 아이랑 이야기를 자세히 해 본 적은 없어요. 좋은 이야기도 아니고 이야기하면 싸우게 되니 이야기를 안 하게 되는 것 같아요.

상 23: 아이의 모습이 참고 답답해하다 폭발하는 듯한 느낌도 들고. 운다는 걸 보니 무언가 억울해할 수도 또는 무서울 수도 있으려나 싶어 걱정이 되네요. 거기다 상담 이후 노력하는 모습도 보이는 걸 보면 대견하기도 하구요. 은진 씨도 아이의 노력을 알고 있긴 하시네요. 그런데 서로 피하고 있어 표면적인 노력만 알지 서로를 어떻게 생각하는지 어떤 노력을 하고 있는지 속은 모르고 있어 서로 협력하기는 어려울 수 있을 것 같아요.

- 내담자와 자녀 모두 참다 폭발하는 유사한 감정반응 양식을 보임. 의사소통이 이루어지지 않은 채로 각자 비효율적인 감정처리 방식을 취하고 있어 협력의 어려움을 반영함
- 아이에 대한 상담자의 대리적 공감적 이해를 통해 내담자의 조망을 확장하고 소통의 중요성을 인식시킴

내 23: 제가 아이의 속을 모르듯이… 아이도 제 속을 모를 수 있겠네요. 2학기 시작할 때에 비하면 덜 싸우기는 하는데 애가 정말 왜 안 가려고 하는지, 제가 얼마나 힘든지 알기는 하는 건지… (한숨) 이런 이야기를 안 해 봤네요.

상 24: 아이를 걱정하고 또 위하는 마음을 전하고 서로 협력해 나가는 관계로 회복하려면 준비가 좀 필요할 것 같아요. 지금까지 은진 씨가 아이를 위해 방법을 알려 주고 따라오지 않으면 화내는 모습이 강하게 아이에게 전달되었다면 아이는 잔소리로만 듣고 엄마 속마음을 알아차리기가 어려울 수 있죠. (네.) 혹시 학교상담 선생님을 통해 들은 은진 씨가 미처 몰랐었

던 아이에 대한 이야기가 있을까요?

- 아이와의 원활한 의사소통을 위한 사전 준비 작업의 필요성을 안내
- 어린 자녀입장에서 표현되지 않은 엄마의 선하고 위하는 마음을 인식하는 것의 어려움을 안내하고, 아이를 조율하기 위한 아이에 대한 객관적인 정보 수집을 이어감

내 24: 글쎄요. 그렇게 소문나는 것을 두려워한다는 것도 몰랐고 속을 말 안하는 애인 줄 알았는데 상담 선생님한테는 이런저런 속내를 이야기한다는 것도 알았고. 그때 정신이 없어서 사실 다 기억이 나지도 않아요.

상 25: 무엇 때문에 정신이 없으셨는지 궁금하네요. 그래도 그 와중에 아이가 이런 저런 속내를 드러낸다는 것은 어떻게 아셨어요?

- 자녀의 학교상담 선생님과의 면담을 통해 파악한 자녀에 대한 좀 더 구체적이고 사실적인 정보를 파악하고자 함

내 25: 아이가 좀 위축되어 있고 학폭 사건이 학교 내에서 소문날 것에 대한 두려움이 있다고 하시면서 초등학교 6학년 때 일도 좀 물어보시고 아이가 위축되고 있고 불안해하고 있으니 집에서도 좀 더 편안하게 해 달라고 하시더라구요.

상 26: 아이의 현재 정서 상태에 대한 선생님의 전달사항을 듣고 그래도 선생님한테는 아이가 자기 이야기를 한다고 짐작하셨군요. 아이 상태를 전달받고 어떠셨어요?

- 자녀와의 의사소통의 재료를 확보하기 위해 안내받은 자녀 상태에 대한 내담자의 내적 감정 반응을 확인하는 탐색적 질문을 함

내 26: 내가 생각하는 이상으로 아이가 힘든가 보구나 생각이 들었어요. 걱정되더라구요. 선생님은 아이가 학교에서 어려움이 있는 만큼 집에서 좀 더 편안하게 해 주는 것이 필요하다고 이야기를 하시면서 저와 아이의 관계를 좀 물어보셨어요. 하지만 전 사실 아이 속마음을 잘 모르겠고. (잠시 멈춤) 사실은 제가 등교거부, 그리고 학교상담실에서 연락이 와서 학교에 가니 너무 마음이 콩닥거리는 거예요. 그래서 그날도 마음이 너무 힘들고 아이가 학교 안 가는 게 제가 너무 힘들어 그 이야기를 드렸어요. 그랬더니 선생님이 제가 이렇게 흔들리면 그 마음이 아이에게 영향을 미친다고 하시면서 상담 권하시더라구요. 그런데다 저도 아이가 학교 안 가고 집에 있으면 어떻게 해야 할지 모르겠는 거예요. 너무 화가 나서 자꾸 소리 지르게 되고 그런다고 밖에 나가는 것도 불편하고 그러니까 저도 어떻게 해야 할지 모르겠어요. 밤에는 안 그래야지 하는데 막상 아침에 안 일어나는 아이 보면 또다시 저도 모르게 소리 지르게 되고 밖에 나갈 수도 없고 계속 화가 풀리지도 않고, 화 안 내고 싶은데 아이 보면 화가 나니까 제가 어떻게 해야 할지 모르겠더라구요.

상 27: 아이가 내 생각 이상으로 너무 힘들어함을 전달받다 보니 정신이 없으셨던 거였구요. (네.) 하지만 내가 아는 방법으로는 아이가 변하지도 않고 등교는 계속 거부하니 은진 씨도 힘드

시고 어찌해야 할지 모르는 걸 상담 선생님이 알아주셨네요. 상담을 권해 주시는 것을 보면서 불편하실 수도 있었을 텐데 이렇게 상담을 알아보고 신청하실 수 있었던 이유가 있으실까요?

- 요약진술과 감정반영을 통해 내담자의 내적 반응을 공감해 주고, 상담 신청 의도를 구체화함으로써 아이 초점에서 내담자 자기 초점으로 이동시키고자 함

내 26: 제가 지금 힘든 것이 이상한 것이 아니라는 생각도 들었고 나 혼자 감당할 수 없는 게 맞구나란 생각에 상담을 해 보면 도움이 될까 싶었어요. 아이도 상담하고선 등교를 하는 건 아니지만 참으려고 노력하는 것도 보이고 아이도 도움 받는 게 있어서 그렇겠지 싶어서 상담에 거부감이 들지는 않았어요.

상 27: 아이 상담을 가셨다가 은진 씨의 마음을 알아주시는 선생님의 반응에 조금은 위안이 되셨나 봐요. (네.) 아이도 이런 느낌을 갖고 상담하는 게 아닌가 싶기도 하구요. 은진 씨는 자신뿐만 아니라 상담을 통해 아이한테도 도움 되는 것을 찾고 싶으신 거 같아요. (네.) 본인과 아이에게 가장 필요한 것이 무엇인지 찾아가실 수 있는 것은 은진 씨고 그럴 의사가 있으신 것 같아 제가 도울 수 있지 않을까 싶어요. 제가 이해한 게 맞나요? 혹시 바로 수정이 필요하거나 첨가하고 싶으신 게 있으실까요?

- 학교상담 선생님과의 면담에서 얻은 긍정적인 경험과 아이를 통해 확인한 상담의 효과성을 재진술을 통해 반영해 줌
- 내담자의 상담동기를 명료화해 주고 최종적으로 내담자가 이를 승인하도록 하여 존중의 태도를 전달함

내 27: 네, 선생님 말씀대로예요. 수정할 건 없고 무엇을 첨가해야 할지는 아직 잘 모르겠어요.

상 28: 잘 모르실 수 있으세요. 그걸 알면 여기 안 오셨지요. 원하는 것들과 원하지 않는 것들, 이해되는 것들과 이해 안 되는 것들 언제든지 있는 그대로 이야기해 주시면 은진 씨와 아이에게 가장 필요한 것을 좀 더 효과적으로 찾아갈 수 있거든요.

- '모르겠다'는 내담자의 반응을 타당화해 주고, 좀 더 구체적으로 내담자의 적극적인 참여와 주도성을 촉진하는 안내를 함

내 28: 저는 상담에 오면 선생님이 답을 주시는 줄 알았거든요. 진짜 아이 마음도 모르겠고 저는 못 가는 게 아니라 안 가는 것 같고 그런데 제가 너무 힘들고 화가 치밀고 하니 선생님께 상황을 이야기드리면 이렇게 하라고 방법을 알려주시는 건 줄 알았어요.

상 29: 그러셨군요. 그렇다면 많이 당황하셨겠어요. (아, 뭐, 네, 좀.) 제가 좀 더 상담방식과 과정에 대해 구체적으로 안내해 드렸어야 했는데 부족했나봐요. (아니에요.) 상담에서 문제 내용이 아주 구체적이고 명확할 때는 해결책 제공도 가능하긴 해요. 그런데 은진 씨의 경우는 아이 자체에 대한 이해도, 아이에 대한 은진 씨의 감정 반응에 대한 이해도 필요한 경우라 다양한 각도에서 여러 가지를 살펴봐야 가장 적절한 해결방안을 함께 찾아 나갈 수 있다고

여겨져서 질문이 많아졌네요.

- 내담자의 상담에 대한 기대 및 예상과 불일치하는 경험에 대한 불편해하는 반응을 수용해 주고 공감함
- 상담에 대한 재구조화 작업을 통해 상담자 질문반응의 의도를 이해시킴

내 29: 오늘은 처음 만나는 거라 선생님이 여러 가지 파악하시려고 물어보시나 보다 했어요. 그래도 물어보시는 거에 답하는 게 쉽지 않더라구요. 음 (잠시 멈춤) 지금 이야기를 들으니 내가 생각해 보지 않은 것도 많고, 정말 모르는 게 많구나 싶기도 하네요.

상 30: 아이의 등교거부 상황을 평소에 예상하고 대비책을 준비해 두는 부모는 거의 없어요. 이런 일이 발생되면 그때부터 대부분 원인과 해결책을 생각하기 시작해요. 늦지 않았고 은진 씨가 적극적으로 노력해 오셨고 지금도 노력하고 있으시고 저도 최선을 다해 같이 될거니까 '생각하고 많이 알아가는 은진 씨'가 될 거라 믿어요.

- 낙담하고 자책하는 내담자를 위로하고 격려하기 위해 정상화 반응을 함
- 상담자와 내담자의 치료적 협력관계를 구축하기 위해 '함께' 하는 과정임을 안내함

내 30: 저도 상담 오기 전에도 지난번 온 후에도 여러 생각을 하는데 잘 모르겠어요. 한다고 하는데도 변화도 없고 아이도 반응도 없으니 정말 어디에서부터 뭐가 잘못된 건지 모르겠더라구요.

상 31: 은진 씨가 아이만 탓하는 것이 아니라 나름 이 상황을 해결해 보고자 여러 생각과 시도를 해 봤다는 것이 중요해요. 이번에는 그런 생각과 시도가 보다 성공적일 수 있도록 하는 데 필요한 것들을 함께 찾아보도록 해 보죠.

- 상담에 대한 구조화 작업(상담목표 달성을 위한 전략)

내 31: 네, 듣고 보니 처음부터 찬찬히 다시 시작해 보는 게 필요할 것 같네요. 마음을 들여다본다는 게 익숙지가 않아서, 오늘처럼 하면 되는 건지, 어떻게 하면 되나요? 오늘처럼 하면 되나요?

상 32: 네, 오늘처럼요. '아~ 모르겠다.'로 끝내던 것에서 멈춰서 좀 더 무엇이, 왜 이토록 힘든 것인지를 천천히 꼼꼼히 오늘 살펴보신 것처럼요. 이 작업을 많이들 힘들어하시던데 은진 씨는 힘든 내색 안 보이고 하시더라구요. 익숙하지 않은 것들, 혹은 놓치신 것들은 저도 함께 찾으려 노력할 거구요, 그걸 내 것으로 만드는 건 은진 씨인데 오늘 열심히 하시는 느낌이었거든요. (아, 네.) 앞으로의 상담이 이렇게 진행되는 것에 대해 궁금하시거나 또 다른 희망사항이 있으실까요?

- 내담자의 의존성 및 자기표현에 대한 수동성을 고려하여 앞으로 상담과정(상담 진행방식과 상담자와 내담자 역할)에 대해 보다 구체적으로 안내함
- 내담자가 상담에서 보여 준 진지한 태도에 대해 격려하고, 의문사항과 희망사항을 질문하여 적극적 참여를 촉진하고 존중하는 태도를 보여 줌

내 32: 아니요. 충분해요.

상 33: 언제든지 궁금하거나 요청사항이 있으시면 이야기해 주세요. (네.) 오늘 상담 초반에는 아이의 등교거부 문제에 대한 이야기로 시작했다가, 점차 은진 씨가 이 문제를 어떻게 바라보고 느끼고 있는지를 살펴보는 방향으로 진행되었어요. (네.) 오늘 상담에서 가장 기억에 남는 것은 무엇일까요?

- 상담구조화 작업을 마무리하고, 첫 회기 마무리를 위한 상담내용 요약 정리를 시작함
- 내담자의 첫 회기 상담에 대한 경험을 반추해 보도록 탐색적 질문을 하여 내담자에게 가장 의미있게 남는 부분을 확인하고자 함

내 33: 음. (잠시 멈춤) 이야기를 하다 보니 제가 저희 아이가 등교를 안 한다는 것에만 초점을 맞추고 제가 힘든 것만 봤지, 아이가 힘들어 하는 것을 하나도 이해하려 하지 않았나 봐요. 저는 학교는 당연히 가야 한다고 생각해서 아이가 안 가는 게 문제라고만 생각했던 것 같아요. 한 번도 이런 상황을 생각해 보지 못했고 아이가 워낙 잘했던 아이라서 진짜 쟤가 왜 저러나 생각이 들고 저만큼 힘들지 않아 보이는 아이가 미웠던 것 같아요.

상 34: 은진 씨에겐 너무나 당연하여 의심의 여지가 없는 믿음이 일그러지는 사건이니 받아들이기 힘드실 수밖에요. 요즘에는 대안학교나 가정학습 뭐 이런 대안적 교육이 있지만, 은진 씨 세대는 학교는 마땅히 다녀야 하는 것이라고 가정이나 학교에서 주입교육을 받았을 가능성이 크지 않았을까 싶어요.

- 내담자의 초점이 자신의 받아들이지 못하는 힘든 마음과 그 이유로 이동하고 있음을 확인하고, 자책으로 이어지지 않도록 정상화함
- 내담자의 아이에 대한 강한 통제욕구와 연결될 수 있는 당위적 사고("학교는 당연히 가야 한다.")의 근원에 대한 탐색을 위해 상담자의 가설을 전달해 봄

내 34: 엄마가 워낙 강해서 항상 엄마가 하자는 대로 하면서 살았거든요. 그런데 딱히 뭘 잘하거나 하지는 못했어도 학교는 당연히 가야하는 곳이었구요. 엄마 이야기에 반대도 하고 싶은데 말로는 엄마를 이길 수도 없고 엄마 말이 맞기도 하구요. 그래도 결혼은 엄마가 반대하는데도 했어요. 집도 빨리 나오고 싶었던 것 같구요. 그런데 아이가 한참 안 생기고, 시댁이나 남편과의 일로 제가 힘들어하기도 하니, 그러면 저희 친정엄마가 '역시 너는 내 말 안 들어서 그러는 거다.'라고 이야기하시는 거예요. 그게 언제 적 이야기인데, 그래도 결혼생활하면서 힘들면 딱히 이야기할 곳도 없고 하니까 친정 가서 이야기를 하는 건데 저희 엄마는 그냥 넘어가지를 않고 꼭 이야기하시는 거예요. 자기 말 안 들어서 네가 이렇게 고생하는 거라고. 그래서 저도 아이 잘 키우고 잘 산다는 거 좀 보여 주고 싶었어요. 아이가 안 생겨 정말 마음이 힘들었거든요. 저희 남편이 외아들이다 보니 아이가 없는 게 더욱 눈치가 보이고 힘들었어요.

상 35: 엄마가 강해서 어린 시절은 하라는 대로 순응적으로 살아오셨네요. 그럼에도 불구하고 결

혼만큼은 본인이 선택하셨네요. 그런 결혼이니 보란 듯이 잘 살아 은진 씨의 선택이 맞다는 것을 증명하고 싶은 마음이 컸을 것 같아요. 아이가 잘 따라오고 곧잘 하니까 내 아이를 통해서 어머니의 인정을 받고 싶기도 했겠어요.

- 상담자 34번의 '가정의 주입교육'이라는 자극이 내담자의 친정어머니와 연결되어, '강하고 통제적인 어머니와 순응적이었으나 벗어나고 싶었던 나'라는 대상관계 패턴이 드러남. 상담자는 친정어머니와 내담자의 관계가 내담자와 아이의 관계로 재현되고 있다는 잠정적 가설을 세우고 남은 상담시간을 활용하여 이에 대한 탐색을 시작함

내 35: 네, 그런 것 같아요. 엄마가 진짜 지금도 이야기를 해요. 너는 결혼 잘못했다고. 그런데 저도 후회는 해요. 남편이 외아들이라 제가 너무 힘들거든요. 형님들하고도 남편이 관계가 안 좋고 형님들 입장에서는 아들이라고 대우받았으니 역할을 더 해야 한다는 생각이 있고. (한숨) 결국 그 일을 제가 하게 되는 거니까요.

상 36: 은진 씨도 친정엄마의 의견을 무시할 수 없어 더 속상하시네요. 친정엄마의 위안과 지지가 이럴 때 더 필요하게 되는데 오히려 말 안 들어서 벌 받는거란 식의 평가만 하시니 엄마 말을 더 인정하기도 싫고 보란 듯이 부정할 수 있는 뭔가를 보여 주고 싶은 마음이 커질 수 있었겠어요.

- 재진술과 함께 내담자의 1차 감정 이면에 숨겨진 좌절된 인정욕구에 대한 보상심리와 2차 감정을 가설의 형태로 반영해 줌

내 36: 진짜 저희 엄마가 강해요. 논리적으로 이길 수가 없어요. 그래서 엄마가 하자는 대로 하게 돼요. 저희 집은 다 엄마 의견대로 했어요. 아빠는 일하시고 집안일은 엄마가 하자는 대로 다 했었어요. 엄마가 논리적으로도 딱딱 이야기를 하니 이길 수가 없어요. 그래도 싫을 때가 있잖아요. 결혼도 한 걸 어떡해요. 제가 그런다고 엄마에게 후회한다고 이야기하고 싶지도 않아요. 그냥 힘들어서 이야기하면 좀 들어 주고 넘어가면 될 것을 저희 엄마는 꼭 너 결혼 잘못했다고 못을 박는 말을 하거든요. 싫은데 저도 후회하는 마음이 있으니 반박할 수가 없죠.

상 37: 후회하는 마음이 있다 해도 내 결혼이 잘못된 게 아니란 걸 보이고 싶은 마음은 너무나 자연스런 마음이죠. 근데 시댁 식구들이나 남편이 변하는 걸 기대하긴 힘들지만 아이만큼은 엄마의 인정을 받을 수 있지 않을까 기대할 수 있으셨을 것 같아요. 항상 잘 따르는 아이였다는 말에 자랑스러움이 느껴졌었는데, 이제 좀 더 깊이 이해가 되네요.

- 내담자의 성장사에서 좌절되었던 승인과 인정의 욕구가 자녀의 성취결과와 어떻게 연결되는지를 명료화 함. 이를 계기로 내담자의 상담 초점은 자녀 등교거부 행동에서 내담자의 좌절된 내면 욕구와 그에 대한 보상방식에 대한 초점으로 이동할 수 있는 근거를 마련함

내 37: 그런데다 늦게 얻은 아이기도 하니 잘해 주고 싶었어요. 저희 아이가 좀 느렸었는데 초등학

교 들어갈 때도 빠른 그런 아이는 아이였어요. 그런데 학원 다니고 하는데 초등학교 2, 3학년쯤부터 공부를 꽤 하는 거예요. 그러다 보니 학원에서도 대회 있으면 나가 보자고 하고 또 준비했는데 잘해서 상도 타구요. 주변 엄마들도 어떻게 하면 이렇게 잘하는 거냐고 물어보고는 할 정도였거든요.

상 38: 친정엄마한테 뿐 아니라 타인들에게까지 인정받을 만큼 잘 따르던 아이였으니, 그간 순응하며 다른 사람들의 평가에 민감했던 은진 씨의 위축된 마음이 쫙 펴질 수 있었을까요? (네.) 그랬던 아이였으니 지금 모습은 은진 씨를 좌절시키는 것으로 느껴지고 그래서 받아들이기 힘들 수밖에 없겠다 싶네요.

- 내담자의 좌절된 욕구를 충족시켜 주는 아이였음을 반영하고, 현재 아이의 모습은 자신의 욕구를 다시 좌절시키는 것으로 인식하고 있음을 확인함
- 상담자는 내담자의 욕구좌절과 그에 따른 부정적 감정을 공감해 주면서, 아이에 대한 내담자의 왜곡된 해석을 다룰 준비를 함

내 38: 그런 것 같아요. 받아들여지지가 않아요. 제가 너무 힘들어요. 급히 이사하면서 그 전에 만났던 사람들에게도 대충 얼버무리고 이사했거든요. 그래도 그 사람들도 학교일이라 대충은 알 것 같아서 만나기 싫고 한편으로는 이런 마음으로 피하는 마음 갖는 것도 싫어요. 그래도 저도 나름대로 학교 가서 일 해결하고 이사도 빠르게 한 건데 아이가 예전처럼 학교생활 잘하고 중학생이니 공부도 잘하고 그랬으면 좋겠거든요. 그럴 거라고 생각했었어요. 지금 상황이 제가 한 번도 생각해 보지 못한 상황이에요.

상 39: 그러게요. 내 결정대로 잘 따른 것처럼 문제 상황에서도 엄마로서 빠르게 해결책을 결정했는데 그와 달리 아이가 학교를 안 간다는 것은 은진 씨가 받아들일 수가 없으신 것 같네요. (네.) 그러다 보니 학교를 안 가는 아이 못지 않게 은진 씨의 마음이 힘들어지고, 아이 마음이 어떤지 보기 보다는 빨리 등교를 시킬 수 있는 방법을 찾으셨던 게 아닐까 싶네요.

- 돌보는 방식의 직면을 통해 내담자가 아이의 등교거부 상황을 수용하기 힘든 자신의 이유 때문에, 아이의 힘든 마음을 미처 살피지 못하고 있음을 전달함

내 39: 제가 너무 힘들어서요. 저는 정말 하루하루 등교 안 하는 날수가 계속 머릿속에서 떠나지를 않아요. 담임선생님에게 연락이 오면 뭐라고 해야 할지, 거짓말하는 것도 너무 힘들고 제가 어쩌다 이런 처지가 됐나 싶기도 하구요. 그런데 아이는 별 말도 없고 집에서도 예전과 별 차이가 없거든요.

상 40: 아이가 학교를 안 가는 매일 매일이 은진 씨한테는 긴장과 비관의 시간이었네요. 내 처지가 어쩌다 이렇게 되었는지 답답하기 짝이 없는데 아이는 별반 다르지 않아 보이구요. (네.) 은진 씨는 예전과 어떻게 달라지셨을까요?

- 공감반응과 재진술을 통해 내담자의 심리적 고통을 더 깊이 이해해 줌
- 내담자의 초점이 다시 아이의 등교거부 행동으로 이동하지 않도록 하기 위해 내담자에게 초점화하는 탐색적 질문을 함

내 40: 정말 아이가 학교 공부 잘하고 엄마들도 부러워하고 할 때 기분 좋았어요. 친정엄마에게 힘든 얘기 하러 갈 일도 없고 저를 무시하던 남편에게도 제가 기가 펴지는 느낌이구요. 그런데 지금은 남편은 신경도 안 쓰면서 한 번씩 학교 갔냐고 물어보고 그럴 때 너무 화가 나요. 아빠인 자기는 역할도 안 하면서 꼭 제 책임인 것처럼 갔는지 안 갔는지만 물어보구요. 진짜 저는 아침에 안 일어나는 거 보면 화가 막 치밀어 오르는데 결국 그걸 보는 것도 저고 학교에 연락하는 것도 저인데 저만 이렇게 다 눈치 보고 신경 쓰고 저만 온 신경을 쓰고 있어요.

상 41: 아이와 은진 씨를 걱정해 주는 사람은 없고, 학교 갔나 안갔나에만 관심 가지고 다들 은진 씨 책임과 역할에만 신경 쓰는 것처럼 보인다면, 은진 씨도 아이가 학교를 가도록 하는 것에만 초점을 맞추게 될 수 있을 것 같네요.

- 내담자의 좌절된 욕구와 주변 환경의 압력이 상호작용하여 아이의 내적 상태를 살펴보기보다는 타인들의 부정적 평가적 시선으로부터 벗어나기 위해 아이를 등교시키는 것에만 집중했던 제한된 조망과 대처방식을 공감적 이해반응을 통해 타당화 함

내 41: 네, 어디 이야기할 데도 없고 이걸 어디에 이야기하겠어요. 그런데 집에서 아이랑 하루 종일 있다 보면 이 생각이 떠나지를 않아요. 저는 미쳐버릴 것 같고 하루 종일 너무 힘든데 아이는 저만큼 힘든 것 같지 않거든요. 저에게 밥 달라고도 하고 친구 만나러도 가구요.

상 42: 은진 씨에 비해 아이는 등교를 안 하고 있다는 것에 큰 의미를 두지 않고 있는 걸까요? 엄마 속은 타들어 가는데 아이가 힘들어 하는 것이 안 보이는 이유를 알아보긴 해야 할 것 같아요.

- 내담자의 심정을 공감해 주면서 놓치고 있는 아이의 내적 상태에 대해 살펴볼 수 있는 계기를 마련함

내 42: 아이의 마음을 잘 모르겠어요. 정말 너무 힘들어서 못 가는 것 같지가 않아요. 갈 수 있을 것 같고, 마음먹으면 갈 수 있을 것 같거든요.

상 43: 싫어도 하라는 대로 마음먹고 해 온 은진 씨에게는 아이를 이해하기가 더 어려울 수 있을 것 같아요. 왜 이게 안 되는 거지? 왜 잘 따르다가 안 따르는거지? 답답하기 그지없죠! (네.) 그런데 아이가 등교하기 위해 어떤 마음을 먹으면 이 상황이 바뀔 것 같으세요?

- 자녀의 반응에 대한 내담자의 해석("나보다 덜 힘들다, 갈 수 있는데 안 가는 것이다.")은 여전히 경직되고 부족한 타인조망 수용을 보여주고 있음
- 상담자는 다시 내담자가 아이 초점으로 돌아온 것을 확인하고, 다시 내담자 초점으로 이동하기 위해 내담자의 문제해결 방식에 대한 탐색적 질문을 함

내 43: 진짜 저는 제가 더 힘든 것 같고 아이는 저보다 안 힘들어하는 것 같다고 제가 느꼈던 것 같아요. 그래서 갈 수 있다고 생각하고 제가 마음 다잡고 아침에도 좋게 깨우려고 엄청 애쓰는데 반응이 없으니까 그럴 때 저를 무시하는 것처럼 느껴져요.

상 44: 엄마는 이렇게까지 맘 먹고 노력하고 애쓰고 있는데 말이죠. 아이는 어떤 마음을 먹으면 학교를 다시 다닐 수 있는 걸까요?

- 공감과 함께 상담자의 43번 질문에 내담자가 답하지 않고(혹은 못하고) 있음을 재질문을 통해 부드럽게 직면시켜 초점을 유지함

내 44: 아, 글쎄요… 음. (침묵 5초) '소문나는 것을 두려워하지 않고 학교를 가야 한다.'라는 마음? (침묵 5초) 그냥 학교를 안 가니 화가 난다고만 생각했고 제가 그냥 가족 안에서 좀 더 화를 낸다고만 생각했는데 이야기를 하다 보니 제가 이렇게 화가 나는 거에 대해서 제 마음만 생각한 걸까요?

상 45: 아이가 학교를 다니는 쪽으로 마음먹어줬으면 하는 바람은 있으신데, 구체적으로 먹어야 하는 마음이 어떤 것인지는 아직 명확하지 않은 상태네요. 어쩌면 아이와 소통하지 않고서는 정확하게 먹어야 하는 마음이 어떤 것인지 알기가 어려울 수 있지요.

- 내담자가 아이에게 기대하는 마음은 크지만 구체적으로 아이에게 어떤 것이 필요한지에 대한 이해가 부족하다는 것을 직면시킴
- 문제해결을 위한 타인조망 수용을 위해 아이와의 의사소통의 필요성을 전달함

내 45: 음. (잠시 멈춤) 그러네요. 오늘 이야기를 하다 보니 제가 아이가 저를 잘 따르고 잘 했던 것이 되게 좋았고 제가 부모로서의 역할을 잘 하고 인정받는 게 되게 좋았던 것 같아요. 그러다보니 지금의 상황을 받아들이는 게 힘들고 제가 더 위축되고 안절부절 못하게 되고 아이는 자꾸 안 힘들게 느껴져 화가 나구요.

상 46: 은진 씨가 이렇게 스스로 깨달아 가시는 모습이 인상적이에요. '나의 인정욕구를 채워 주는 아이여서 참 좋았던 만큼 실망도 컸다는 것, 그래서 빨리 이전으로 돌리려 맘이 급해지고, 안 돌려지니 화가 났다.'는 말씀이 우리 상담의 첫 단추를 훌륭하게 끼우셨다고 생각돼요.

- 호소문제와 관련된 내담자의 내적 욕구로 초점을 명확히 이동시키고자 재진술을 통해 명료화 및 격려를 함

내 46: 제가 저만 힘들다고 생각을 했었는데, 지금도 아이의 마음은 잘 모르겠지만 저만 힘든 것은 아니라고, 저만 힘들다는 생각이 저를 더 화나게 한다는 것을 기억하면 좀 덜 화가 나지 않을까 싶은데, (잠시 멈춤) 막상 아이를 보면 쉽지는 않을 것 같아요.

상 47: 분명 쉽지 않을 거예요. (네.) 아이의 마음을 다 알 수 없어 여전히 답답하기도 하구요. (네.) 하지만 오늘 은진 씨는 이전과 달리 답답하고 화나는 상황을 들여다보고 스스로를 더 이해하게 된 부분은 기억하실 수 있을 거예요. (네.) 순간 기억을 잃어버려 아이에게 화를 내더

라도 그저 내가 또 까먹었구나 라고 생각만 하셔도 성공이라 생각해 주세요.

- 상담과정을 통해 내담자가 자신에 대해 이해한 부분을 다시 격려하고, 예상되는 욕구좌절과 그로 인한 부정적 감정을 조절하는 어려움을 정상화함. 이를 통해 상담자의 평가적 시선에 대한 염려와 자기효능감 저하를 예방함

내 41: 네, 알겠어요. 아이의 마음을 알아 갈 수 있으면 좀 덜 답답할 것 같아요.

상 42: 네, 아이의 마음을 알 수 있는 기회가 곧 올 것 같아요. 그걸 기대하며 다음 주에 뵐게요.

내 42: 네, 다음 주에 뵐게요.

- 긍정적인 기대 격려하고 다음 회기 안내

부록 3. 청소년 사례에 대한 사례개념화 및 상담목표와 전략 수립 모범답안

1 실습 사례에 대한 사례개념화를 위해 탐색해야 할 사항

1) 내담자가 상담을 신청하게 된 결정적 계기(사건)와 관련된 내용

내담자 자퇴요구, 보호자 관찰에 의한 무기력감과 우울감 보고, 첫 회기 탐색과정에서 자살사고 확인

→ 내담자는 현재 학교생활에 대한 회의감과 부정적 정서를 많이 경험하고 있음. 수면패턴을 포함한 그 밖의 신체화 증상 확인 필요

→ 자기 진로를 위해 자퇴를 요구하고 있으나, 진로와 관련된 뚜렷한 계획이나 방향성은 확인되지 않고 있음

그에 따른 상담개입 전략

1. 자퇴를 원하게 된 과정, 내담자 요인(인지, 정서, 행동), 환경적 요인(학교생활, 또래관계, 학업성취 과정과 결과 등) 그리고 부모와의 관계 요인들의 상호작용 측면을 탐색하고 개입 필요
2. 자퇴요구와 등교거부(촉발사건) 과정을 확인하고 결정적 원인 탐색
3. 현재 인지 및 정서 상태 평가를 위한 심리검사 실시(종합심리진단평가 권장). 내담자의 적응능력을 저해하는 정서에 대한 약물치료의 필요성 확인

2) 내담자 현재 호소문제 〈호소내용은 내담자 언어로 기술〉

(1) 신체 · 생리적 측면: "아무 것도 하고 싶지 않아요." "잠이 안 와요." "힘이 없어요."

그에 따른 상담개입 전략

1. 내과적 문제와 신체화 증상에 대해 탐색하고 의학적 치료개입 필요성 파악
   1) 증상의 원인이 체인성인지 심인성인지 확인하고, 심인성 원인일 경우 부정적 신체 감각을 변화시킬 수 있는 신체감각 운동 치료적 접근 필요
2. 심리적 소진 현상을 완화할 수 있는 긍정적인 신체 · 심리적 자원 발굴 및 활용 방안 마련

(2) 인지적 측면

① 자기에 대한 신념: '학교 교육이 의미가 없는 나' '입시를 준비하기에는 이미 늦은 나' '진로를 결정하고 싶은 나' '하지만 아무것도 하고 싶지 않은 나'

② 타인에 대한 신념: '말 안 통하는 엄마와 관심 없는 아빠' '등교를 시키기 위해 관심을 가지고 챙기는 담임 선생님'

③ 미래와 세상에 대한 신념: '학교를 계속 다니면 내가 생각하는 진로준비가 뒤처질 거다.' '불확실한 진로방향성' '상담해도 안 바뀔 거다.'

그에 따른 상담개입 전략

1. 내담자 자기정체감 형성을 위해 필요한 자기이해 자료와 형제나 또래 관계에 대한 추가적인 탐색 필요
   1) 부정적 신념과 연결된 욕구 명료화 작업
   2) 인지조망 확장 작업: '이미 진로 결정에 있어서 늦었다.'는 자기신념과 현재 고2라는 상황에 대한 높은 불안감에 대한 현실적인 검증 작업 필요
2. 자기이해를 바탕으로 한 진로욕구와 사고를 체계적으로 정리하고, 유연하고 합리적 의사결정과정을 조력
3. 청소년 발달과정에서 보편적으로 겪을 수 있는 내적 갈등과 외적 충돌에 대한 심리교육을 통해 역기능적인 자의식 조절

(3) 정서적 측면

① 자신에 대한 감정: 우울, 무기력, 불안, 무흥미, 무관심

② 타인에 대한 감정: 부모님에 대한 실망감과 원망감("말이 안 통한다." "원래 그렇다." "해봤자다.")

그에 따른 상담개입 전략

1. 감정에 대한 타당화 작업: 내담자의 부정적 감정의 원인에 해당하는 욕구좌절 사건을 파악하고, 좌절된 욕구와 연결하여 감정(1차 감정과 2차 감정)을 명료화하고 교정적 정서체험 제공
2. 욕구와 감정에 대한 자기표현역량 증진을 위한 실제적인 의사전달 훈련 실시

(4) 대처행동적 측면

① 등교거부

② 진로 탐색에 대한 욕구는 있으나 실질적인 실천준비 행동 없음

그에 따른 상담개입 전략

1. 등교거부 행동 이면의 욕구 명료화 및 존중
2. 등교거부가 자기욕구 충족에 미치는 영향(득과 실)을 구체적으로 점검
   1) 진로에 관한 내담자 욕구를 충족시킬 수 있는 현실적인 방안을 모색
   2) 문제해결의 절차적 지식을 점검하고 취약점 보완 필요
3. 진로 실천준비 행동을 방해하는 내적 · 외적 요인을 구체화하고, 방해요인에 대한 제거 및 완화 방안 마련
4. 자기 선택의 근거에 대한 타당성 점검 및 선택에 대한 책임의식 강화

(5) 대인관계적 측면

① 부모와 대화 단절

② 부모와 협력적인 관계에 대해 회의적

③ 사회적 회피: 친구들과 간헐적인 만남과 교류

그에 따른 상담개입 전략

1. 부모면담 및 교육실시: 부모가 내담자를 이해할 수 있도록 돕고, 효과적인 의사소통에 대한 구체적인 교육 실시
2. 내담자의 의사소통 패턴에 대한 객관적 조망 작업
   1) 이전에 경험한 부모와의 갈등 사건을 재구성하여 효율적인 새로운 방식으로 소통할 수 있도록 모델링(역할연기, 빈 의자 기법 등)
   2) 부모가 전달하는 내용을 욕구차원으로 암호해독(decoding)하는 훈련 실시
3. 사회적 지지 체계 재구축 작업
   1) 자의식 발달과 심리적 위축으로 인해 관계 안에서 자기를 노출시키고 개방하는 것의 어려움을 공감적으로 이해
   2) 사회적 불편감과 관련된 구체적인 사건 혹은 생각을 탐색하고, 이에 대한 인지 재조직화 작업
   3) 유사한 진로방향성을 가진 새로운 인적 네트워크 마련(동아리, 진로준비 학원 동료 등)

3) 내담자의 과거력과 발달사의 주요 내용

1. 2남 중 둘째, 맞벌이 부모
   1) 외가 친척들의 도움을 받은 것으로 보이나, 주 애착 대상자과의 관계가 불안정하지 않았을까 예상됨
2. 내담자의 내성적이고 소극적인 기질적 특성을 충분히 조율하지 못한 양육 환경으로 인해 관계욕구 충족이 어려웠을 수 있고, 자기감 발달이 부족했을 것으로 예상됨
   → 부모면담을 통한 추가적 탐색 필요

그에 따른 상담개입 전략

1. 주 양육자와의 관계 탐색을 통해 내담자의 애착유형과 인지 도식(자기와 타인에 대한 신념, 미래와 세상에 대한 신념 그리고 삶의 질에 대한 결론)을 파악하고, 현재 내담자 삶의 방식과 호소문제에 미친 영향을 이해할 수 있도록 함
2. 부모와 내담자의 의사소통을 원활하게 조율하고 갈등완화를 위한 부모-자녀 상담회기도 필요할 수 있음

4) 인지기능 및 유전적 소인 내용

생물학적 기질적 취약성 미확인

그에 따른 상담개입 전략

1. 부모면담을 통해 내담자의 전반적인 발달력과 우울 취약성의 요인으로 작용할 수 있는 가족력 등에 대한 파악 필요
2. 기질적 강점과 취약점을 파악할 수 있는 객관적인 심리검사 실시하고, 현재 내담자 상태에 대한 이해를 돕는 근거자료로 활용

5) 내담자의 생활환경과 문화적 배경 특성

1. 어렸을 때부터 맞벌이였던 부모님
2. 초등학교 행사에 부모가 아닌 이모가 대신 참석
3. 형과의 갈등상황에서 내담자에게 가해진 공격행동을 중재해 주는 대상 부재
4. 내담자의 주양육자 혹은 애착대상은 부모가 아닐 수 있음

→ 추가적인 탐색이 필요

그에 따른 상담개입 전략

1. 가족환경이 미치는 영향 파악
   1) 경제적 · 현실적 · 심리적 돌봄의 방식과 가족 의사소통 방식이 내담자에게 미치는 영향을 이해하고 개선방안 모색
   2) 내담자가 가진 이상적인(ideal) 가족이미지와 현재(real) 가족 모습의 차이를 탐색하고 차이를 줄일 수 있는 현실적 방안 마련
2. 주변 환경(거주 지역 환경과 학교환경)의 영향 파악
   1) 사회문화적 존재이고 또래의 영향이 크게 작용하는 청소년 발달 단계적 특성을 고려하여 내담자가 호소하는 문제 이해 필요

6) 내담자 개인 및 환경의 보호요인(강점 및 잠재력)과 방해요인

※ 개인 및 환경요인에 대해 아래 제시된 것 이외에 더 많은 내용을 여러분들이 찾아보시기 바랍니다. 또한 활용 및 개선방안도 개인 및 그룹작업을 통해 찾아보세요. 제시된 것 이외에 더 많은 내용을 여러분들이 직접 찾아보고, 활용 및 개선방안도 개인 및 그룹작업을 통해 마련해 봅니다.

개인요인		환경요인	
보호 및 촉진자원	취약 및 방해요인	보호 및 촉진자원	방해 및 위험요인
진로결정에 대한 욕구	진로에 대한 부족한 정보	부모의 상담에 대한 관심	빈약한 부모자녀 관계
활용방안	개선방안	활용방안	개선 및 조절(제거)방안
예시: 적극적인 진로탐색과 이를 학업과 연결지을 수 있는 요인 탐색 가능	예시: 진로 정보 수집 경로와 방법에 대한 심리교육을 제공하고 스스로 필요 정보를 찾아보는 체험 마련	예시: 부모를 상담자의 조력자로서 초대하고 협력관계를 유지하여 청소년 내담자의 환경적 보호요인 확보	예시: 부모 면담 및 교육을 통해 자녀의 진로탐색에 대한 지지와 정서에 대한 공감역량 강화
보호 및 촉진자원	취약 및 방해요인	보호 및 촉진자원	방해 및 위험요인
자기정체감 형성 과정에서 경험할 수 있는 성장통	무기력, 우울과 불안 등 지배적인 부정정서	교류하고 있는 또래	입시 준비라는, 내담자와의 다른 진로발달 과정을 밟고 있는 또래
활용방안	개선방안	활용방안	개선 및 조절(제거)방안
보호 및 촉진자원	취약 및 방해요인	보호 및 촉진자원	방해 및 위험요인
관심을 보이는 진로(웹툰 작가, 요리사, 래퍼 등)	자신에 대한 이해 부족(기질과 성격 등)	관심과 돌봄을 제공하고 있는 담임 선생님	교육열이 높은 지역에 거주
활용방안	개선방안	활용방안	개선 및 조절(제거)방안

2 사례개념화(내담자에 대한 통합적 이해)

<상담경위 혹은 신청계기(촉발사건)>
내담자는 자퇴를 요구하고 있으며, 학교생활에 대한 전반적인 부적응을 보여 부모님을 통해 의뢰된 비자발적인 내담자다.

<촉발사건과 그 결과-필요시 좀 더 자세히 기술>
부모 면담을 통해 파악한 상담에 오기 전 상황은 다음과 같다. 내담자는 초 · 중학교 때까지는 특이할만한 부적응 양상은 없었으나, 고1 여름 방학 전부터 잦은 조퇴, 병결이 늘고, 농담처럼 자퇴의사 표현하다가, 1학년 2학기 후반부터 이유 없이 등교를 안 하기 시작했다. 부모의 대화와 훈육은 효과가 없었으며 자퇴이유와 이후 계획에 대한 구체적인 답변을 듣기 힘든 상태다. 고 1, 2학년 담임 선생님들의 등교 유도에는 다소 반응하여 출석일수 미달을 해결하고 있는 상황이다. 부모 보고에 따르면, 우울감이 있는지는 모르겠고 게임하며 친구들과 대화할 때는 매우 즐거워 보인다고 했다.

<주 호소문제>
내방 당시 파악된 내담자 호소문제는 다음과 같다. 신체 · 생리적으로는 밤낮이 바뀌어 피곤하고 수면의 어려움을 겪고 있으며, 인지적으로는 '이미 늦은 나, 빨리 진로 결정을 해야 하는 나' '나에게 관심 없는, 말이 안 통하는 부모'라는 부정적이고 회의적인 신념을 가지고 있다. 정서적으로 짜증, 무기력, 불안, 좌절감을 경험하고 있으며, 대인관계는 협소해진 상태다. 등교 거부를 지속적으로 요구하고 있으나, 자신의 진로에 대한 적극적인 문제해결식 대처행동은 부족하다.

<근원원인 및 유지요인과 그로 인해 내담자가 현재 받고 있는 영향>
호소문제의 근원 및/혹은 유지요인을 살펴보면 다음과 같다. 내담자는 2남 중 둘째이며 주도적이고 진취적인 형과는 달리, 어릴 때부터 유순하고 손이 많이 가지 않는 아이로 자랐다. 맞벌이 부모는 자녀 양육을 근처에 사는 내담자 이모에게 맡겼으며, 이 과정에서 기질적으로 순응적인 내담자는 자기욕구 보다는 환경에 순응하며 맞추는 적응 방식을 발달시켰다. 이는 내담자의 자기 욕구에 대한 자각을 어렵게 했으며 욕구충족 행동 결핍을 초래하여, 현재 자기 정체성과 긍정적 자기상 형성의 어려움을 경험하고 있다. 또한 내담자는 주변 환경적 지지자원에 대한 인식이 없으며, 자기 진로에 관한 욕구는 있으나 구체적인 실현 방안을 마련하지 못하여 무기력, 짜증, 불안과 같은 부정정서가 지배적인 상태이다.

〈내담자가 받은 부정적 영향과 관련된 핵심욕구〉

내담자는 진로에 있어 스스로 선택한 것을 성공적으로 성취하고자 하는 자율성과 유능성 욕구가 두드러진 상태다.

〈내담자 강점 및 활용방안〉

현재 내담자는 청소년기 진로 결정과 학교 적응에 어려움을 겪고 있으나, 진로탐색 욕구와 현재보다 나아지고자 하는 성장동기를 보이고 있다. 또한 내담자의 안위에 관심을 가진 부모와 담임교사의 존재는 환경적 보호요인으로 활용할 수 있을 것이다.

〈내담자 이해를 바탕으로 한 상담 방향성〉

동기적 욕구를 포함한 생물-심리-사회적 모델에 기반한 본 상담에서는 내담자의 진로 자율성과 유능성 욕구를 충족시키기 위해 다음의 상담방향성을 설정하고자 한다. 내담자의 진로 욕구를 명료화하고 합리적인 진로의사결정 과정을 조력한다. 이를 위해 개인 내적·외적 보호 및 촉진요인을 발굴하고 활용방안을 마련하고, 방해요인 및 위험요인을 조절하고 제거하는 방안을 모색한다. 특히 부모와의 소통 단절문제를 해결하기 위해 부모면담 및 교육을 실시하여 자퇴 여부를 포함한 내담자의 진로결정과정에 협력자로 참여할 수 있도록 돕는다. 또한 가족 내에서 좌절된 내담자 욕구와 그로 인한 부정적 감정에 대한 교정적 정서체험을 제공하여 지배적인 부정정서 상태에서 벗어나도록 돕는다.

3 상담목표와 전략

1) 생물영역의 목표와 전략

(1) 현재 신체적으로 불편한 상태를 점검하고, 생물학적 온전성 확보를 위한 자기관리 역량을 강화한다.

① 진로 욕구 성취와 신체건강 관리와의 연관성을 인식하도록 돕는다.

② 스트레스가 미치는 신체·생리적 영향에 대한 심리교육을 실시하고 신체안정화를 위한 실제적인 훈련(호흡법, 그라운딩, 심상법, 근육이완법 등)을 실시한다.

2) 심리영역의 목표와 전략

(1) 인지 재조직화와 성취경험 확보를 통해 부정적인 자기상과 낮아진 자존감을 회복한다.

① 부정적인 생각과 감정 이면에 존재하는 심리적 욕구와 바람을 명료화하고 부정적인 감정을 조절하는 훈련을 실시한다.

② 욕구와 바람을 충족시킬 수 있는 자기 주도적 활동 방안을 마련한다.

③ 학습된 무기력에 대한 재귀인 훈련과 효율적 과업수행 훈련을 통해 현재 자신에게 필요한 과업에 대한 집중력을 높인다.

(2) 자기이해를 바탕으로 한 자기 주도적 진로탐색, 결정과 실천행동을 시작한다.

① 성격과 진로에 대한 객관적 데이터를 확보하기 위한 심리검사를 실시한다.

② 진로정보를 수집하는 방법과 절차에 대한 심리교육을 실시한다.

③ 가능한 진로방향성과 순위를 결정하고, 진로타당성을 확보하기 위한 가용자원을 발굴하고 활용한다.

④ 진로준비 실천행동을 방해하는 요인에 대한 현실적 대응방안을 마련한다.

3) 사회영역의 목표와 전략

(1) 가족 의사소통을 회복시켜 진로결정 과정에서 보호요인으로 활용한다.

① 부모에게 기대하는 희망사항을 구체화하고 정확하게 전달할 수 있는 의사소통 기술을 훈련한다.

② 부모면담과 교육을 통해 자녀이해를 돕고, 상담의 조력자로 초대하여 자녀 회복을 위해 담당할 수 있는 역할을 부여하고 격려한다.

(2) 내담자에게 학교환경이 미치는 영향을 다각적으로 점검하고, 학업지속 여부를 결정한다.

① 내담자의 학교경험을 구체화하고 활용할 수 있는 긍정자원을 발굴한다.

② 학교 교육과정에 대한 심층적 이해를 돕고 희망하는 진로와의 연관성 및 유익점을 찾아보도록 한다.
③ 자퇴를 결정할 시 종합적인 검토를 통해 자기선택에 대한 책임의식을 인식하게 하고, 이후 진로준비에 대한 구체적인 계획을 마련하고 실천하는 과정을 조력한다.

부록 4-1. 청소년 사례에 대한 상담자 A 언어반응 해설

- 상담자 언어 반응 아래 표 안의 내용은 상담자 반응 의도에 대한 설명임

상 1: 성현이한테 정식으로 인사할게요. 상담자 이세형이에요. 나는 대학원에서 상담심리를 전공했고, 현재 이곳에서 성현이 같은 친구들을 많이 만나고 있는 상담자예요. 혹시 상담자인 나한테 궁금한 게 있을까요? (아니요.) 앞으로 궁금한 게 있으면 언제든지 물어봐 주세요. 우선 나는 성현이 도움을 받아 확인하고 싶은 게 있어요. 좀 전에 어머님이 하신 성현이 학교랑 공부, 진로 이야기에 대해 성현이는 동의를 하는지 궁금해요. (쓴웃음) 성현이가 직접 바로잡아 줄 내용이 있을까요?

- 라포형성을 위한 상담자의 자기 개방
- 어머니와 다른 생각을 가질 수 있음과 내담자 생각을 존중하는 태도 전달

내 1: 글쎄요.

상 2: 아, 나는 성현이 찌푸려진 미간과 씁쓸한 웃음을 보니까 동의가 안 되고 바로잡고 싶은 게 많을 수도 있겠다 싶더라구요. 내가 듣고 있다가 왠지 성현이가 답답하고 억울할 수도 있겠다 싶어서 성현이한테 직접 확인하고 싶었어요.

- 비언어적 메시지를 활용하여 내담자를 이해하고자 하는 상담자의 마음을 전달하고, 적극적인 상담 참여를 촉진함

내 2: 그냥 뭐 좀 그렇죠. (한숨, 침묵 10초)

상 3: 한숨이 무겁게 느껴지네요. 상담이 처음이라 어디서부터 어떻게 말해야 하나 막막할 수도 있어요. 무리하지 말고 천천히 바로잡고 싶은 거 떠오르면 이야기해 줘요. (네.) (잠시 멈춤) 그럼 막간을 이용해서 아까 들었던 비밀보장에 대해 약간의 추가 설명을 하고 갈까 하는데 괜찮겠어요? (네.) (사전 동의서를 보여 주면서) 상담의 제1원칙 중 하나가 '사생활 보호의 원칙'이에요. 상담실에서 나눈 모든 이야기에 대해 비밀이 지켜지지 않는다면 누가 여기서 이야기하겠어요? 성현이는 부모님께 알리는 걸 원해요? (고개 저으며) (아니요.) 그렇죠, 비밀보장은 되어야 해서 어머니께 먼저 양해를 구했고 동의하셨죠. 일단은 우선적으로 비밀보장의 원칙을 제가 따내기는 했어요. (유머스러운 톤으로) 성현이가 조금 편하게 이야기할 수 있도록 돕고 싶어서. 그런데 여기 보면 비밀보장 예외 원칙이 있죠? 성현이가 미성년

자라서 보호자에게 알려야 하는 상황이 벌어질 수도 있거든요. 타인에게 해를 가하거나 자신에게 해를 가하는 상황에 대한 것은 제외예요. 이런 상황에 해당하는 게 뭐가 있을 것 같아요?

- 비자발적인 내담자의 초기 상담에서는 상담자의 적극적인 안내가 필요함
- 상담의 비밀보장 원칙과 예외사항에 대한 구조화 작업에 내담자 참여를 독려하기 위한 질문을 함

내 3: (침묵 5초) 잘 모르겠어요.

상 4: 타인한테 해를 가하는 건 누군가를 죽이러 가야겠다 또는 누군가에게 폭력을 행사할 계획이 있다 이런 것들인데 혹시 해당사항이 있을까요? (으… 그런 적 없어요.) 좋아요. 그럼 스스로 죽으려 하거나 자기 몸에 자꾸 흔적이 남을 정도의 상처를 내는 일은? (조금 기다려 줌) 혹시 이야기해 줄 수 있는 게 있을까요? (책상만 보고 있음) 자살이나 자해는 성현이가 겪고 있는 힘겨움의 크기를 반영하는 것일 수 있어서 돕고 싶고 도와야 하고, 건강한 성현이로 살 수 있도록 하기 위해 심각한 자해나 자살생각 혹은 시도는 비밀보장을 못 하게 되어 있어요. 내가 직접 도울 수 없다면 다른 사람들한테 알려서라도 도와야 해서 비밀보장을 못 하는데 이해할 수 있나요? (아, 네… 뭐…) 100프로 보장 못 해 준다는 건데 내키지 않는 건 아니구요?

- 청소년 내담자에게 무거운 주제를 무겁지 않게 다가가지만, 정확한 정보전달과 비밀보장 한계에 대한 안내를 하고 내담자 반응을 확인함

내 4: 네, (떨떠름한 표정으로) 못 하게 되어있다면 어쩔 수 없죠.

상 5: 그럼 조심스럽게 물어보고 싶은 게 있는데… 혹시 자살생각, 자살시도, 자해, 이런 단어 들을 때 거북하지 않았어요?

- 자실 또는 자해에 대한 내담자의 반응 혹은 태도 관찰은 매우 중요함. 내담자의 경우 무덤덤한 반응이 '익숙함'을 의미할 수도 있다고 추론하고 탐색적 질문을 함

내 5: 네, 별로요.

상 6: 사실 이런 단어에 불편해하는 경우도 많은데, 성현이는 별 반응이 없고 무덤덤하게 보여요. 그 이유가 따로 있을까요?

- 내담자의 비언어적 반응을 반영하고 그 의미를 탐색함

내 6: 그냥 익숙한데.

상 7: 그냥 익숙하다… 음… 혹시 성현이한테 익숙하다는 걸까요?

내 7: (침묵 5초)

상 8: 이런 단어들이 익숙해질 만한 경험들이 있었던 걸까? (잠시 멈춤) 아니라고 말을 안 하네. 혹시 경험이 있었다면 언제일까요? (기다려 줌) 최근에도?

- 비자발적인 내담자라는 사실과 다루기 무거운 주제라는 것을 고려하되, 직접적으로 확인해야 하는 중요한 사안이기 때문에 차분히 질문을 이어감

내 8: (작은 기어들어 가는 목소리로) 네.

상 9: 많이 힘들었구나. 너무 힘들다 보니 다른 해소방법을 생각할 수 없었던 게 아닌가 싶은데… 지금 엄마가 보시는 것보다 성현이가 훨씬 더 힘든 상황일 수 있겠다 싶어요. (기다려 줌) 최근이라면 언제인지 물어봐도 돼요?

- '자살생각, 시도, 자해'라는 단어에 대한 최근 경험이 있었음을 확인했기 때문에 구체적인 사실적 정보 파악을 이어가야 함. 그러나 위험 행동을 선택하게 되는 보편적 이유에 대해 간략하게 그리고 침착하게 안내하여 내담자의 방어적 반응을 예방함

내 9: 어제도….

상 10: 어제도요? (끄덕 끄덕임) 어제에 대해 좀 이야기해 줄 수 있어요? (침묵 5초) 혹시 다친 데는?

내 10: 행동까지는 아니었구요… 생각만….

상 11: 생각만? 그 생각에 대해 함께 나누어 줄 수 있어요?

내 11: 그냥 이렇게 살아서 뭐 하나 (잠시 멈춤) 죽어야겠다. 죽고 싶다 정도….

상 12: 많이 괴롭고 힘든 생각이네. '이렇게 살아서 뭐 하나.'라는 말이 나한테는 '지금과는 다른 삶을 살고 싶다.'로 들리기도 해요. 지금과 다른 삶을 산다면 어떻게 살고 싶은 걸까요?

- 상담자 10번과 11번 반응은 내담자의 인정 반응이 구체적으로 무엇을 의미하는지를 파악하기 위한 추가적인 탐색적 질문임
- 상담자 12번 반응은 자살사고의 구체적인 내용("이렇게 살아서 뭐 하나?")이 확인된 상태에서 또 다른 질문을 이어가기보다는 부정적인 자살사고를 욕구차원으로 치환하여 긍정적인 내담자 삶의 욕구와 접촉을 시도함

내 12: (침묵 6초. 약간 눈시울이 붉어짐)

상 13: 성현이 마음을 누군가와 나누는 것이 힘들 수 있어요. 안 해 봤으면 누구나 그래요. 천천히 이야기할 수 있을 때 하면 돼요. (네.) 눈물 참는 것도 왠지 익숙해 보이네요. 뭐가 이렇게 성현이를 힘들게 하고 있을까. (기다려 줌) 성현이가 혹시라도 상담을 지속한다면 나는 성현이가 자기가 살고 싶은 삶을 선택하고 만들어 가는 모습을 보고 싶고 그렇게 할 수 있도록 함께 뛰고 싶어요. 그렇게 하려면 상담기간 동안 자살시도 안 하겠다는 생명유지 서약을 해야 하는데 할 수 있겠어요?

- 비자발적인 청소년 내담자이고 부모와의 대화단절을 선택하고 있는 점을 감안할 때, 자기 속마음을 나누는 것이 익숙하지 않고 어려울 수 있다고 추론하고 이에 대해 타당화함
- 내담자가 희망하는 삶에 대한 상담자의 관심과 돕고자 하는 선한 마음을 전달하고, 안전한 상담을 위한 생명유지 서약(자살방지서약)의 필요성을 안내함

내 13: 찌질해서 어차피 실제 하지도 못해요. 용기도 없어요. (침묵 5초)

상 14: 성현이는 그렇게 생각하고 있구나. 난 성현이가 찌질해서 못 하는 게 아니라 성현이가 원하는 삶에 대한 희망을 아직 붙잡고 있어서 시도를 안 하는 것일 수도 있다고 여겨져요.

- 내담자의 자기평가절하 반응을 그대로 수용하기보다는 그 안에 담겨 있는 숨은 욕구를 반영해서 긍정자원으로 활용할 수 있는지 살펴보고자 함

내 14: (침묵 5초) 그런지 잘 모르겠어요.

상 15: '아니다.'라고는 안 하네요. 모르겠다는 말이 맞을지도요. 그럼 뭐가 맞는지 알아볼 필요가 있겠어요. 내가 원하는 삶에 대한 바람이 아직 꺼지지 않아서라면 죽는 것은 진짜 억울해지는 일이니까! (내담자 고개만 숙이고 있음) 상담하려면 스스로를 해하지 않고 생명을 유지한다는 서약을 해야 하는데 할 수 있을까요? (계속 고개 숙이고 있음) 설령 저랑 상담을 안 하더라도 사인은 전 받으려구요. 그렇다고 상담을 강요하는 건 아니에요. 지금 당장 부모님한테 이야기하는 것도 아니구요. 한 번 만나고 종결인나 해도 지살방지를 위한 생명유지에 대해서만은 사인을 우선 하는 거예요. (머뭇거림) 생각할 시간이 필요하면 이야기해요. (바로 싸인함) 붉어졌던 눈시울이랑 지금 사인하는 모습에서 성현이가 분명 자신을 저버리지 않을 사람이라고 느껴져요.

- '모르겠다'라고 일관된 대답을 하는 청소년 내담자의 반응은 명확하게 '아니다'라는 부정반응과는 질적으로 차이가 있는 반응임. 아직 어떠한 방향으로 결정 내리지 않은 상태라는 것이기 때문에, 상담자는 '모르겠다'는 반응을 반겨 주고 알기 위한 과정을 함께 해 보자고 초대함
- 생명유지 서약을 다시 한 번 더 부드럽게 강조함으로써 안전한 상담을 위한 준비를 강화함
- 내담자의 서명행동과 내담자 12번의 비언어적 감정반응을 연결하여 내담자의 삶에 대한 욕구를 재반영함

내 15: 음… 모르겠는네. (멋쩍은 표정, 침묵 6초)

상 16: 괜찮아요. 모르니까 여기 왔죠. 상담실에서 이런 거 할 거라고 생각해 봤어요? (고개 저음) 지금 힘들거나 지루하거나 그런 건 아닌지? (괜찮아요.) 아, 다행이네. 성현이가 말이 없어서 지금 이 시간들이 힘들거나 지루한 건 아닌가 싶어서 조금 걱정하고 있었는데.

- 내담자의 사전 동의서에 사인을 하는 태도와 상담자의 반응에 조금씩 자발적으로 반응하는 모습을 보고 상담에 적극적인 참여를 촉진하기 위해 내담자의 현재 태도를 확인함

내 16: 아니에요. 원래 말을 별로 안 해요.

상 17: 말을 하기보다 듣는 편이라고 생각하면 되나? (네.) 지금까지 말은 별로 없었지만 표정이나 자세는 듣고 있다고 느낄 수 있었어요. 듣고 있었다니 반갑고 고맙네. (어색한 미소) 아, 그럼 아까 처음으로 돌아가서 시작할 때 물어봤던 거 기억해요?

- 비자발적이고 평소 자기표현이 부족한 청소년 내담자들은 성인 내담자에 비해 적극성이 떨어지며 자신을 설명하는 것을 어려워하기 때문에, 상담 초반에는 내담자를 한없이 기다려 주기보다 상담자가 리드해 주는 것이 더 효과적임. 상담이 진행되면서 내담자가 상담자와의 상호작용 패턴에 익숙해지면 점차적으로 내담자에게 주도권을 넘기고 따라가며 조율하는 방향으로 이동하는 것이 필요
- 상담 회기 주제를 초점화하기 위한 질문을 함

내 17: 네.

상 18: 엄마가 말씀하신 것에 대해 성현이가 생각하고 느낀 것이나 바로잡을 부분이 있으면 좀 들어보고 싶네요.

내 18: 짜증나요. 계속 졸업만 하래요.

상 19: 아, 졸업만 하라는 말에 짜증이 나는구나. 나름의 이유가 있을 텐데. 성현이한테는 졸업만 하란 것이 어떻게 해석되는 거예요?

- 부모의 '졸업만 하라'는 말에 대한 내담자의 인지적 평가를 확인하여 부모와의 의사소통에서 일어나고 있는 갈등의 양상을 파악하고자 함

내 19: 아, 몰라요…. 졸업장만 따라는데… 그게 저한테 필요가 없는데. 의미도 없고, 그런다고 좋을 게 하나도 없는데.

상 20: 우와, 성현이가 좀 더 자세히 이야기해 주니까 성현이 생각을 좀 알게 돼서 너무 반갑네요. 음… 성현이는 졸업장이 전혀 의미가 없는데 자꾸 졸업장 이야기만 하니까 짜증이 많이 나고, 전혀 이해받지 못한다고 느껴질 거 같네요. 어떤 이유로 성현이한테는 졸업장 자체가 의미가 없는 걸까요?

- 내담자의 진전된 참여태도가 상담자에게 긍정적인 영향을 준다는 것을 전달하여 참여 동기를 강화함
- 내담자 입장에서의 생각과 감정을 공감하고, 내담자의 '졸업장'에 대한 의미를 파악하기 위한 탐색적 질문을 함

내 20: 음… (침묵 4초) 공부는 이미 늦었고 제가 생각하고 있는 웹툰 작가나 래퍼가 졸업장이 필요한 건 아니잖아요. 차라리 그림 그리고 음악 하는 게 낫죠.

상 21: 아, 성현이는 나름 진로에 대한 계획이 있는데 지금의 학업으로는 도움이 안 된다고 생각을 하고 있었구나. 공부는 늦었지만 미술이랑 음악에 대한 흥미가 있나 보다. 자퇴 후 이런 것들을 할 생각이 있다는 걸 엄마도 알아요?

- 청소년 내담자가 질문에 대한 적절한 대답을 잘 못 하는 경우, 내담자에게 긍정적으로 인식되는 것에 대한 생각이나 정서 탐색을 먼저 해 주면 좀 더 편하게 이야기할 수 있음

내 21: 말했어요. (얼굴 찌푸려지며) 근데 고등학교 다니면서 하래요.

상 22: 표정 보니 절대 동의 안 되는 말이네. (네.) 사실 친구들이 절대다수가 다 다니는 학교라서

부모님도 '학교를 다녀라.' 하는 것이 분명하긴 할 텐데, 성현이한테는 다르게 들리나 봐요. 성현이는 그 말이 구체적으로 어떻게 들려요?

- 내담자 상황에 대한 보편적인 해석과 내담자의 주관적인 해석을 구별하고 인지적 조망확장을 위한 준비를 하는 탐색적 질문을 함

내 22: 하지 마라. 웹툰이고 랩이고 하지 마라.

상 23: 아, '학교를 졸업해라.'가 '웹툰이고 랩이고 하지 마라.'라고 들리면 내 생각이 거부된 거니까 많이 화날 텐데. (기다려 줌, 무응답) 성현이가 이 영역들을 얼마나 좋아하고 준비하고 있는 건지 내가 잘은 모르지만 학교 때문에 시간 낭비란 생각이 계속 올라오면 많이 힘들 것 같아요. (잠시 멈춤) 그래서 성현이한테 의미 없게 느껴지는 학교가 가기 싫고 말도 하기 싫은 거였나 보다.

- 내담자의 인지적 해석, 그에 대한 감정 반응과 의미 없는 것을 지속해야 하는 싫은 마음을 깊이 이해하고 공감해 주는 것은 상담자의 존중하는 태도를 전달하는 것이고 라포를 형성하는 반응임

내 23: (눈시울 붉어짐, 5초 침묵)

상 24: 마음껏 울지도 못하고 계속 눈만 빨개진다. 여기서는 울어도 되는데, 많이들 그러는데, 성현이가 오늘 나를 처음 만나서 우는 게 좀 민망하게 느껴질 수도 있을 거 같기도 하네요. 집에서도 이리 참는 일이 많은 걸까요?

- 비언어적 반응을 반영해 주고 평소 내담자의 감정처리 방식을 탐색함. 상담을 처음 하는 비자발적 청소년 내담자가 상담 첫 회기에 눈물반응을 노출하는 것은 상당한 심리적 부담과 수치심을 경험할 수 있음. 감정반응을 허용하는 상담자의 반응은 전달하되, 첫 시간에 너무 많은 감정이 준비되지 않은 채로 드러나는 것은 지양하는 게 더 효과적임

내 24: 집에서는 방에서 혼자….

상 25: 에휴. 혼자 얼마나 답답하고 속상하면 그럴까? 여기는 창피한 일도 없어요. 여기 휴지 보이죠? 다른 건 떨어져도 휴지는 절대 안 떨어지게 하거든요. 얼마든지 눈물 흘려도 되는 곳. 다른 곳에 비해 그래도 눈물이 자연스러운 곳이라 편하게 해도 돼요.

- 휴지에 대한 언급을 통해 자연스런 감정반응을 노출하는 것을 정상화함

내 25: (소리 없이 참는 듯이 눈물 흘리며 침묵 20초)

상 26: 성현이 지금 어때요? (괜찮아요.) (침묵 5초) 오늘 꼭 하고 싶은 이야기 있었어요?

- 내담자가 내적 정서와의 접촉을 힘들어하는 것으로 확인되었기 때문에, 현재의 생각과의 접촉을 시도함

내 26: 아니요. 딱히.

상 27: 그럼 여기 올 때 얘기할 것도 없는데 온 거라면 정말 싫었거나 지금 불편한 건 아닐까 싶어서.

- 소극적이며 동기가 없이 비자발적으로 참여한 상담에서 어떤 내적 경험을 하는지 탐색 시작

내 27: 아무 생각 없이 와서… 별로…. (말끝을 흐림)

상 28: 싫거나 불편하지 않다면 다행이다. 자꾸 내가 말을 놨다 높였다 하죠? 성현이랑 친해지고 싶은가 봐요. 처음에는 높임말이 익숙했는데 자꾸 말이 놔지네. 혹시 말을 편히 놓으면 불편할까요?

- 상담자가 라포 형성을 위해 청소년 내담자에 대한 호감 전달하고 친근한 호칭과 어미사용에 대한 허락을 구함

내 28: 괜찮은데요.

상 29: 그럼 말 높였다 낮추었다 나도 모르게 왔다갔다 좀 할게요. 좀 더 친해질 기회가 생긴다면 아마 완전히 놓을 수도 있어요. 그런 기회가 온다면 좋겠네. 하지만 이건 성현이의 선택이라 혹시라도 오늘 상담이 많이 불편하면 꼭 이야기해 줘요. 상담이란 것이 누가 하란다고 하면 더 하기 싫어지는 거라 성현이가 상담을 원치 않으면 내가 어머니에게 잘 설명하고 설득시킬 수 있어요. 상담 마지막에 물어볼게요. 성현이도 오늘 꼼꼼히 나를 살펴봐요. 이 사람이 과연 함께할 만한 사람인가 아닌가.

- 참여 동기가 없었던 청소년 내담자이므로 상담지속 여부를 스스로 결정하는 것을 오늘의 상담목표(구체적이고 명확하고 행동적인)로 제안함
- 부모와의 관계에서 내담자의 '자율성에 대한 욕구'가 좌절되고 있는 상황이기 때문에, 스스로 결정하는 경험을 상담에서 제공하는 것은 내담자 욕구를 충족시키는 긍정적인 경험이 될 수 있음

내 29: 어~ 네. (힐끗 한 번 쳐다 봄. 상담자가 웃으니 살짝 미소)

상 30: 웃는 거 보니 내가 썩 별로는 아닌가 보다. 미소 띤 얼굴이 가만히 있을 때랑 매우 다르게 느껴지네요. 미소가 미운 사람이 어디 있겠냐마는 성현이 미소가 호감이 가네. 이런 이야기 하면 이 선생님이 왜 이러나 이 표정으로 볼 만도 한데 미소를 지어 줘서 고맙네. 그럼 나도 성현이한테 무언가 하나라도 기억될 수 있는 하나를 주고 싶은데. 혹시 오늘 원하고 바라는 게 있을까?

- 언어적 표현을 어색해하거나 서툰 내담자의 경우, 비언어적인 반응을 면밀히 관찰하여 반영하고 상호작용을 이어가는 것도 효과적임

내 30: 그런 거 없어요.

상 31: 엄마가 가자고 해서 왔으나 여기 있는 것이 불편하지는 않고, 허나 바라는 건 없다 하고… 이건 원하고 바라는 게 없다는 걸까요? 아니면 기대해 봤자 안 될 거라고 결론을 내려서 아예 생각을 안 하는 걸까요?

- 내담자의 단순한 언어적 반응에 담겨진 의미를 구체적으로 생각해 볼 수 있도록 촉진함. 이는 내담자가 자기 내적 욕구 혹은 사고를 스스로 살펴보고 깊이 이해할 수 있도록 조력하는 개입임

내 31: 기대를 안 하는 건데요.

상 32: 기대하는 것은 있었나 보구나. 그런데 기대해 봤자라 생각하는 거고.

- 내담자가 사용하는 단어 혹은 표현을 세밀하게 파악하여 내담자의 기대나 생각을 읽어 줌

내 32: 네. 어차피 안 바뀌니까.

상 33: 무언가가 안 바뀔 거라고 결론을 내렸네. 그렇다면 바꾸고 싶은 게 있었다는 걸 텐데. 기대하는 게 있으니 실망도 포기도 했겠죠. 기대했었던 게 뭐였을까요?

- 부정적 사고에 대한 공감도 가능하였으나 이전에 반복되었을 수 있는 부정적인 관계패턴을 알아 줌으로써, 공감적 이해반응을 대신하고 부정적 사고 이면에 있는 기대 혹은 바람을 탐색함

내 33: 그런 거 없어요. 그냥… 어차피 말이 안 통해서.

상 34: 아. 시도해 본 적도 있었나 보네. 기대감이 없는 게 아니라 아예 체념한 듯이 들려요. 누구랑 어떤 말이 안 통한다는 걸까? 대충 짐작은 가는데 내가 혼자 다 추측하면 안 되니까, 성현이한테 직접 들어야 오해가 없을 듯해요.

- 내담자는 기대가 좌절되었던 경험들을 통해 내린 결론에 머물고 있음. 그러나 상담자는 부모와의 상호작용 과정을 구체적으로 탐색하고 좌절이 반복되는 원인을 파악하기 위한 개입의도를 전달함. 이는 치료적 협력관계를 구축하는 방법이기도 함

내 34: 제가 뭘 하고 싶은지 관심이 없어요. 말이 안 통해요.

상 35: 아직 관심도 필요하고 도움도 필요할 텐데. 답답하고 섭섭하기도 할 것 같다. 누가 관심이 없는 걸까? 부모님이? 엄마가?

- 부모의 지원과 도움이 필요한 청소년기 발달단계의 특성을 언급하며, 관심과 지원을 받지 못한 내담자의 감정을 반영해 줌
- 부모님과의 구체적인 상호작용을 탐색하기 시작함

내 35: 둘 다. 엄마는 무조건 졸업만 하라 하고. 아빠는 그냥 원래 말을 안 하니까.

상 36: 그래도 엄마랑은 말은 안 통해도 이야기를 해 보긴 했었는데, 아빠랑은 이야기해 본 적이 없어요?

- 내담자 반응에 대한 재진술

내 36: 아니요. 그냥 할 말이 없는데….

상 37: 그래도 아빠하고의 관계 친밀도를 '중상'이라고 썼는데! 아빠랑 사이가 안 좋은 것은 아닌

거 같고… 중상이 뭐를 말하는 걸까? 할 말도 없는 사이면 '하' 또는 '중하' 이렇게 쓸 거 같거든요.

- 내담자의 아빠와의 관계에 대한 반응이 불일치함('할 말이 없는 관계'이나 '친밀도'는 '중상')을 직면함
- 상담자가 사전에 내담자가 보고한 내용(친밀도)에 대해 구체적으로 살펴보고 임했다는 것은 내담자를 존중하고 있음을 간접적으로 전달

내 37: 어릴 때는 아빠랑 레고도 했고 여행도 다녔었는데 중학교 이후 할 말이 없어져서.

상 38: 아빠랑 어릴 때는 교류가 있었구나. 중학교 이후 아빠랑 말이 안 통하게 되면서 할 말이 없어진 거예요?

- 아빠와의 관계양상의 변화 원인을 탐색하기 시작

내 38: 아니요. 그냥 아예 말 할 일이 없어서 대화를 안 했어요.

상 39: 아, 아빠랑 이야기를 안 해 봐서 아빠가 성현이의 지금 현재 상태를 어떻게 생각하는지 아예 모르겠구나. (고개 끄덕) 그래서 아빠가 성현이한테 관심이 없다고 생각하게 된 걸까?

- 내담자의 단순한 대답을 그냥 지나치지 않고 구체화하는 작업을 통해 내담자가 아빠 모습을 어떻게 이해하고 해석했는지 탐색함

내 39: 그럴 수도 있겠네요.

상 40: 아빠랑은 이야기를 해 볼 수 있는 상황이 생기면 어떨까 싶기도 하네요. (잠시 멈춤) 그럼 엄마는요? 엄마랑은 말이 안 통하는 경험이 자주 있었던 걸까요?

- 아빠와의 관계 탐색을 지속할 수 있으나 1회기의 비자발적 내담자에게는 더 깊은 탐색은 불편하게 다가갈 수 있음. 후속 상담 작업의 가능성을 남기고 엄마와의 관계경험에 대한 탐색적 질문으로 넘어감

내 40: 그냥 항상 그랬는데… 고등학교 졸업장 이야기만. 뭐든지 다 원하는 대로 하는데 졸업만 하래요. 기승전 졸업.

상 41: 성현이는 그 말 들었을 때 어땠어요? (침묵 5초) 원하는 대로 하라면서 졸업장은 따야 한다는 말이?

- 부모님의 '졸업 요구'에 대해 일어나는 내담자의 내적 사고와 감정을 탐색. 내담자의 내적 반응을 탐색하려고 할 때 대체적으로 침묵이 자주 발생하는 것을 확인하고 상담자는 천천히 부드럽게 진행함

내 41: 모순이죠. 말이 안 되죠.

상 42: 졸업장을 따려면 내가 원하는 걸 도저히 할 수 없으니까?

- 상담자의 반응은 내담자의 반응을 쫓아가야 함. 내담자 40번의 반응을 반영하여 상담자가 내담자를 경청하고 이해하고 있음을 전달

내 42: 음… 뭐…. (침묵 5초)

상 43: 아… 성현이가 확답을 안 해 주네. 졸업장을 딴다고 꼭 원하는 걸 못한다고 생각하는 게 아닐 수도 있는 것일까? (침묵 5초) 성현이가 원하는 건 정확히 무엇일까요? 물론 아까 웹툰 또는 래퍼 이런 이야기를 듣긴 했는데 구체적으로 무엇을 어떻게 원하는 것인지 궁금해져요. 좀 들어볼 수 있을까?

- 대답을 안 하는 상황이 반항적이고 적대적인 태도이기보다는 자기 평가나 탐색에 대한 사고 과정이 부재하여 발생하는 반응 경향성이라 생각함. 따라서 보다 자세한 안내를 통해 생각할 주제를 전달함

내 43: (멈칫거림. 침묵 5초)

상 44: 내가 성현이한테 너무 무리한 부탁을 했을 수도 있겠다.

- 내담자의 일관된 소극적 태도가 상담자 질문에 대한 부담감과 불편감 때문인지를 탐색함

내 44: 아니에요. 막상 저도 정리가 안 돼서.

상 45: 충분히 시간을 가질 수 있어요. 생각해 보고 이야기해 줘요. 난 그때까지 기다릴 수 있어서.

- 내담자가 침묵 자체를 불편하게 느끼지 않도록 상담자는 충분히 기다려 줄 수 있음을 알림

내 45: (손가락을 만지작거리며 고심하는 모습. 침묵 15초)

상 46: 내가 도울 수 있는 게 있으면 돕고 싶은데… 생각지도 않은 자리에 와서 본인 생각을 나누어 달라고 하니 얼마나 어렵겠어요.

- 내담자가 상담자의 질문에 반응을 못하고 있는 자신을 창피해하거나 상담자에게 미안한 마음이 들지 않도록 내담자 입장을 공감해 줌

내 46: 잘 모르겠어요. 뭘 해야 하는지도… 그림도 내 맘대로 그려지는 것도 아니고 이미 늦은 거 같은데.

상 47: 아. 이미 늦었다는 생각이 있구나. 진짜 여러 의미가 포함된 거 같은데. 진로결정이 늦었다고 생각하는 건지 아니면 새로운 걸 배운다는 게 늦었다고 생각하는 건지. 아까 뭘 해야 할지 모르겠다는 이야기를 들으니… 막막하기만 할 거 같고. 무언가 빨리 시작해야 할 거 같아 조급할 거 같고. 허나 현실은 아무것도 못 하고 있어 답답하고 자괴감도 들 거 같고. 하지만 그럼에도 불구하고 무언가를 찾고 싶어 하는 것 같은데. 내가 제대로 이해했나요?

- 청소년 내담자의 경우 자신의 내적 갈등을 언어로 충분히 표현하기 힘들어할 때가 많음. 상담자가 내담자의 혼란스러운 내면을 깊이 공감적으로 이해하는 반응을 해 주고 내담자를 통해 이해의 정확성을 확인함

내 47: 네. 맞는 것 같아요. (고개만 조금 끄덕)

상 48: 그렇구나. 내가 그냥 성현이 입장에서 최대한 이해해 보고 한 말이긴 한데… 성현이의 이런

생각은 정말 답이 쉽게 나오는 것이 아닌데 나눌 사람도 없고 방법도 모르겠으니 지금 막막해서 더 힘들겠구나 싶어요. 그래서 마음대로 하라는 엄마 말이 하나도 달갑지 않았을 수 있겠다.

- 현재 내담자의 어려움이 충분히 고민될 만한 것이고 얼마든지 경험할 수 있는 것임을 타당화해 줌
- 내담자에 대한 일치적 동일시를 통해 깊은 공감적 이해반응을 함

내 48: (눈물 글썽)

상 49: 많이 답답했겠다. 막막하고. (눈물) 성현이가 무언가 해 보고 싶은 마음이 있는데 그게 잘 안될 때는 원하는 만큼 답답해질 수도 있지. 원하는 마음이 있고 나아갈 방향만 알면 웹툰이건 래퍼건 해 볼 수 있을 것 같은데. 졸업장은 왜 그리 꼭 따라고 하는지 엄마 이야기는 들어봤어요? (네.) 엄마가 뭐라 하셨을까?

- 내담자의 비언어적 눈물반응의 의미를 반영해 주고 내담자의 진로에 대한 욕구와 생각을 읽어 줌
- 내담자의 진로 좌절의 원인으로 작용하고 있는 모(母)의 불승인을 구체적으로 살펴보기 위한 탐색을 시작함

내 49: 고등학교 졸업장이라도 있어야 알바든 뭐든 한다고. 고등학교 졸업장이라도 없으면 당장 스무 살 부터 어떻게 살아갈 거냐고.

상 50: 엄마의 그 말이 성현이 입장에서는 어떻게 들렸어요?

- 모(母)의 주장에 대한 내담자 이해 혹은 반응을 살펴봄.

내 50: 틀린 말은 아닌 거 아는데 내가 하려는 것은 졸업장이 별 상관이 없긴 해서. 물론 졸업하고 부모 지원이 끊긴 상태에서 내가 하고 싶은 걸 해서 돈 벌 수 있을 정도의 실력을 갖추지 못한다면 다른 일을 찾아봐야겠죠. 그때 고졸이라도 되어야 알바라도 하기 쉽겠죠.

상 51: 엄마 말이 아예 틀린 건 아닌데 성현이 입장과는 맞지 않는다는 거구나. 고등학교 졸업장 없이 고생하며 살까 봐 엄마는 걱정 돼서 무조건 졸업장은 따야 한다 하실 수도 있겠다. (그럴 수도요.) 그럼 성현이는 웹툰이나 래퍼 관련 준비를 어떻게 하고 있어요?

- 모(母)의 입장과 본인의 입장이 다를 수 있음을 반영하고, 모(母)의 입장에 대해 이해는 하지만 수용할 마음은 없음을 확인
- 내담자의 진로계획 및 준비행동에 대해 탐색 시작

내 51: 아직 시작하지도 못했어요. 딱히 하고 있는 것도 없어요. 그냥 많이 보고 듣고 하는 정도

상 52: 아직! (잠시 멈춤) 아까 그래서 뭘 해야 할지 모르겠다고 했구나. 엄마는 성현이가 아무것도 안 하는 것처럼 보이니까 졸업이라도 하라고 하시는 걸 수도 있겠네요. (그럴지도요.) 성현이도 아직 확신을 갖고 뛰어든 건 아니어서 이러지도 저러지도 못하고. 그래서 학교를 완전히 안 가는 건 아니었나 보다. 담임 선생님이 부르면 가긴 간다고 하던데. 이건 담임 선생님

봐서 나가 주기만 하는 건 줄 알았는데 다른 이유도 있을 수 있겠네요. 이를테면 아직 졸업을 포기하고 꿈을 좇는 구체적인 방법을 찾지 못해서 졸업을 아예 포기할 수는 없고, 나름 심사숙고하는 과정일 수도 있겠다고 이해되네요. 내가 제대로 이해했나요?

- 상담시간이 얼마 남지 않은 상황에서 첫 회기 동안 나눈 내담자의 진로에 대한 욕구, 생각과 감정 및 대처행동을 통합적으로 정리하여 반영해 줌
- 내담자가 직접 표현하지 않은 내적인 생각과 선택행동 이면의 마음을 읽어 주고 내담자를 통해 확인 작업을 함

내 52: 분명하지 않는 상태인 건 맞는데 심사숙고 그 정도는 아닌 거 같은데. 그렇게 좋게 제가 행동하고 있는지는 모르겠어요.

상 53: 자퇴를 요구하지만 자퇴가 결정된 사람처럼 막 하고 있는 건 아니잖아요. 나름 신중한 모습이라 여겨지는데, 그럼 성현이는 본인의 태도를 어떻게 생각하고 있을까요?

- 내담자의 부정적 자기평가에 대한 진술과 상반되는 상담자가 발견한 내담자의 긍정적인 측면을 반영함
- 자신을 바라보는 내담자의 부정적 시선은 자존감 저하와 자기불신으로 이어지기 때문에, 이후 상담의 중요한 주제로 생각함. 이후 작업을 위한 사전 질문을 함

내 53: 결정도 못하는 게 바보 같아요. 짜증나고.

상 54: 성현이가 고민하는 시간마저도 바보 같다고 생각한다면 짜증나겠네요. 내가 볼 때는 워낙 중요한 결정이고 나름 신중하게 선택하느라 자퇴를 확정짓지 못하는 것일 수도 있다고 생각해요. (네.) 그런데 성현이가 이리 고민하고 있다는 것을 알지 못하는 사람들한테는 '대책 없고 생각 없다.'고 오해받을까 조금 걱정도 되네요.

- 긍정적인 자기 평가에 익숙하지 않은 내담자의 반응을 그냥 흘려보내지 않고, 내담자가 새로운 시각으로 자신의 태도와 대처행동을 볼 수 있도록 내적 반응을 명료화함

내 54: 그런 말 많이 들었는데. 생각 좀 하고 살아 보라고.

상 55: 생각이 없는 것이 아니라 자신에 대해 많은 생각을 하고 있는 건데. 구체적인 방법이나 방향을 모르는 거지 알면 어떻게든 할 마음도 있고. 이렇게 나누면 부모님과도 함께 방향을 찾을 수 있지 않을까 싶기도 해요.

- 내담자의 편향되고 왜곡된 자기평가적 진술을 다른 각도에서 긍정적인 측면을 반영해 줌. 청소년기 발달과정에서 자기정체성 확립을 위한 진지한 숙고의 시간을 가지는 것에 대한 격려와 앞으로 부모와의 의사소통 개선에 대한 희망 고취를 함
- 청소년 내담자의 경우, 상담 회기 마지막은 긍정적인 내용으로 마무리하는 것이 효과적임. 감정조절역량이 충분히 발달되지 않은 청소년이 부정적 사고와 감정을 제대로 처리하지 않은 채 회기가 끝나면 다음 회기까지 힘든 시간을 보낼 수 있음

내 55: 어차피 엄마는 안 변해요. (확신에 찬 단호한 표정)

상 56: 어머님이 면담에서는 성현이의 일들에 가급적 협조적으로 보였으나 성현이 단호한 표정을 보니 아닌 모습도 있으신가 보다. 하지만 지금 이 대치상황이 변하지 않고 그대로 이어지는 걸 바라는 건 아닌 것 같은데 맞아요?

- 내담자의 좌절 경험으로 인한 무망감과 화를 확인했지만 상담의 마무리 단계이기에 부정적 감정과 연결된 긍정적인 기대감이나 바람을 확인하고자 질문함

내 56: 네, 변할 수만 있으면 나쁠 건 없죠. 아니 좋겠죠.

상 57: '엄마를 바꿀 수 있어요.'라고 장담할 수는 없지만, 성현이가 원한다면 지금 상황들에 대해 변화를 일으켜 보는 시도는 할 수 있다고 장담해요. 상담자인 내가 원해서가 아니라 성현이가 원하고 함께할 수만 있다면! (침묵 5초) 그걸 원한다면 아까 모르겠다던 방법도 찾아보고 부모님과 상의도 해 보고 환경도 바꿔 보고. 하지만 원치 않는다면 성현이가 원할 때까지 기다릴 수도 있기 때문에 아직은 상담이 성현이한테 시기상조라고 엄마에게 말씀드릴 수도 있어요. 성현이가 원하는 대로! 정말 원할 때 하면 그때가 가장 빠르고 지름길을 찾기도 쉬워져요.

- 비자발적 내담자의 첫 회기는 현재 경험하고 있는 문제를 명료화하고, 희망하는 최종 상담결과보다는 상담의 필요성 혹은 참여 동기를 스스로 결정 할 수 있도록 하는데 초점을 둠

내 57: (침묵 5초) 시도를 해 본다고 바뀌는 건 아니잖아요.

상 58: 분명 지금까지 성현이가 쓴 방법과는 다른 방법들로, 그리고 성현이가 원하는 것을 확인해서 그 방향으로 움직일 거라서. 성현이가 잘 모르는 방법들은 내가 이것저것 제안해 보기도 할 거고, 시도해 보는 과정에서 생각지도 못했던 방법을 성현이가 찾을 수도 있고. 그러니까 바뀌는지 안 바뀌는지는 해 봐야 알죠. (침묵 5초) 안 바뀔 수도 있지만 시도 자체가 달라지면 반응하는 사람들도 달라질 가능성이 있으니까요. 쉽지만은 않겠죠. 그러나 브레이크가 걸릴 때마다 나도 같이 노력할 거예요. (잠시 멈춤) 상담 시간이 거의 다 되어 가네요. 성현이가 상담을 할지 말지 직접 말해 줘도 좋고, 집에 가서 충분히 생각해 보고 엄마를 통해 결정한 바를 말해도 괜찮아요.

- 엄마의 변화가능성에 대한 내담자의 회의적 태도에 대한 개입보다는 내담자가 이전에 해 왔던 노력을 존중하면서 동시에 아직 시도해 볼 수 있는 추가적인 노력과 '혼자'가 아니라 상담자와 '함께'하는 노력임을 강조함

내 58: (침묵 5초) 해 보고 싶기도 하고, 어차피 해서 별 변화가 없으면 더 힘들어질 것 같기도 하고. (침묵 5초) 그냥 한 번 해 볼게요. 안 하고 후회하는 것보다는 낫겠죠.

상 59: 지금 상황에서 정말 벗어나고 싶구나. 성현이가 변화를 원하는 마음은 무엇보다 중요한 강력한 무기인데다가 스스로 선택했기에 끈기 있게 밀고 나갈 거고, 나도 성현이가 원하는 것을 얻을 수 있도록 함께 노력해 볼 수 있을 것 같아. 앞으로의 함께하는 시간이 기대된다.

오늘 우리 만남이 성현이한테는 어땠나요?

- 비자발적 청소년 내담자가 스스로 상담을 해 보겠다는 의사를 표현했다는 것 자체가 첫 회기 성과일 수 있음
- 내담자의 문제해결의 의지와 변화에 대한 기대를 성과 있는 상담의 중요한 요인임을 반영하고 격려함
- 경험을 통해 학습해 가는 훈련 차원에서 내담자의 첫 상담 회기에 대한 경험을 질문함

내 59: 그냥 괜찮았어요. 생각보다 좋았어요.

상 60: 그래요. 좋음을 더 크게 만들어 보도록 다음 주에 또 이어 이야기해요. 뭘 바꾸고 싶은지, 어떻게 바꿀지, 그리고 자퇴할지 말지 그에 따라 뭘 대비해야 할지. 나도 성현이에 대해 궁금한 것도 알고 싶은 것도 많아요. (기다려 줌) 그래야 성현이에게 가장 좋고 만족스러운 것이 뭔지를 같이 찾을 수 있을 테니까요. 아휴, 할 게 많네…. 할 게 없을 줄 알고 왔을 텐데…. 그래서 마음 바뀌는 건 아니죠? (피식 웃음) 아직까지는 성현이가 준비할 게 많지는 않으니 가벼운 마음으로 와요. 나는 무엇을 준비해야 할지 열심히 생각해 볼게요. 오늘 상담에서 혹시 남는 게 있다면?

- 앞으로 내담자와 함께 살펴볼 내용과 살펴보는 유익성을 안내함
- 상담자와 함께한다는 것을 강조하고 부담을 가지지 않도록 안심시킴
- 첫 상담 경험을 좀 더 구체화하기 위해 재질문함

내 60: (숙여졌던 고개가 들리고 어깨를 펴며) 처음 말할 때보다는 좀 정리가 되고 마음이 좀 편해졌다?!

상 61: 마음이 편해졌다는 것이 지금 성현이의 몸 어디에서 느껴지는지 한번 살펴볼래요?

- 청소년 내담자의 경우, 외부 자극에 대한 몸 감각(body sensations) 경험과 내적 정서상태에 따른 몸의 변화에 민감하지 않을 가능성이 큼. 외부적인 스트레스 사건이나 상황을 변화시키는 것은 상대적으로 힘들지만, 몸을 통해 내적 상태를 자각하고 안정화시켜 자기 통제감을 가질 수 있도록 돕는 것도 중요함
- 내담자의 고개와 어깨 움직임의 명확한 변화가 드러났기 때문에, 상담 시간 동안 일어난 긍정적 내적 상태의 변화를 스스로 자각할 수 있도록 질문함

내 61: (잠시 멈춤) 몸이요? 그건 잘 모르겠는데요.

상 62: 우리 마음은 항상 몸이랑 연결되어 있어요. 안 좋은 감정이 계속 쌓이면 몸이 아프고 면역력이 떨어지는 것처럼 감정이랑 몸 감각은 같이 움직여요. 앞으로 성현이의 감정과 몸 감각에 관심을 갖는 연습을 해 보면 감정조절을 하는 데 도움이 될 거예요. 앞으로 같이 해 보면 어떨까요?

- 몸 감각과 내적 상태(생각과 감정)의 연결성을 안내하고, 몸 감각의 알아차림의 유익성에 대해 전달함

내 62: 네, 어떻게 하는지 상상은 안 되는데 기분이 나아지는 데 도움이 된다면 좋을 것 같아요.

상 63: 긍정적으로 생각해 줘서 반갑고 좋네요. 나는 지금 이 기분이 심장 쪽 감각으로 느껴져요. 약간 기분 좋게 부풀어 오른 풍선처럼 느껴져요. 성현이도 다음 한 주 동안 좋을 때도 힘들 때도 자기 몸에서 일어나는 반응을 살펴보면 자기 상태를 알아차리는 데 도움이 될 거예요. 나는 다음 한 주 동안 성현이의 현재 처한 어려움과 불편감을 어떻게 하면 정확히 이해하고 해결해 나갈 수 있을지 고민해 볼게요. 다음 주에 서로 할 것 해 와서 만나 보자구요. (네.)

- 상담자가 제안한 몸 감각 훈련에 대한 내담자의 긍정적 수용을 강화하기 위해 상담자는 직접 몸 감각 자각과 표현을 모델링함
- 다음 회기까지 내담자와 상담자가 각자 서로 기울일 수 있는 노력을 넌지시 설명함으로써 '함께'하는 상담임을 강조함

• 상담 시간 예약과 예약 변경 등에 대해 안내하고 마무리

부록 4-2. 청소년 사례에 대한 상담자 B 언어반응 해설

- 상담자 언어 반응 아래 표 안의 내용은 상담자 반응 의도에 대한 설명임

• 첫 회기 상담내용

전화를 통한 상담접수 및 예약과정에서 어머니(보호자)의 호소 문제를 간략히 경청. 이 과정에서 비밀보장의 원칙과 청소년 내담자와의 관계형성의 중요성을 안내함. 첫 상담에서는 청소년 내담자를 먼저 만나고 이후 보호자를 만나는 방식으로 구조화. 첫 상담실 방문 시 어머니와 내담자를 잠시 동안 함께 인사하고 내담자와 상담을 진행함

상 1: 성현 학생~ 안녕하세요. 저는 상담자 이세형이에요. 오늘 어머니랑 이곳을 방문했는데 좀 낯설기도 하고 그렇지요. 저는 성현 학생 오기 전에 지난주 어머니가 전화주셔서 잠시 이야기 나누고 오늘 성현 학생 오는 것 알고 있었는데 성현 학생은 오늘 오는 것에 대해 어머니랑 어떤 이야기들 나누었을까요?

- 라포형성을 위한 상담자 소개 및 인사
- 상담센터 방문에 대한 내담자 사전 경험을 탐색하는 질문을 함

내 1: 별 (잠시 멈춤) 음 (잠시 멈춤) 이야기한 거 없어요.

상 2: 어머니랑 이야기 나눈 게 별로 없군요. (네.) 그러면 오늘 오는 것이 좀 불편했을 수도 있겠어요.

- 비자발적 내담자의 라포형성을 위해 상담센터 방문에 대한 내담자의 불편감을 공감적으로 이해해 줌

내 2: 그냥. (잠시 멈춤)

상 3: 성현학생이 상담받으러 오는 건데 어머니랑 자세히 이야기 된 것도 아니니. (잠시 멈춤) 오늘 오면서 오기 싫기도 하고 좀 짜증도 났을 수 있을 것 같은데…. (침묵 5초) 어머니가 어떤 이야기하며 오자고 하셨어요?

- 내담자의 침묵을 관찰하고 내적 불편감을 증폭시키지 않기 위해 그리고 부모와의 상호작용 양식을 탐색하기 위해 질문함

내 3: 그냥. (잠시 멈춤) 상담 받으라구요.

상 4: 아이고~ 그냥 상담 받으라고만 하셨군요. (살짝 고개 끄덕임) 그래서 성현이는 뭐라고 했어요?

- 내담자의 불편감에 대한 관심을 유지하면서 부모와의 상호작용 방식에 대한 질문을 이어감

내 4: 음 (잠시 멈춤) 아무 말도…. (침묵 6초)

상 5: 아무 말도는 (잠시 멈춤) 아무 말도 안했다는 거지요? (네.) 성현이가 상담에 오는 건데. (잠시 멈춤) 그냥 설명도 없이 상담 받으라고만 하면 오기 싫기도 하고, 하고 싶은 말도 있었을 것 같은데… (침묵 5초) 성현이가 아무 말도 안 했다고 하니 무엇 때문이었을까, 어떤 마음이었을까 궁금한데. (잠시 멈춤)

- 내담자의 비자발성 및 상담에 대한 태도(비언어적 행동)를 세밀하게 관찰하고 내담자의 부정적 감정을 상담자가 적극적으로 반영해 주고 불편감을 더 드러내도록 하기 위한 질문을 함

내 5: 음. (잠시 멈춤) 이야기하면 싸우니까요.

상 6: 아이고, 그랬군요. 성현이가 하고 싶은 이야기가 있기는 한데 이야기하면 엄마랑 싸우게 될 것 같아서 아무 말도 안했군요. (네.) 성현이가 하고 싶었던 이야기는 뭐였어요? (침묵 6초) 상담 받으라고 할 때 성현이가 하고 싶었던 이야기는 무엇이었을까요?

- 상담에 오기까지의 내담자 경험에 대한 직접적인 표현을 재진술하면서, 내담자의 원함(wants)에 대한 상담자의 관심과 존중의 태도를 전함. 이는 치료적 협력관계 형성에 있어 기초 작업이라 할 수 있음

내 6: 저는 상담받을 필요 없다고 생각해요.

상 7: 아~ 성현이는 상담이 필요하지 않다고 생각하는군요. (고개 끄덕임) 그러면 진짜 오늘 오기 싫었겠어요. 필요치도 않은데 이야기하면 싸우게 될 것이라 아무 말도 안하고 온 거니. (잠시 멈춤)

- 상담에 대한 내담자의 심리적 불편감을 공감적으로 반영해 줌

내 7: 그냥 뭐. (침묵 6초)

상 8: 그냥이라고 이야기하는 성현이의 모습을 보니 지쳐 보이기도 하고 싫어도 내 마음대로 되는 것도 아니니 그냥 포기한 듯도 싶고…. (침묵 6초) 상담은 오늘처럼 저랑 성현이가 하는 건데. (잠시 멈춤) 당사자인 성현이는 상담이 필요하다고 여기지도 않는데…. (잠시 멈춤) 하지만 이야기하면 엄마랑 싸우게 될 것이라 성현이가 할 수 있는 건 그냥 아무 말 안하고 오는 거군요.

- 내담자의 비언어적 행동(침묵, 표정, 고개 숙임)을 세밀하게 관찰하고, 그것에 담겨 있는 내담자의 내적 갈등과 선택한 대처방안을 반영해 줌. 상담자가 내담자의 입장에서 이해하고 수용하는 태도를 전달할 때 협력관계가 형성될 수 있음

내 8: (침묵 8초)

상 9: 그러게요. 성현이는 상담이 필요치 않다고 여기는데 어머니는 상담받았으면 싶어 하시더라구요. 지난주 어머니가 상담센터로 전화하셔서 상담신청도 하셨고 그때 어떤 부분 때문에 성현이가 상담받기를 바라시는지도 잠시 이야기 나눴는데 어머니는 성현이가 고등학교 졸업하기를 바라시더라구요. (한숨) 이 이야기를 들으니 성현이가 절로 한숨이 나오는군요. (고개 숙임. 침묵 5초) 성현이 지금 무슨 생각해요?

- 상담 주체인 내담자에 대한 관심표현과 내담자를 상담의 장 안으로 자발적으로 임할 수 있도록 상담연결 과정에 대해 진솔하게 공유함. 이는 상담자가 어머니와 내담자는 개별적 존재라고 인식하고 있으며, 내담자의 욕구와 생각을 존중하고자 한다는 것을 전달함
- 내담자의 한숨이라는 비언어적 행동관찰에 대한 반영을 통해 상담자가 적극적으로 경청하고 있음을 전달함

내 9: 그냥… (침묵 7초) 아무 생각 없어요.

상 10: 성현이는 상담 받을 필요도 없다고 생각하는데 엄마에게는 말해도 이야기도 안통하고 이렇게 상담까지 받으라고 하니 답답하지요. (침묵 5초) 어머니가 상담 신청하신 이야기를 들으니 성현이가 힘이 쭉 빠지나 봐요.

- 내담자의 비언어적 행동에 근거하여 상담 방문 과정에서 경험한 갈등과 불수용, 무력감 등의 감정을 공감적으로 이해함

내 10: 말이 안 통해요.

상 11: 말이 안 통하는군요. 에휴~ (침묵 7초) 말이 안 통한다고 이야기하는 성현이 모습이 지쳐 보이기도 하고 포기한 듯도 해서 제가 다 한숨이 나오네요.

- 비언어적인 표정을 민감하게 읽고 그 의미와 감정을 반영해 줌

내 11: 그러려니 해요.

상 12: 음~ 그러려니 하는 성현이 마음은 어떤 건가요?

- 내담자가 엄마와의 관계에서 취하기로 결정한 태도를 구체화하기 위해 탐색적 질문을 함

내 12: 말이 안 통하니까요.

상 13: 성현이가 이야기를 해도 엄마에게는 전달이 안 되고 결국 말이 안 통하니 성현이도 이제 지쳐서 그냥 그러려니, 또 그러는구나 하는 건가 봐요. (고개 끄덕임) 그래서 성현이가 지쳤고 이제 아무 말도 안하는 거군요. (네.) 앞에 있는 성현이가 지쳐 보여요…. 이런 상황인데도 여기에 와서 이야기를 해 주니 고맙네요. (잠시 멈춤) 이런 상황에서 성현이가 상담에 온 만큼 오늘 시간이 조금이라도 성현이에게 도움이 되는, 성현이를 위한 시간이면 좋겠어요…. 혹 성현이가 하고 싶은 이야기 있을까요? 어떤 것이든 좀 더 성현이를 위한 시간이 되었으

면 싫어서요.

- 내담자의 자발성 증진을 위하여 상담자의 내담자에 대한 관심표현 및 내담자의 비언어적 행동에 대한 관찰을 토대로 기다리거나 추가적인 안내 등의 반응을 하면서 내담자의 의사결정권을 존중함. 엄마와의 관계에서 좌절된 자율성을 상담에서는 충족시킬 수 있음을 간접적으로 전달함

내 13: 모르겠어요.

상 14: 상담신청을 어머니가 하시기는 했지요. 그런데 상담에서 가장 중요한 것은 성현이거든요. 어머니가 원해서 왔을지라도 결국 성현이가 여기에서 어떤 이야기를 할지, 어떤 것을 생각하고 도움을 받을지 등을 이야기하지 않으면 사실 상담은 소용없어요. 그래서 더욱이 오늘 정말 성현이에게 상담이 필요한지, 어떤 것을 하면 성현이에게 이 상담이 도움이 될지를 함께 찾았으면 하거든요. (잠시 멈춤) 상담이 필요하지 않다면 그 또한 이야기 나누고 그렇게 결정내릴 수도 있구요. 성현이는 지금 제 이야기가 이해가 됐나요?

- 라포형성에 초점을 두면서 내담자 역할에 대한 상담구조화 작업진행
- 비자발적 내담자이므로 상담구조화에 대한 내용(내담자 역할, 주제 선택권 등)에 대한 비언어적 행동을 세밀히 관찰하면서, 기다려 주거나 다시 설명하는 등의 추가적 반응을 이어감
- 상담 주체는 내담자이므로 자신이 원하지 않을 경우, 상담을 진행하지 않을 수 있다는 선택지도 전달함. 이를 통해 조율할 수 없는 엄마와는 다른 대상으로 상담자가 인식될 수 있도록 함

내 14: 모르겠어요.

상 15: 어떤 부분들이 모르겠다고 생각되는 거에요? (침묵 5초) 할 필요도 없고 오고 싶지도 않은데 여러 이야기들을 들으니 잘 다가오지 않을 수 있어요. 성현이가 이해되지 않거나 다르게 생각하는 부분이 어떤 것이든 성현이의 마음 좀 나누고 싶네요.

- 비자발적인 청소년 내담자이므로 내담자의 침묵의 의미를 가설적으로라도 공감해 주고, 상담자가 내담자를 이해하고 싶다는 마음을 전달하여 참여를 촉진시키고자 함

내 15: 별 생각 없이 와서 모르겠어요.

상 16: 아무 설명도 못 듣고 당사자인 성현이 의견도 안 묻고 왔으니 이게 뭔가 싶기도 할 거에요. 생각지도 않고 있다가 온 거니…. (네.) 그러니 천천히 생각해 봐도 돼요. (침묵 5초)

- 내담자의 비자발적인 참여를 존중하고 자기 반응을 할 준비의 시간을 제공함. 내담자의 속도에 맞추어 진행

내 16: 음. (잠시 멈춤) 없어요.

상 17: 지금으로서는 이해되지 않거나 엄마와 달라 바로잡아야 할 것은 없다는 거지요? 혹 얘기 나누다가 중간에라도 생각나는 게 있으면 이야기해 줘요. 나는 이 시간 동안 성현이 이야기를 나누고 싶고 조금이라도 더 도움이 되는 무언가를 가지고 갔으면 하거든요.

- 엄마의 입장에 선 상담자가 아니라 내담자에 대해 알고 이해하고 싶고, 내담자를 위해 존재하는 사람임을 전달함. 치료적 협력관계를 구축하는 상담자의 내담자에 대한 존중 및 관심 갖는 태도는 매우 중요함

내 17: 지금은 딱히 이야기할 게 없어요.

상 18: 그래요. 그럼 혹시 요즘 어떤 것이 성현이를 힘들게 하는지? (잠시 멈춤) 성현이가 진짜 답답하고 이해가 안 돼서 한 번쯤은 전문가랑 이야기를 좀 나누고 싶다고 생각해 본 거도 좋구요.

- 상담 참여 준비 없이 온 비자발적인 청소년임을 고려하면서, 함께 나눌 수 있는 이야기 주제에 대한 힌트를 약간 제공하여 참여를 독려함

내 18: 음… 뭐… 부모님과 싸우는 게 진짜 싫은데 도저히 말이 안 통해요.

상 19: 그렇죠. 부모님과 괜히 싸우고 싶은 자식이 어디 있겠어요. 대체로 싸우고 싶지 않죠. (고개 끄덕임) 성현이가 이렇게 표현하고 고개도 끄덕일 만큼 부모님과 싸우고 싶지 않은 데 싸우게 돼서 힘들군요.

- 비자발적인 청소년 내담자가 스스로 드러낸 호소내용이기 때문에, 상담자는 여기에서 벗어나지 않고 집중을 유지해야 함. 내담자의 싸우고 싶지 않다는 긍정적인 욕구와 욕구좌절에 따른 부정적 감정을 반영해 줌

내 19: 이야기해도 안 통하고, 모르겠어요.

상 20: 부모님과 싸우는 게 힘들고 싫은데 성현이 이야기가 부모님에게는 전해지지가 않는 것 같네요. (네.) 도대체 대화과정에서 뭔 일이 일어나고 있길래 불통인지 궁금한데, 이 얘기를 같이 좀 더 나누어 봐도 될까요?

- 내용 재진술
- 내담자가 선택한 이야기 주제를 함께 나누어 보자는 요청의 형태로 탐색 시작함

내 20: 네, 좋아요.

상 21: 성현이가 좋다고 동의해 주니 제가 무척 반갑네요. (멋쩍은 웃음) 부모님과 싸우는 것과 관련하여 어떤 이야기부터 해 볼까요? (잠시 멈춤) 어디서부터 이야기해야 하나 좀 막막할 수 있죠. (고개 끄덕임) 그럼 제가 좀 물어봐도 될까요? (네.) 성현이가 말이 안 통한다고 했는데 말이 안 통한다는 게 어떤 걸까요?

- 내담자의 동의 표현에 대한 상담자의 반가운 마음을 전함
- 개방형의 탐색질문에 대한 내담자의 침묵에 담겨진 마음을 타당화
- 상담자의 리드에 대한 내담자 승인을 구하고 탐색을 진행함

내 21: 부모님은 그냥 계속 졸업하라고만 해요.

상 22: 계속 졸업하라는 이야기만 하시는군요. 그러니 성현이가 앞에서 제가 어머니가 상담 신청하시면서 졸업하기를 바라시더라고 이야기하니 한숨이 나왔겠군요.

- 내담자의 이전 비언어적 행동반응과 현재의 보고내용을 연결하여(linking) 반영해 주는 것은 상담자의 경청과 존중을 전달하는 것임

내 22: 계속 그래요.

상 23: 부모님이 계속 졸업하라는 이야기만 하시면 성현이는 어떻게 반응해요?

- 부모와의 상호작용 과정에서 취하는 내담자의 대처 및 의사소통 방식을 파악하기 위한 탐색적 질문을 함

내 23: 예전에는 제가 하고 싶은 거, 제가 생각하는 것들 이야기 했었는데, (잠시 멈춤) 이제는 그냥. (잠시 멈춤) 방에 들어와요.

상 24: 처음에는 성현이 이야기가 잘 전달 안 된 건가하고 성현이 입장을 다시 이야기하고는 했었는데 계속 졸업하라는 이야기만 하시니 이제는 지쳐 그냥 아무 말 안하는 군요. (네.) 상담 올 때 아무 이야기 안 했다는 성현이의 말이 다시 떠오르네요. 아무리 이야기해도 전달이 안 되니 성현이가 할 수 있는 것은 말하지 않고 그냥 있는 거네요.

- 부모와의 관계방식의 변화 과정과 내담자의 대처방식의 변화를 명료화하고 내담자 선택행동을 타당화함

내 24: 그 놈의 졸업, 졸업… 뭘 이야기해도 결국 또 졸업이에요.

상 25: 계속 이야기를 해도 부모님은 결국 졸업하라고만 하시는군요. (고개 끄덕임) 진짜로 성현이의 이야기가 왜 전해지지 않는지, (잠시 멈춤) 성현이야말로 가장 답답하지요. (네.) 혹 부모님에게는 왜 성현이의 이야기가 전해지지 않는지 성현이가 생각해 본 이유가 있을까요?

- 부모님과의 대화 불통에 대한 내담자의 답답한 심정을 반영해 주고, 현 상황에 대한 조망을 확장시키기 위해 내담자의 조망을 탐색하기 시작함

내 25: 음 (잠시 멈춤) 모르겠어요.

상 26: 모르겠군요. 그러니 더욱 답답하고 지쳤겠어요. (네.) 성현이가 학교 다니고 싶지 않다는 이야기에 부모님은 계속 졸업하라고 이야기하는 상황에 대해 하나씩 이야기 나눠 봐요. 성현이는 학교 다니고 싶지 않은 거지요? (네.) 어떤 부분 때문에 성현이는 학교를 가고 싶지 않은 건가요?

- 부모와의 '졸업'에 대한 견해 갈등은 반복되어 왔지만, 갈등의 원인에 대한 통합적 조망은 확보되지 않은 상태임을 확인함. 따라서 내담자 입장에서 현재 가지고 있는 '졸업'에 대한 생각을 정리하기 시작함

내 26: 그냥 (잠시 멈춤) 싫어요.

상 27: 학교 다니는 것이 힘들기는 하지요…. 어떤 것이 싫은 걸까요? (침묵 6초) 성현이가 안 다닌다고 이야기를 할 정도면 성현이의 생각이 있을 것 같은데….

- 내담자의 '싫다'는 표현이 충동적이고 즉흥적인 것이 아니라, 나름의 이유가 있다는 표현은 내담자를 존중하고 있음을 전달하는 것임

내 27: 학교가 필요 없다고 생각해요.

상 28: 아, 성현이는 학교가 필요 없다고 생각하는군요. 어떤 것 때문에 성현이는 학교가 필요 없다고 생각하는 것인가요?

- 소크라테스식의 문답법을 통해 내담자의 생각을 구체화하는 하향식 접근을 시도함

내 28: 저는 학교를 다니는 게 제 삶에서 별로 필요하지 않은 것 같아요.

상 29: 음 (잠시 멈춤) 성현이가 고2쯤 되어서 이렇게 생각하게 된 이유가 있을까요? (침묵 7초) 이렇게 생각을 결정, 성현이의 삶에서 필요하지 않다고 생각하게 된 과정을 좀 이해하고 싶어서 묻네요.

- 단답형일지라도 내담자의 생각이 조금씩 표현되고 있음을 반기며, 등교거부와 관련된 내담자의 생각을 이해하고자 하는 상담자의 마음을 전달함

내 29: 학교를 다니는 게 제가 생각하는 진로에 도움이 되지 않는다고 생각해요.

상 30: 아, 성현이가 생각하는 진로가 있군요. 어떤 진로를 생각하고 있는 건가요?

- 내담자의 진로에 대한 생각과 등교거부의 관련성을 이해하며 내담자의 진로에 대한 생각을 탐색함

내 30: 별거 아니구요. (잠시 멈춤) 웹툰 작가나 래퍼, 요리 이런 거요. 이런 거는 다 고등학교랑 상관없어요.

상 31: 음~ 성현이가 웹툰 작가, 래퍼, 요리 이런 일들에 관심이 있군요. (고개 끄덕임) 성현이가 진로에 대해 여러 생각들을 하고 있네요. 성현이가 진로에 대해 어떤 생각들 하면서 이렇게 웹툰 작가나 래퍼, 요리사로 진로를 정하고 하고 싶다는 생각을 하게 되었는지 더 나누고 싶네요.

- 진로에 대한 자신의 생각을 표현하면서도 '별거 아니구요.'라고 표현하는 내담자의 양가적 태도와 호소문제(자신감 없음, 부모와의 갈등)와의 관련성에 대해 추론함. 내담자가 관심을 가지고 있는 진로에 대해 상담자도 관심을 기울이는 반응을 통해 내담자를 초대하고 존중하는 마음을 전달함

내 31: 그냥 (잠시 멈춤) 좋아해요.

상 32: 성현이가 그림, 음악, 음식 다양한 분야에 관심이 있군요. 좋아한다는 것을 보니 지금 이야기한 것들과 관련하여 어떤 경험들이 있을 것 같은데 어떤 경험들이 있을까요?

- 내담자의 '좋아해요.'라는 표현에 대한 재진술과 상담자의 관심은 내담자의 자발적 반응을 촉진할 수 있음

내 32: 중학교까지 미술학원도 다녔었고 웹툰 좋아해요.

상 33: 음~ 성현이가 중학교까지 미술학원도 다닐 만큼 그림 그리는 것 좋아했군요. (네.) 미술학원에서는 어떤 그림들 (잠시 멈춤) 웹툰 그렸던 건가요?

- 부모와의 관계 갈등이 계속되고 있어 내담자는 자신의 진로결정에 대해서 이해받거나 관심받지 못한다고 느낄 수 있으므로 내담자의 진로(흥미)에 대한 상담자의 관심을 적극적으로 보여 주는 것이 필요함
- 내담자의 진로결정과정 및 진로발달수준을 파악하기 위한 탐색적 질문을 함

내 33: 그냥 미술학원이고 웹툰은 혼자 그리고는 했어요. (잠시 멈춤) 웹툰 좋아해서요.

상 34: 성현이가 웹툰을 좋아해서 혼자 그리기도 하고 있었군요. 성현이가 그렸을 웹툰들이 궁금하네요. 중학교까지 미술학원도 다녔다면 고등학교 선정할 때도 좀 고민했을 수도 있을 것 같은데. (잠시 멈춤) 요즘은 애니메이션 특성화고 같은 곳도 있고 하니까요. 그때는 어떤 생각을 해서 일반 고등학교를 진학한 거예요?

- 내담자의 진로(흥미)에 대한 재진술과 이에 대한 상담자의 관심 표현
- 진학과 진로탐색 및 결정과정에 대한 탐색적 질문을 함

내 34: 음 (잠시 멈춤) 그때는 웹툰 작가를 진로로 정하거나 그런 건 아니어서 이 학교 왔어요.

상 35: 아, 그러면 고등학교 와서 진로에 대한 생각이 좀 더 구체화된 거군요. (고개 끄덕임) 고등학교 와서 어떤 생각을 하면서 이런 쪽으로 진로를 하고 싶다는 생각을 하게 된 거예요?

- 진로탐색 및 결정과정에 대한 질문 이어감

내 35: 음 (잠시 멈춤) 모르겠어요.

상 36: 잘 안 떠오를 수도 있어요. 천천히 생각해도 돼요. 성현이가 고2 올라오면서부터 등교하고 싶지 않다는 생각을 하게 된 것 같아… 고2쯤 어떤 생각들을 하게 된 것 같은데….

- 재진술이나 감정반영을 통해 내담자의 이야기를 잘 듣고 돌려주는 과정을 충실히 함으로써 관계형성의 토대를 마련하는 데 초점을 둠. 하지만 재진술이나 감정반영을 통해 내담자의 내면탐색으로 연결되지는 않기 때문에, 선도적으로 탐색할 시점(고2)을 제공함

내 36: 음 (잠시 멈춤) 성적도 안 나오고… 왜 공부를 해야 하나 싶어요.

상 37: 고등학교 와서 공부에 있어 성현이가 생각하는 만큼의 결과가 나오지는 않았나 봐요. (네.) 성현이가 성적이 안 나오면서 진로에 대한 생각을 하게 되고 웹툰 작가라 래퍼 등으로 정하게 된 것이기도 한 걸까요?

- 호소문제에 내담자의 체크가 '진로고민, 불안, 자신감 없음'임을 고려하면서, 재진술 후 학업부진 고민과 진로사고 변화의 관련성을 가설적 형태의 질문으로 확인하고자 함
- 추후 실제 성적에 대한 확인이 필요하지만 첫 회기에서는 내담자의 비자발성, 자신감 없음과 같은 호소문제 등을 고려하여 성적에 대한 구체적 탐색은 진행하지 않음

내 37: 네…. (침묵 6초) 저는 고등학교 와서 한다고 했는데 성적이 안 나와서요. (잠시 멈춤) 성적도 안 나오는데 공부를 계속 할 필요가 없잖아요. 시간 낭비잖아요.

상 38: 음, 이렇게 성현이가 이야기를 해 주니 좀 더 성현이의 마음이 전해지네요. '고등학교 와서 공부해도 성적은 잘 안 나오고 진로와 연결되는 것도 아니니 다니면 시간낭비 아닌가?'라고 생각했군요.

- 내담자의 자발적 표현을 독려하면서 재진술

내 38: 네. (잠시 멈춤) 제가 하고 싶은 것들은 공부와 상관이 없잖아요.

상 39: 성현이가 이렇게 이야기를 해 주는 걸 보니 성현이가 고등학교 와서 공부 관련해서 고민을 많이 한 것 같은데. (잠시 멈춤) 이런 고민에 도움을 줄 만한 사람들과 나눠 본 적 있을까요?

- 내담자는 성적부진에 대한 고민과 진로방향성 전환을 서로 연결지어 보지는 않고 있음을 확인함. 학업성취 욕구 좌절에 따른 진로방향 변경이었는지, 원래 학업성취보다는 다른 진로에 대한 흥미가 더 컸다가 학업부진으로 인해 더 강화되었는지를 탐색하고, 좌절로 인한 조망 제한을 확인하고자 질문함

내 39: 아니요.

상 40: 성현이도 노력했는데 공부해도 성적은 안 나오고. (잠시 멈춤) 그러면서 혼자 여러 생각들을 했던 것 같은데 누구와도 이런 고민을 나누지를 못했군요.

- 내담자의 학업성취 좌절과 혼자 고민한 과정에 대한 재진술
- 상담자는 문제해결 및 정서적 어려움에 대해 '혼자' 대처하는 방식이 조망을 제한하고 충분하지 않은 정보를 가지고 결정하는 것의 오류가능성을 추론함. 이후 추가적 탐색이 필요하다 생각함

내 40: 부모님은 바빠요. 그리고 어차피 졸업하라고 할 거에요.

상 41: 부모님이 바쁘셔서 이런 고민들을 별로 나눌 수도 없고 나눠도 결국 부모님은 또 졸업하라는 이야기만 하실 것 같군요. (네.) 그런데 혹 부모님은 어떤 이야기를 하시면서 계속 졸업하라고만 하시는 건가요?

- 부모님과 내담자의 기존 관계방식 및 수준(질)이 현재 등교거부 및 진로결정과 관련된 갈등에 미치는 영향을 탐색하기 위해 질문을 이어 감

내 41: 제가 웹툰 작가나 래퍼 같은 거 하고 싶다고 이야기했어요. 그런데 부모님은 계속 졸업장만 따라고 이야기하거든요. 제가 뭘 하고 싶은지 관심이 없어요. 말이 안 통해요.

상 42: 부모님이 졸업하라고는 계속 이야기하시지만 왜 했으면 하는지는 이야기를 하지 않으시는군요. 혹 부모님이 왜 이렇게 고등학교 졸업을 바라시는 것 같아요? 부모님은 왜 그러실까 성현이가 생각해 본 것 있나 싶어서요.

- 부모님과의 상호작용(기존 관계 방식, 내담자의 영향, 부모님의 영향)에 대한 확장된 조망을 확보하기 위해, 이번에는 부모님 입장에 대한 탐색적 질문을 함. 부모님과의 갈등에서 내담자와 어머니 모두 '소통이 안 된다.'는 호소문제에 있어 내담자의 변인(청소년기 인지발달 특성과 문제해결 역량 및 자존감 수준)뿐만 아니라 부모변인도 존재할 수 있음

내 42: 엄마는 고등학교 졸업장이라도 있어야 알바든 뭐든 한다고. 졸업장 없음 어쩔거냐고 그래요.

상 43: 아. 엄마는 졸업장이 있어야 사회에 나가서 뭐든 할 수 있다고 생각하시나 보군요. 성현이는 엄마의 이야기에 대해 어떻게 생각해요?

- 부모 생각과 내담자 생각을 구분하고, 부모입장에 대한 내담자의 이해와 수용 정도를 파악하고자 함. 이는 부모와의 조율과정에서 활용될 수 있는 자료가 됨

내 43: 틀린 말은 아닌 거 아는데 제가 하려는 것은 졸업장이 상관없으니까요.

상 44: 성현이도 사회에서 졸업장이 필요할 수 있다고 생각하지만 성현이는 웹툰 작가나 래퍼, 요리사 등을 생각하고 있으니 졸업장보다는 그 시간에 성현이가 생각하는 진로를 위해 무언가를 하고 싶나 보군요. (네.) 이런 성현이의 마음이 부모님에게는 전해지지 않고 계속 졸업하라고만 하시니 답답하고 화가 나기도 하겠어요.

- 어머니 표현에 대해 내담자가 인지적으로 일부 수긍하고 있음을 확인. 그러나 상담자는 비자발적 청소년의 첫 상담회기이기 때문에, 자칫 부모입장에 선 상담자라고 오해받을 수 있는 '졸업의 필요성에 대해 수긍하는 일부 마음'에 대한 구체화보다는 내담자 의견이 좌절되는 것에 대한 정서경험을 반영함

내 44: 모르겠어요. 졸업장만 따라는데 (잠시 멈춤) 공부도 이미 늦었고 웹툰 작가나 래퍼는 졸업장 필요가 없잖아요. 차라리 그 시간에 그림 그리고 음악 하는 게 낫죠.

상 45: 아무리 생각해도 노력해도 성적은 잘 안 나오고 늦은 것 같아 차라리 좋아하는 것을 시작하는 게 나을 것 같은데 부모님에게는 성현이의 이야기가 전달이 안 되네요. (고개 숙임) 아이고, 성현이 혼자서 힘들었겠어요.

- 내담자가 주저하지만 자신의 경험에 대한 진술을 지속하고 있음을 인지하고 이를 더욱 격려하기 위해 내담자가 느끼는 불편감에 대해 더 깊이 공감적으로 이해하는 반응을 함.

내 45: 조금요….

상 46: 그런데 부모님과도 계속 싸우게 되니 더 힘들었겠어요. 성현이가 안 그래도 앞에서 부모님과 싸우는 게 싫다고도 했는데. (침묵 5초) 성현이는 혼자 고민하면서 힘들 때, 부모님과 싸우고 마음이 힘들 때 그 힘든 마음을 어떻게 해요?

- 내담자의 감정을 반영해 주면서 힘든 감정에 대한 대처방식을 탐색하는 질문을 함

내 46: 그냥 (잠시 멈춤. 고개 숙이며) 방에 있어요. (잠시 멈춤)

상 47: '방에 있어요.'라고 하는 성현이의 목소리가 힘이 없네요.

- 내담자의 비언어적 행동을 놓치지 않고 읽어 줘서 감정에 접촉하도록 함

내 47: 답답한데 (잠시 멈춤) 뭐 할 것도 없으니. (잠시 멈춤)

상 48: 답답하지만 어찌 할 수 없어 그냥 방에 있군요. (고개 끄덕임) 고등학교 와서 이런 고민을 계속 했으니 답답하기도 하고 막막하기도 하고 힘들었을 텐데 부모님에게 성현이의 마음이 전해지지는 않고 계속 싸우게 되니 더욱 힘들었겠어요. (침묵 5초. 얼굴이 빨개지며 눈시울이 약간 붉어지는 모습) 힘들었지요?!

- 내담자의 호소문제에 체크된 '자신감 없음'은 긍정적으로 반영해 주는 대상경험의 결핍 즉, 격려와 지지 그리고 공감해 주는 대상의 결핍과 연결될 수 있다는 잠정적 가설을 가지고 결핍된 대상경험을 상담자와의 관계에서 제공하기 위해 공감적 이해반응을 함

내 48: 답답해요…. 저도 고민하고 한 결정인데….

상 49: 누구보다 깊이 고민해서 내린 결정이 부모님에게 전해지지는 않고, 부모님은 계속 졸업하라고만 하시니 (잠시 멈춤) 싸우고 방에 들어와 있는 성현이의 마음이 얼마나 착잡하고 복잡할지 (잠시 멈춤) 그런데 그 시간이 몇 달째이니 성현이가 얼마나 지치고 힘들었을지 이해가 되네요.

- 누구와도 나누지 못한 속마음과 욕구좌절 및 결핍으로 인한 부정적 감정을 깊이 이해받고 수용되는 경험을 제공하여 더 깊은 정서접촉을 촉진함

내 49: (침묵 6초. 참는 듯한 눈물)

상 50: 성현이가 오랜 시간 혼자 힘들었던 그 마음들이 지금 느껴지는 것 같네요. (죄송해요.) (눈물 수습) 여기 화장지가 있는 건 여기서라도 힘든 마음을 잠시 내려놓고 가라고 있는 거예요. 많이들 사용하지요. (네.) (눈물 추스르며 침묵 5초) 지금 혹시 떠오르는 게 있어요?

- 비자발적인 남자 청소년 내담자의 눈물반응은 당혹감과 수치심을 경험할 수 있기 때문에, 상담자는 눈물에 대한 정상화 반응이나 눈물 반응의 보편성을 전달하는 것이 필요함
- 감정 반응 후 천천히 지금 현재 내담자의 내면 상태를 점검함

내 50: 모르겠어요… 어떻게 해야 할지. (침묵 5초) 공부는 늦었는데….

상 51: 성현이도 그냥 학교를 그만두려는 건 아닌데. (잠시 멈춤) 한다고 했는데 성적은 안 나오고 여러 고민 끝에 좋아하는 것들을 해 보려는 건데 부모님이 계속 반대하시니 성현이도 혼란스럽군요.

- 진로방향성 변화에 있어 성적부진과 이에 대한 실패감이 영향을 미치고 있음을 확인. 학업중단 의사는 학업성취 좌절의 결과로 초래된 것이기 때문에 이 좌절경험에 대한 이해와 수용이 먼저 이루어져야 함
- 자기표현이 능숙하지 않기 때문에 내담자의 내적 경험을 상담자가 꼼꼼하게 단계적으로 반영하여 자기 정서에 접촉할 수 있도록 안내함

내 51: (네, 눈시울 붉어지나 참음)

상 52: 그동안 혼자 좌절하고 고민하고 선택하고 너무 고된 시간들이었을 수 있겠네요.

- 내담자가 눈물을 애써 참는 것 또한 내담자의 정서처리 방식이기 때문에 첫 회기에서 이를 깊이 다루지 않고, 내담자 내적 경험에 대해 상담자가 가설적 형태로 반영해 줌

내 52: 제가 공부를 못 한 것이기도 하니. (잠시 멈춤. 한숨) 저도 저한테 실망스럽기도 하고. (잠시 멈춤) 근데 부모님이 계속 졸업하라고만 하니 그건 싫고 화가 나요. 어떻게 해야 할지 잘 모르겠어요.

상 53: 졸업하라고만 하는 부모님에게 화도 나지만 성현이 자신에게 실망스럽고 화가 나기도 하네요. (고개 숙임) 내가 원하는 만큼 공부를 잘 해내고 싶은 마음이 꺾이고 어떻게 끌어 올릴 수 있는지 파악이 안 되면 막막하게 되죠. (네.) 그러면 더욱 우울하고 무기력해질 수도 있어요.

- 내담자의 비언어적 행동과 자신에 대한 실망과 화에 담겨진 긍정적인 욕구(공부를 잘하고 싶다)를 반영해 주어서 부모에 대한 초점에서 자기초점으로 이동시키는 준비를 함
- 부정적 사고와 감정 그 이면에 존재하는 긍정적 욕구를 명료화함으로써, 욕구충족을 위한 현실적 방안을 함께 찾아가는 기초 작업임

내 53: 예전보다 우울하고 무기력하기는 해요.

상 54: 어떤 모습들이 성현이 스스로도 우울하고 무기력하다고 느껴져요? (잠시 멈춤) 예를 들어 그 전과는 달리 잠을 더 많이 자거나 기운이 없거나 등… 성현이의 어떤 모습들이 우울하고 무기력하게 느껴지는지를 이해하고 싶어서요.

- 우울의 정도와 증상발현 방식을 확인하고자 탐색적 질문을 함. 이후 내담자의 침묵 반응을 보며 추가적으로 구체적인 예시를 통해 좀 더 이야기 하기 쉽게 안내함

내 54: 예전만큼 뭘 해도 재미있지도 않고 사실… 다 시큰둥한 느낌이에요. 생각하다 보면 살아서 뭐 하나 싶기도 하구요….

상 55: 예전에 비해 모든 것이 시큰둥하다고 느낄 만큼 재미있거나 즐겁지가 않고 생각하다 보면 살아서 뭐 하나까지 이르기도 하는군요. (네.) 그 말은 성현이가 고등학교 와서 오랜 시간 많이 고민하고 힘든 경험을 해 왔다는 것으로 이해되는데 제가 제대로 이해했나요?

- 내담자의 우울 양상에 대한 재진술과 힘든 경험에 대한 구체적 탐색의 필요성을 확보하기 위한 질문을 함

내 55: 음. (잠시 멈춤) 저는 힘들다고 생각도 했지만 또 그러려니 하는 것도 있어서요. 진짜 힘들었는지는 모르겠어요. 근데 저 자신이 싫은 마음은 확실히 심해진 것 같아요.

상 56: 나 자신이 싫은 마음은 아까 성현이가 자신이 실망스럽고 자기한테 화가 난다는 말과 이어지는 마음일까요?

- 내담자의 우울을 초래하는 부정적 자기귀인(자기비난, 자기질책, 부정적 자기평가) 양식을 확인함

내 56: 네, 뭘 제대로 하는 것도 없고 뭔가 모자란 그런… 찌질하게 느껴져요.

상 57: 내가 부족하고 모자라다는 생각이 들면 더욱 내 자신이 싫고 힘들어지요. 부족하고 모자라고 싶은 사람은 없으니까요. 지금 성현이가 한 말은 어떤 나이고 싶다는 말인거예요? (침묵 4초) 나는 성현이가 한 말이 "선생님, 저는 뭘 해도 충분히 잘할 수 있는 사람이고 싶어요. 그런 나라는 사실을 확인하고 싶어요."라고 들려요. 혹시 틀렸으면 말해 줄래요?

- 상담시간이 마무리되는 상황에서 내담자의 주 호소문제의 원인인 부정적 자기평가적 사고가 드러남. 구체적인 탐색의 시간이 없으므로 부정적 사고와 연결된 이면의 긍정적 성장욕구로 치환하여 반영해 줌

내 57: 아니요. 맞는 것 같아요.

상 58: 같은 마음을 다르게 표현해 봤네요. '한심하고 찌질해요.'는 '잘 해내고 싶어요.'라는 말과 동전의 앞뒷면이죠. 그런데 들었을 때 느낌이 각각 어때요?

- 사고와 감정에 대한 자기조절 및 통제감을 느낄 수 있도록 안내함

내 58: 좀 다른 것 같긴 해요. 한심하고 찌질한 나는 기분이 별로죠. 근데 '잘 해내고 싶다.'는 마음은 있는데 과연 할 수 있을까 뭐 그런 생각이 곧바로 와서 기분이 좋진 않아요.

상 59: 대단한데. 생각과 감정의 차이를 금방 알아차리네요. 그리고 생각에 따르는 또 다른 생각도 잡아내고. 이런 능력을 알아차리는 능력이라고 해요. 문제를 해결해 나가려면 이런 알아차리는 능력이 꼭 필요해요. 이걸 성현이가 가지고 있네요.

- 내담자의 자기관찰과 자각역량을 발견하고 반영해 줌. 이는 긍정적으로 반영해 주는 자기대상 경험으로 작용할 수 있음

내 59: (멋쩍은 미소) 다들 가지고 있는 것 같은데~

상 60: 다들 가지고 있다고 별 것 아닌 건 아니죠. 앞으로 성현이랑 같이 상담을 하게 된다면 상담자로서는 매우 반갑고 든든하게 여겨지는 성현이 강점을 발견한 거라서. (그럼 다행이네요.) 어느새 마무리를 할 시간이 되었네요. 오늘 성현이가 원하지도 않는데 설명도 못 듣고 상담에 왔는데도 여러 이야기들을 해 주어서 나는 고마웠어요. (네.) 오늘 상담이 성현이에게는 어땠는지 들어볼 수 있을까요?

- 내담자의 자기 평가절하를 받아 주지 않고, 상담자에게 중요한 강점자원임을 전달. 이는 이후 부정적 자기진술에 대한 인지 재조직화 개입의 단초가 될 수 있음
- 내담자의 상담경험을 나누고자 함

내 57: 괜찮았어요.

상 58: 괜찮았다고 하니 좋네요. 어떤 것이 괜찮았는지 좀 더 이야기해 줄래요?

- 내담자의 비언어적 행동관찰을 통해 상담자도 미소 지으며 긍정적 마음을 전하면서 구체적인 탐색적 질문을 함

내 58: 가족들이랑 이야기하면 계속 싸우고 누구에게 이야기하기도 그런 이야기들이잖아요. 혼자만 생각했던 것들인데. (잠시 멈춤) 이야기하다 보니 좀 답답한 게 풀리기도 하고… 내가 너무 급하게 결정했나 좀 다시 살펴보는 것도 괜찮겠다. 뭐 그런 거요.

상 59: 음~ 성현이가 이렇게 이야기를 해 주니 "괜찮았어요."라는 게 어떤 건지 더 이해가 되네요. 앞으로 우리 상담에서 어디서 하기 힘든 답답한 이야기도, 좀 더 만족스런 결정을 위해 살펴봐야 할 것들에 대해서도 좀 더 나누면 어떨까 싶은데 성현이 마음은 어때요?

- 내담자의 상담경험에 대한 자기표현을 격려하고 내용에 대한 요약정리함. 청소년 내담자인 경우, 내담자가 자기경험 및 내면 상태에 대한 구체적인 표현을 할 때 상담자가 적극적으로 격려하고 반가워하는 반응을 하여 상담과정에서 내담자에게 기대되는 행동을 자연스럽게 익힐 수 있도록 해야 함

내 59: 네, 괜찮아요.

상 60: 괜찮다는 것은 성현이도 상담을 좀 더 하고 싶다는 것이지요? (네.) 그러면 다음 시간에 우리가 오늘 했던 이야기들을 더 진전시켜 봐요. 당연히 성현이가 원하는 것, 필요한 것, 궁금한 것 어떤 것이든 이야기해 주기를 바라구요. (고개 끄덕임) 오늘 정말 수고했어요.

- 내담자 상담의사 확인 및 이후 상담시간 활용에 대한 안내

부록 5. 대학생 사례에 대한 사례개념화 및 상담목표와 전략 수립 모범답안

1 실습 사례에 대한 사례개념화를 위해 탐색해야 할 사항

1) 내담자가 상담을 신청하게 된 결정적 계기(사건)와 관련된 내용

휴학 전 부적응 양상이 복학 후 재발

더 심화된 집중력 저하 및 우울감 자각(상담신청서와 접수면접 내용), 자해행동(첫 회기: 갑자기 막 살을 꼬집기도. 점점 심해지는 것 같아 좀 무섭기도)

그에 따른 상담개입 전략

내담자는 부적응으로 휴학을 했고, 1년의 시간 동안 어느 정도 나아졌다고 생각했다면, 이전 증상 재발에 대해 당혹감, 자괴감 및 불안이 더 심해질 수 있음

1. 휴학 결정 과정과 결정적 원인에 대한 탐색 필요
2. 현재 인지 및 정서 상태 평가를 위한 심리검사 실시, 우울을 비롯한 부정적 정서 조절역량이 일상생활 기능을 심각하게 저해하고 있는 상황이라면 약물치료 고려해야 함
3. 과업수행 비효율성을 극복할 수 있는 현실적인 방안 마련 필요(예: 친구와 함께 공부 등)

2) 내담자 현재 호소문제 〈호소내용은 내담자 언어로 기술〉

(1) 신체 · 생리적 측면: 만성피로, 기력 딸림, 기운 없음, 숨이 막히고 무겁고 답답한 가슴

그에 따른 상담개입 전략

1. 자기 통제와 조절 문제의 출현 및 경과 사항 명료화
2. 심리적 스트레스가 만성화될 경우 면역력 저하를 포함한 내과적 문제 동반될 수 있기 때문에, 전체적인 신체 컨디션 및 신체적 질환 여부 확인하고 그에 따른 적절한 해결 방안 모색
3. 현재 혼자 고시텔 자취 중으로 하루 일조량(우울감에 매우 중요), 섭생, 규칙적인 일상 관리와 같은 항상성 유지 여부 점검하고, 일상생활 관리를 통한 자기 통제감 확보 노력 필요

(2) 인지적 측면

① 자기에 대한 신념: '통계학과 적성이 안 맞는 나(통계 프로그램 짜는 창의성 부족한 나)' '학업 지속에 대한 회의감을 느끼는 나(접수면접)' '학점 및 영어를 비롯한 취업 준비가 제대로 안된 나' '아빠 목숨 값으로 재수해서 대학 온 나' '돌파구가 필요한 나'

② 타인에 대한 신념: '딸 바보이자 내 편인 아빠' '아들을 더 편애하고, 정서적으로 지지해 주지 않지만 약속을 지키는 엄마' '제 역할을 다하는 오빠' '내가 일부 책임을 져야 하는 동생'

③ 미래와 세상에 대한 신념: '막연한 미래' '불안한 미래'

그에 따른 상담개입 전략

1. 학업과 진로에 대한 압박감은 온전한 내 편으로 대학을 꼭 보낼 거라는 의지를 가졌던 그러나 갑작스럽게 돌아가신 아빠에 대한 죄책감과 연결되어 있음. 따라서 아빠 대상 상실에 대한 애도작업 필요
2. 자기에 대한 신념이 '못하고, 부족한 나'로 귀결, 좌절된 유능성에 대한 욕구를 충족시킬 수 있는 현실적인 방안 마련 필요. 따라서 내담자의 강점과 긍정적 심리자원을 발굴하고 이를 활용할 수 있는 진로모색 작업 필요
3. 현재 통계학과 부적응의 원인을 통합적이고 객관적으로 이해하여, 자기이해와 타당화 역량을 촉진하여 '부적절감, 죄책감과 모호한 예기불안'을 완화하는 작업 필요
4. 가족의 유일한 지지자이자 옹호자였던 아빠 대상이 없어진 상황에서 원가족 구성원들과의 우호적 관계 재구축 필요. 우선적으로 엄마와의 원활한 의사소통을 시도하여 현실적인 가족구성원으로서의 역할 재설정(과도한 동생에 대한 부담감 완화) 필요

(3) 정서적 측면

① 자신에 대한 감정: 우울, 지침, 갈팡질팡 혼란, 불안, 한심, 답답, 짜증

② 타인에 대한 감정: 아빠–미안함, 그리움, 엄마–서운, 짜증, 미안

그에 따른 상담개입 전략

1. 정서와 연결된 욕구와 사고내용을 구체화하고, 자신의 욕구와 정서 자각을 촉진시켜 자기 타당화 역량 강화
2. 부정적 감정조절을 위한 실질적 훈련 실시(심리적 안전지대 기법, 호흡, 이완, 심상법 등)

(4) 대처행동적 측면

① 우울, 자신에게 짜증, 답답함이 극에 달하면 자해 행동 욕구 올라가고 경미한 자해 행동

② 학업적 어려움을 학과 친구들에게 도움 요청하여 해결

③ 혼자 문제의 원인을 분석하고 해결점을 찾는 '적극적 문제해결식 접근'

그에 따른 상담개입 전략

1. 내담자의 적극적인 문제해결식 대처 역량 격려 및 강화하여 진로탐색과 구체적인 진로준비 행동 실천 단계에 잘 활용할 수 있도록 안내
2. 부정적 감정이 자해행동으로 이어지지 않도록 연쇄반응분석으로 통한 대안적 선택행동 방안 마련 필요

(5) 대인관계적 측면

추가적 탐색 필요

그에 따른 상담개입 전략

현재까지 두드러진 대인관계 어려움을 보고하고 있지는 않음. 그러나 자의식 사고가 발달한 내담자이기 때문에, 타인의 평가적 시선에 대한 염려와 부족하고 못하는 자기가 드러나는 상황에 대한 사회적 불편감을 가지고 있을 수 있음. 따라서 이후 회기에서 추가 탐색이 필요함

3) 내담자의 과거력과 발달사의 주요 내용

1. 내담자 고3 6월에 아버지 폐암 선고 받고 3개월 만에 사망. 아빠의 죽음을 예상하지 못한 상태에서 제대로 된 애도 시간을 갖지 못하고 4년이 경과함
2. 대상 상실에 대한 충격으로 대학진학 실패, 재수경험

그에 따른 상담개입 전략

1. 아빠와의 충분한 심리적 애도 과정을 상담에서 진행
2. 남은 가족들과의 우호적 관계 구축을 위해 가족에 대한 이해와 수용의 시간 가지도록 조력. 특히 엄마의 거칠고 비난적인 소통방식 내면에 존재하는 선하고 위하는 밑마음을 읽을 수 있도록 '암호해독(decoding)' 역량 강화
3. 재수경험에 대한 구체적인 탐색을 통해, 내담자의 학업적 강점과 보완점 발견하고 현실적 강점 활용과 보완방안 마련

4) 인지기능 및 유전적 소인 내용

1. 생물학적 기질적 취약성 없음
2. 부(父) 사망 이전에는 학업성취도 양호했음. 학업적 인지역량은 양호하나, 부정적으로 편향된 사고회로로 인해 인지기능 효율성은 저조한 상태

그에 따른 상담개입 전략

1. 객관적인 심리검사를 실시하여, 우울과 불안 수준을 점검하고 인지기능 효율성 저하가 과업수행을 방해할 정도일 경우는 약물치료 고려 필요
2. 생물학적, 유전적 취약성은 현재까지 보고되지 않고 있지만, 우울이나 특정질환에 대한 가족력에 대한 추가 탐색 필요

5) 내담자의 생활환경과 문화적 배경 특성

1. 경북 출신, 남아 선호사상이 강한 지역문화, 어머니의 여성에 대한 차별적 시선
2. 지방에서 상경하여 현재 고시텔에서 혼자 거주, '혼자' 떨어져 있음으로 해서 느끼는 외로움이 강해질 수 있음
3. 아버지의 부재로 인한 경제적 어려움 예상

그에 따른 상담개입 전략

1. 내담자 편인 아버지 부재의 상태에서 남녀 차별적 가족문화나 지역문화로 인해 받는 영향에 대한 구체적 탐색과 갈등이 아닌 조율적 해결방안 마련 필요
2. 현재 가족의 경제적 상황에 대한 객관적 이해를 바탕으로 내담자의 가족구성원으로서의 자기 역할에 대해 명료화하고 과도한 심리적 부담감 완화하는 개입 필요
3. 고시텔 생활여건 점검하고 보호요인과 위험요인 파악 필요

6) 내담자 개인 및 환경의 보호요인(강점 및 잠재력)과 방해요인

※ 개인 및 환경요인에 대해 아래 제시된 것 이외에 더 많은 내용을 여러분들이 찾아보시기 바랍니다. 또한 활용 및 개선방안도 개인 및 그룹작업을 통해 찾아보세요. 제시된 것 이외에 더 많은 내용을 여러분들이 직접 찾아보고, 활용 및 개선방안도 개인 및 그룹작업을 통해 마련해 봅니다.

개인요인		환경요인	
보호 및 촉진자원	취약 및 방해요인	보호 및 촉진자원	방해 및 위험요인
양호한 지적 역량과 대학 이전 학업성취 경험	타인과 비교평가 하는 자의식적 사고발달	온전히 내 편이었던 딸바보 아빠 대상표상	비우호적이고 여성의 사회적 성취에 대해 평가 절하하는 엄마
활용방안	개선방안	활용방안	개선 및 조절(제거)방안
예시: 내담자의 강점 자원과 잠재역량을 구체화하고 반영하여 긍정적 자아 형성을 위한 재료로 활용	예시: 자의식적 사고("다른 친구들보다 학습능력이 떨어져요.")를 동기적 욕구차원("나도 스스로 이해하고 소화하고 싶어요.")으로 치환하여 욕구명료화와 욕구충족을 위한 현실적 방안 마련	예시: 아빠와 내담자 간의 관계욕구가 충족된 기억을 통해 긍정적인 감정과 몸 감각 자원을 되찾아, 부정적 감정조절 역량을 증진시키는데 활용	예시: 엄마의 외현적으로 표현되는 말 안에 담겨진 밑마음을 암호해독(decoding)하는 훈련을 하여, 엄마의 긍정적 밑마음을 알아주고 내담자도 긍정적인 욕구차원에서 의사소통하도록 훈련
보호 및 촉진자원	취약 및 방해요인	보호 및 촉진자원	방해 및 위험요인
아르바이트를 통한 경제적 일부 독립	현재 통계학과 적성 저조	내담자를 염려하고 상담을 권해 준 친구	고시텔 거주(혼자의 외로움 및 소음, 햇빛 부족 등 불편한 생활여건)
활용방안	개선방안	활용방안	개선 및 조절(제거)방안
보호 및 촉진자원	취약 및 방해요인	보호 및 촉진자원	방해 및 위험요인
성격특성과 세무진로와의 높은 적합도	취업준비에 필요한 학점, 영어점수, 자격증 관리 및 준비 미흡	내담자의 심리적 · 현실적 어려움 해결을 위한 적극적 조력자인 상담자	
활용방안	개선방안	활용방안	개선 및 조절(제거)방안

2 사례개념화(내담자에 대한 통합적 이해)

<상담경위 혹은 신청계기(촉발사건)>

내담자는 휴학 전 부적응 양상이 복학 후 재발하면서 자발적으로 내방하였다.

<촉발사건과 그 결과-필요시 좀 더 자세히 기술>

복학 이후 학업 및 진로 스트레스로 인해 이전 보다 더 심화된 집중력 저하와 우울을 자각하고, 갑자기 살 꼬집기 같은 자해행동이 점점 심해지는 것 같아 두려움을 느끼고 있는 상황이다.

<주 호소문제>

호소문제의 주요 내용을 살펴보면 다음과 같다. 신체 · 생리적으로 만성피로, 기력 딸림, 기운 없음, 숨이 막히고 무겁고 답답한 가슴을 보고하고 있으며, 인지적으로는 자신에 대한 부정적 평가적 사고(아빠 목숨 값으로 재수해서 대학 와서도 제대로 못하고 있는 나)가 두드러져 있고, 그로 인해 정서적으로 자책, 우울, 미래에 대한 불안을 경험하고 있다. 스트레스를 해결하기 위해 어떤 대처를 해야 하는지 방향을 잡지 못한 상태다.

<근원원인 및 유지요인과 그로 인해 내담자가 현재 받고 있는 영향>

호소문제의 근원원인 및 유지요인을 살펴보면 다음과 같다. 딸 바보인 지지적인 아버지가 내담자 고3 때 갑작스럽게 돌아가시고 상실에 대한 충분한 애도작업과 아버지를 대체할 수 있는 지지적인 환경을 확보하지 못하였다(경상도 남녀차별적인 어머니의 태도, 경제적인 어려움). 심리적 안전기반이 결핍된 상태에서 연이은 입시 실패, 재수, 대학부적응이라는 좌절경험은 자신과 미래에 대한 부정적 사고와 정서 반응패턴을 초래하고 객관적 자기조망을 제한하였다. 이는 현재 과업과 관련한 자기강점 자원을 활용하지 못하게 하고, 학과적응과 진로설계 및 준비행동을 계획하는 데 어려움을 초래하고 있다. 또한 물리적으로 혼자 떨어져 지내고 있는 상황(고시텔 생활)이기 때문에, 현실적 · 심리적으로 의지할 수 있는 기반이 취약해 객관적 조망확장과 효율적 문제해결 대처의 어려움이 심화되고 있는 것으로 사료된다.

<내담자가 받은 부정적 영향과 관련된 핵심욕구>

애착 대상이었던 아버지에 대한 죄책감과 가족에 대한 심리적 부채감을 해결하고, 저하된 자기 효능감을 회복하기 위해서는 내담자의 성장 동기인 자율성과 유능성 욕구를 효율적으로 충족시키는 것이 중요하다.

〈내담자 강점 및 활용방안〉

이를 위해 내면에 새겨진 '온전히 내 편이었던 딸 바보 아빠' 대상표상과의 만남과 소통을 시도하여, 내담자를 위하고 격려하는 아빠의 마음을 느껴 볼 수 있는 시간을 가질 수 있다. 또한 성격특성과 높은 적합도를 보이는 세무 쪽으로의 뚜렷한 진로포부를 강화하고 현실화하는 방안을 찾아 미래에 대한 긍정적 결과기대를 증진시켜볼 수 있을 것이다.

〈내담자 이해를 바탕으로 한 상담 방향성〉

본 상담은 생물-심리-사회문화적 모델에 기반하여 내담자의 자율성과 유능감에 대한 욕구를 충족시키고자 한다. 우선 내담자의 강점 자원 발굴 및 활용(양호한 지적 역량과 대학 이전 학업성취 경험, 아르바이트를 통한 경제적 일부 자립 능력, 성격특성과 진로적성에 대한 양호한 이해)방안을 마련하여 자기효능감의 제1 요인인 성취경험을 확보하는데 초점을 두고자 한다. 또한 아버지와의 이별에 대한 애도작업을 통해 죄책감과 부채감으로부터 벗어나 긍정적인 내적 표상으로서의 아버지 보호요인을 활용할 수 있도록 돕고자 한다.

3 상담목표와 전략

1) 생물영역의 목표와 전략

(1) 현재 신체적 건강상태를 점검하고, 생물학적 온전성 확보를 위한 자기관리 역량을 강화한다.

① 현재 혼자 고시텔 자취 중으로 하루 일조량, 섭생, 규칙적인 일상 관리와 같은 항상성 유지 여부 점검하고, 규칙적인 일상생활 리듬을 확보하고, 생기와 활력에 도움이 되는 신체활동 방안을 마련한다.

② 부정정서와 연결되는 신체증상들을 스스로 조절할 수 있도록 신체안정화 훈련을 실시한다.

2) 심리영역의 목표와 전략

(1) 건강한 자기상(self image)과 과업적 자기효능감을 회복하고, 미래 진로를 준비하게끔 한다.

① 전반적 적응상태를 평가하기 위한 심리검사를 실시하고, 역기능적 사고활성과 우울을 비롯한 부정적 정서가 일상생활 기능을 심각하게 저해하고 있는 상황이라면 약물치료를 고려한다.

② 저조한 입시결과, 재수, 현재 학과 부적응의 원인을 통합적이고 객관적으로 조망하고, 학업과 진로에 대한 자기선택과 결정을 타당화하여 '부적절감, 죄책감과 모호한 예기불안'을 완화하도록 한다.

③ 재수와 휴학경험에 대한 구체적인 탐색을 통해, 내담자의 과업적 강점과 보완점 발견하고 강점 활용과 보완방안을 마련한다.

(2) 전반적인 자기자각과 조절역량을 강화시킨다.

① 정서와 연결된 욕구와 사고내용을 구체화하고, 선택과 결정행동에 대한 타당화 훈련을 실시한다.

② 부정적 감정조절을 위한 실질적 훈련 실시(심리적 안전지대 기법, 호흡, 이완, 심상법 등)한다.

③ 부정적 감정이 자해행동으로 이어지지 않도록 연쇄반응분석으로 통한 대안적 선택행동 방안을 마련한다.

(3) 애착 대상인 아버지 상실에 대한 충분한 애도작업을 통해, 내면의 아버지 대상표상과 접촉하고 미해결된 욕구와 정서를 해소하도록 한다.

① 역할연기, 빈 의자 기법, 편지쓰기 등을 포함하여 아버지에게 전하고 싶은 내담자

의 마음을 충분히 표현하도록 한다.

② 아버지와 함께한 과거 기억을 발굴하고 내담자의 안전지대 자원을 확보하는 데 활용한다.

3) 사회영역의 목표와 전략

(1) 원가족에 대한 심층적 이해를 통해 원가족 구성원들과의 우호적 관계를 재구축하고, 건강하게 심리적으로 분리되도록 한다.

① 남녀 차별적 가족문화나 지역문화로 인해 받는 영향에 대한 구체적 탐색과 갈등이 아닌 조율적 해결방안을 마련하기 위해 가족들의 피드백을 욕구차원으로 치환하여(decoding) 표현하는 훈련을 실시한다.

② 현재 가족의 경제적 상황에 대한 객관적 이해를 바탕으로 내담자의 가족구성원으로서의 자기 역할에 대해 명료화하여, 과도한 심리적 부담감을 완화시킨다.

(2) 전반적인 환경의 보호요인을 발굴하고, 현실적 · 심리적 안정감을 증진시킨다.

① 고시텔 생활여건을 점검하고 보호요인과 방해요인을 파악하고 이에 대한 적절한 활용과 조치를 마련한다.

② 학교 내 인적 보호자원(동료, 선배, 교수 등)과 현실적 조력자원(학교 진로 지원서비스 제도 등)을 발굴하고 활용한다.

부록 6. 대학생 사례에 대한 상담자 첫 회기 언어반응 해설 및 이후 상담회기 요약

- 상담자 언어 반응 아래 표 안의 내용은 상담자 반응 의도에 대한 설명임

1) 1회기 상담내용

상 1: 지향 씨 반가워요. (네.) 저는 상담센터 상담자 김다연이라고 해요. 한 달 전에 상담 신청하시고 2주 전에 접수면접 하신 걸로 알고 있는데 맞나요? (네.) 그래요, 오늘부터 본 상담에 들어갈 거예요. (네.) (내담자 여러 차례 숨을 몰아쉬고 몸 신체가 힘이 빠지 있음) 들어가기 전에, 잠시 지금 어떤 상태인지 좀 살펴보고 싶네요.

- 상담자는 내담자의 상담신청, 접수면접 그리고 오늘 본 상담회기까지 이어지는 과정에 대한 간단한 언급을 통해 내담자 상담신청 이유를 탐색하기 위한 발판을 마련함
- 또한 내담자의 신청서와 접수면접에서 '학과 부적응, 학업의 어려움, 우울과 불안' 호소내용은 '자기통제 및 조절감의 주제'와 연관되어 있다는 가설을 가지고 임함. 따라서 현재 내담자 신체 감각에 대한 자각과 느껴지는 불편함을 스스로 통제 및 조절할 수 있음을 '지금-여기'에서 체험할 수 있도록 하는 의도된 개입을 함

내 1: 어떤 거요?

상 2: 지금 지향 씨 몸 상태부터 충분히 편안하게 돌보고 이야기하려구요. 앞으로 상담 시작할 때마다 잠시 머리부터 발끝까지 어떤 상태인지, 불편하게 느껴지는 곳이 있으면 최대한 편히 하는 것부터 하고 들어갈 거예요. 마음이 불편하면 몸도 같이 불편해질 때가 많아요. 같이 살펴보는거 괜찮겠어요?

- 상담회기 시작에 대한 구조화 작업; 몸의 상태를 살피고 돌보는 작업부터 시작한다는 안내와 그렇게 하는 이유와 유익성에 대한 설명을 함
- 또한 '나는 당신이 충분히 편안할 수 있도록 돌보고자 한다.'는 상담자의 선한 의도를 전달하고, 내담자에게 "같이 살펴보자."고 초대하는 반응을 통해 '치료적 협력주의'를 실천함

내 2: 네, 한 번도 안 해 봐서 좀 어색한데 도움이 될 것 같아요.

상 3: 좋아요. 제가 안내할 테니 따라와 볼래요? (네.) 불편하면 언제든지 그만해도 돼요. (네.) 잠시 눈을 지그시 감고, 천천히 호흡을 들이마시고 내쉬고, 머리부터 발끝까지 훑어본다 생각하고, 살펴 준다는 마음으로 어디 불편한 데가 있는지, 괜찮은지 느껴보세요. (침묵 5초) 몸

에서 느껴지는 걸 말해 볼래요?

- 상담자는 내담자의 자율적 의사결정권을 보장해야 함. 따라서 상담자 개입의 의도를 전하고 최종 결정은 내담자의 몫으로 남겨야 하기 때문에, 행동 선택의 시작과 끝에 대한 내담자 자율권에 대해 안내함
- 몸 감각에 대한 자각경험을 통해 마음챙김 연습

내 3: 가슴이 무겁고 답답하게 느껴져요.

상 4: 잘 느끼네요. 좋아요. 잠시 그 가슴의 무겁고 답답한 느낌에 잠시 머물러 볼래요? (네.) 자 이제 내 몸은 방이고 무겁고 답답한 기운은 방안 공기라고 상상해 봐요. (네.) 내 방의 창문이 있어요. 코와 입이 창문이에요. 창문으로 공기가 들어올 수도 나갈 수도 있어요. (네.) 자, 창문을 열어 천천히 숨을 깊이 들이쉬고 힘껏 코와 입으로 '후우'하고 그 공기를 밀어내 봐요. (후우, 상담자도 같이 후우, 천천히 호흡 반복 2분) 지향 씨 몸의 느낌이 어때요?

- 상담자는 지지적이고 격려적인 태도를 처음부터 끝까지 유지해야 함. 내담자의 모든 반응행동에 대해 긍정적 측면을 발굴하여 적극적 반영을 하는 것이 중요함
- 신체감각 자각을 시도했으면, 자각한 불편감을 직접적으로 완화시키는 이완 작업을 실시함. 탐색한 자료에 대한 조율과 개입이 없는 탐색은 '내담자의 상담참여 동기'를 떨어뜨리기 때문에, '지금-여기'에서 내담자가 조금이라도 내적 상태가 나아질 수 있는 적극적 개입이 필요함

내 4: 아까보다 훨씬 가슴이 가벼워졌어요. 폭신한 구름에서 숨 쉬고 있는 것 같았어요.

상 5: 아까 상담실 들어와 앉아 있는데 몇 번씩 지향 씨가 숨을 몰아 쉬더라구요. 몸부터 편히 돌봐야겠구나 생각이 들더라구요.

- 내담자의 비언어적 메시지에 대한 상담자의 세밀한 관찰과 이를 내담자를 위해 사용하는 것은 내담자와 상담자의 라포형성에 매우 중요함
- 내담자의 몸 감각의 긍정적 변화와 느낌에 대한 상징화 반응이 나타날 때, 감각운동치료(Sensorimotor Psychotherapy: SP)에서는 더 확장시켜 몸의 움직임, 감정, 인지, 오감각기관의 경험을 탐색할 수 있음. 그러나 첫 회기이기 때문에 워밍업 정도의 개입만 함

내 5: 아, 제가 그러고 있는 줄 몰랐어요.

상 6: 관심을 기울이지 않으면 누구나 잘 몰라요. 짧은 시간으로도 지향 씨가 스스로의 상태를 이번처럼 더 편하게 바꿔 줄 수 있어요.

- 내담자의 눈먼 영역(blind area)에 대한 당황해하는 반응을 상담자는 '그럴 수 있다.'고 정상화(normalization)해 줌. 이 내담자의 우울은 '잘 못하고, 모르는 나'라는 자기진술이 연결되어 있을 수 있다는 상담자의 가설이 있었음. 따라서 '평가염려 예민성'을 고려하여 지지적이고 격려적 접근을 유지함
- 또한 내담자의 신체불편감에 대한 '자기통제 및 조절역량'을 보유하고 있음(스스로 편하게 해 줄 수 있는 내담자)을 강화하는 개입에 중점을 둠

내 6: 근데 이렇게 하는 사람들이 많나요? 제 주변에서는 잘 못 본 것 같아요. 하긴 맘이 힘들면

몸도 같이 힘들어질 수 있을 것 같긴 하네요.

상 7: 빨리 알아차리는 지향 씨네요. (멋쩍은 미소) 자, 편히 숨 한 번 더 쉬고 이제 이야기해 볼까요? (네.) 반복하는 게 번거롭고 귀찮을 수 있지만, 좀 더 정확한 의사소통을 위해 몇 가지 확인하고 가려구요. (네, 괜찮아요.) 접수면접 때 어떤 이야기를 나누었는지 기억나요?

- 내담자 6번은 타인과 비교하여 자신을 평가하는 '자의식 발달'을 의미하는 반응일 수도 있음. 우울과 불안 정서와 연관성이 높은 특징이지만, 상담자는 첫 회기이기 때문에 이에 대한 구체적 탐색을 선택하지 않음. 이후 탐색주제로 남겨 둠
- 신체적 안전감과 상담자에 대한 신뢰감을 확보한 상태에서 '내담자의 상담신청 계기'에 대한 탐색을 시작함. 상담자가 상담신청서와 접수면접 내용을 요약정리하여 전달하면서, 내담자 신청동기를 상기시킬 수도 있음. 그러나 내담자가 자발적으로 기억하는 내용이 그만큼 자신에게 중요하고 의미 있는 것일 수 있기 때문에 탐색적 질문을 사용함

내 7: 정확히는 잘 안 나는데, 음(침묵 5초), 전공 적성도 안 맞고, 힘들어서 휴학 1년 하고 왔는데도 그때보다 더 우울하고 지치고, 점점 학년은 올라가는데 아직도 이러고 갈팡질팡하고 있는 게 좀 한심하다고 해야 하나?! (침묵 5초) 제 자신이 답답하고 짜증나고 좀 그런 것 같아요. 뭔가 돌파구가 필요한데 그걸 잘 못 찾겠어요.

상 8: 지향 씨 가슴이 무겁고 답답하게 느껴지는 이유가 있었네요. (네? 가슴이요?) 아까 몸 돌보기 할 때, 가슴이 무겁고 답답하다 했는데, 지금 지향 씨가 자기 자신이 답답하게 여겨진다고 동일한 표현을 쓰고 있어서요.

- 이전 신체작업에서 다루었던 신체감각과 그 원인일 수 있는 심리적 요인을 연결. 인간은 유기적으로 연결된 전인적 존재임. 따라서 몸과 마음의 연결과 욕구-신체감각-인지-감정-행동은 모두 연결되어 있음. 상담자의 연결(linking) 반영을 통해 내담자는 앞으로 자신을 유기적인 통합체로 바라볼 수 있게 됨. 궁극적으로 자기조망이 넓어지고 자기경험을 설명할 수 있는 역량이 커지게 됨. 이는 곧 자기자각과 조절 역량으로 이어질 수 있음

내 8: 아~ 그러네요. 진짜 마음이랑 몸이랑 연결되나 봐요.

상 9: 그러네요. 돌파구가 필요하고 찾고 싶은 지향 씨인데, '그게 뜻대로 잘 찾아지지가 않아 답답하고 실망스러운 나'라고 이해되네요. 제가 제대로 이해했나요?

- 내담자의 욕구 명료화 반응과 상담자 반응의 정확성을 판단하는 몫을 내담자에게 제공함으로써, 내담자에 대한 존중하는 태도를 전달함

내 9: 네네, 정말 돌파구가 필요해요. 넘 답답하고 이러다 진짜 내가 한심하다 싶고, 짜증이 확 올라오면 갑자기 막 살을 꼬집기도 해요. 점점 심해지는 것 같아 좀 무섭기도 하구요.

상 10: 스스로 아프게 하고 싶은 사람은 없어요. 그만큼 지향 씨의 돌파구가 간절하다는 의미로 이해가 돼요. 같이 돌파구를 찾아봐요. 같이 찾다 보면 혼자보다는 눈이 두 배로 늘어나니 더 넓게 볼 수 있어요. 그러기 위해 상담받는 거예요.

- 내담자의 부정적 사고와 감정을 욕구차원으로 치환하는 '암호해독(decoding)' 작업과 희망고취를 함

내 10: (눈시울 붉어짐) 네, 감사해요. 정말 그러면 좋겠어요. 아빠가 어떻게 보내 준 대학인데 내가 이러고 있나, 아빠한테 너무 미안해요. 정말 잘못하고 있는 것 같아요. (눈물, 침묵 10초) 진짜 잘 다니고 취업도 잘하는 모습 보여 주고 싶었거든요.

상 11: 지향 씨 돌파구가 필요한 이유에 아빠가 계시구나. 아빠 얘기 좀 더 해 볼래요? 시간 많으니 천천히 해요.

- 상담신청서에 체크된 내용들은 학업의 어려움, 우울과 불안, 집중력 저하 등의 증상들이었음. 이 증상들은 내담자에게 필요한 '돌파구'를 찾지 못해 생긴 결과일 수 있음. '돌파구'에서 '아빠'라는 새로운 주제가 등장. 상담자는 '돌파구'와 '아빠'의 연관성을 탐색하는 질문을 함.

내 11: (10초 눈물, 울음 고르며) 아빠가 고3 때 폐암으로 돌아가셨어요. 암 선고 받고 3개월밖에 못 사셨어요. 아빠가 '너 대학졸업 때까지는 관리 잘하면 버틸 수 있다고 의사선생님이 그랬다고, 걱정 말고 열심히만 하라'고.(소리 내 울음 30초) 근데 6월 모의고사 보기 전날 '아빠 항암치료 받으러 병원 들어갔다 올 테니 파이팅하라고, 아빠도 파이팅 하겠다.'고 그러고 갔는데 그게 마지막이었어요. 뭐 치료과정에서 쇼크가 왔다고. 너무 쇠약해져서 못 받아냈다고. 중환자실에 들어갔다 거기서 돌아가셨어요. 같이 파이팅하기로 했는데. 정말 아빠가 버텨 줄 줄 알았어요. 나 맘 편하라고 그런 것 같아서, 그게 진짜 그럴 거라 바보같이 믿고…. (폭 꺼지면서 숨죽여 눈물, 침묵 30초)

상 12: 버텨 주고 싶었던 아빠 마음은 진심이었을 거예요. 얼마나 대학생이 된 딸을 보고 싶었을까! 마지막까지 안간힘을 다해 버티고 싶으셨을 거예요. (내담자 눈물 30초) 지향 씨한테 어떤 아빠였어요?

- 갑작스런 예상하지 못했던 아빠의 죽음에 대한 내담자의 죄책감은 '잘 해내야 한다.'는 과업 압박감과 연결되고 있다고 상담자 이해. 중요한 대상의 상실과 그에 대한 애도작업이 필요하다 판단. 아빠 '대상표상'에 대한 탐색작업을 통해 내담자 죄책감 완화를 위한 개입을 하고자 함

내 12: 늘 내 편. 주변 사람들이 딸 바보라고. 사실 엄마는 그냥 전문대 취업 잘되는 대로 가라고. 빨리 돈 벌어 시집 잘 가면 그게 제일이라고, 진짜 나랑 안 맞는 소리만 해요. 아빠는 지금이 어떤 시대인데 그런 소릴 하냐고. 꼭 대학 보낸다고 그랬어요. 아빠 돌아가시기 전에 엄마한테 자기 죽어도 지향이 대학은 꼭 보내야 한다고, 그래서 보험금으로 재수했어요. 저한테 직접 말하진 않아서 엄마가 숨길 수도 있었는데, 아빠 숨넘어가면서도 대학은 꼭 보내라고 손을 꼭 잡았던 게 자꾸 밟혀서, 안 보내면 나중에 죽어 만나서 제대로 얼굴 못 볼 것 같아 돈 대준다고 그러더라구요. 수시 넣었던 거 다 떨어지고, 전문대 간호학과 전액 장학금 받을 정도의 성적은 됐는데, 정말 나랑 너무 안 맞아도 그냥 가야지 그랬어요. 맨날 죽상하고 우울해하고 있으니까 엄마가 나중에 시집갈 때 보태 줄 돈으로 원하면 재수하라고. 기쎈

기집애라 오빠나 동생보다 어찌됐든 지가 원하는 대로 하고 사는 팔자다. 그러니 어쩌겠냐고. 그 대신 동생 나중에 대학은 니가 보내라고.

상 13: 아빠는 진짜 끝까지 딸 편이었네요. 얼마나 간절한 맘이었으면 엄마가 도저히 저버릴 수 없었을까! 구시렁대셔도 들어주실 수밖에 없으셨네. 그 큰 사랑을 받은 지향 씨라 지금의 내 모습이 아니라 더 멋지고 자신있게 잘해 내는 모습을 보여 주고 싶었겠다. 돌파구가 너무나 간절하겠다. 이해가 되네요.

- 내담자에게 '아빠 대상표상'은 '온전한 내 편'으로 자리잡혀 있음. 내담자의 자존감과 자기가치감을 유지시키는 매우 중요한 심리적 자원으로 작용하는 아빠임. 상담자는 '아빠의 죽음'에 머무는 시선으로부터 '든든한 내 편의 지지를 받고 있는 나, 온전히 나를 사랑하고 아끼는 아빠'라는 대상표상과 자기표상으로 이동시켜 내담자의 '긍정적 자기감'과 '아빠의 딸을 위하는 밑마음'을 재인식하도록 조력함. 더 나아가 '돌파구를 찾고자 하는 동기'를 강화하고자 함

내 13: (눈물) 진짜 저 지금 이러고 있으면 안 돼요. 아빠가 너무 가슴 아파하고 있을 것 같아요. 아는데 고 3, 6월 여름부터 정신을 못 차리고 있는 것 같아. 진짜 내가 싫어요. 근데 뭘 어떻게 해야 할지 모르겠어요.

상 14: 지향 씨, 아빠가 진심으로 딸을 사랑했다는 건 믿어요? (네.) 딸을 진심으로 사랑하는 아빠라면, 지향 씨가 아빠 기쁘게 해 드리고 싶은데 잘 안 돼서 자신을 한심하다고 질책하는 지금 모습 보고 뭐라 하실 것 같아요?

- 상담자는 대상상실에 대한 애도작업을 위한 더 깊은 '아빠에 대한 다양한 기억과 감정'을 탐색하지 않기로 함. 내담자 13번에서 "이러고 있으면 안 돼요, 근데 뭘 어떻게 해야 할지 모르겠어요."라는 반응은 이 상태에서 벗어나고 싶어 하는 강한 욕구를 반영하는 것임. 따라서 애도작업은 이후 회기에서 다룰 주제로 남겨 두고, 벗어나고자 하는 욕구 충족을 위한 개입 방향을 정함. 방향 정향을 위해 내담자 자기조망이 아닌 아빠가 딸에게 가질 수 있는 마음을 반영해 줌

내 14: (흐느끼며) 아빤 맨날 괜찮다고, 잘 해낼 거라고 그랬어요. 아마 괜찮다고…. (소리내어 울음 1분) 아빠 이야기하려고 했던 건 아닌데 죄송해요.

상 15: 죄송할 일 아니에요. 아빠 이야기도 중요해요. 이후에 우리 찬찬히 아빠 얘기하는 시간을 가져 봐요. (네.) 숨 좀 고르게 쉬어 봐요. 깊이 들이쉬고 토닥토닥, 후우 내쉬고. (반복 30초) 이제 우리 돌파구 찾으러 갑시다. 아빠한테 미안한 딸이 아니라 당당한 딸 해 봅시다.

- 눈물에 대한 죄책감 반응은 자기감정에 대해 이해와 수용 받은 경험이 부족함을 의미할 수 있음. 따라서 정상화 반응을 해 줌
- 감정조절과 신체 안정화 작업을 하고, 아빠 대상과 내담자를 연결하여 '변화의 동기'에 재초점화함

내 15: 가능성이 있을까요? 학점 관리도 안 되어 있고, 자격증도 없고, 공인 영어점수도 없고, 스펙 관리가 하나도 안 되어 있는데, 지금도 늦지 않았을까요?

상 16: '늦지 않았고 가능성은 열려 있다고 격려해 주세요.'라고 들리네요. 늦지 않았고, 가능성은 만들어 갈 수 있어요.

- 내담자의 욕구 명료화를 위한 암호해독(decoding) 반응과 적극적 지지와 격려 반응

내 16: 뭘 어떻게 시작해야 하는지 모르겠어요.

상 17: 일단 내 길을 찾아가는 절차가 있어요. 처음 실타래 시작점을 찾아 어디서 엉켰는지 찾아봅시다. (네.) 지향 씨가 대학에 진학 할 때 이 전공을 선택한 과정이 어땠는지 말해 볼래요?

- 내담자의 좁아진 심리적 조망을 확장시키기 위한 안도반응과 실제적인 정보수집을 위한 탐색적 질문을 함

내 17: 처음부터 지금 전공인 통계 쪽에 관심이 있었던 건 아니에요. 엄마는 특성화고를 가서 취업하거나 전문대 정도 가라 그랬는데, 아빠는 일반고 보내야 한다고 그러셨어요. 그때만 해도 내 편인 아빠가 권하는 쪽으로 당연히 마음이 갔고, 근데 제가 수학을 좋아했어요. 그렇다고 성적이 1등급 뭐 그런 건 아니었는데 진짜 영어가 너무 아닌 거예요. 국어는 상대적으로 괜찮았는데, 영어는 어떻게 해도 마음이 안 가고 하기 싫고. 그래서 나는 이과인갑다, 그러고 3등급 밑으로 떨어진 적이 없어서. 근데 물리 뭐 과학은 또 싫은 거예요. 여자가 공대는 아니다, 선생님도 아빠도 그러고. 이과 중에 전문 자격증 가지고 돈 잘 버는 게 세무, 회계 쪽이면 은행이나 세무 공무원도 가능하다고 진로 상담할 때 추천해 주셨어요. 제가 좀 꼼꼼해서 자료 정리도 잘하고 수학 적성도 있으니 잘 맞을 것 같다고. 저도 그때는 그렇게 생각하고 처음에 세무대학교 가려고 준비했어요. 성적은 간당간당했었는데 잘 하면 될 수도 있겠다 싶어 그때는 긍정적인 편이었네요, 지금 생각해 보니깐. (그런데?) 아빠 6월에 떠나시고 정말 맨날 눈물만. 공부가 손에 안 잡히고 보고 싶어 울면서 잠들고. 맨날 눈이 부어 있어 애들이 개구리 왕눈이 같다고. 아빠 돌아가셨다는 거 안 알렸어요. 아무도 몰랐어요. 왠지 너무 싫은 거예요. 담임 쌤한테 그냥 아파서 일주일 쉬는 걸로 해 달라고 했는데, 알겠다 배려해 주셨어요. 잠깐 학교상담실에서 상담도 몇 번 했는데 그냥 멍하니 보냈어요. 잠깐 진짜 너무 그리울 때는 나도 아빠 따라갈까 그랬는데 왠지 아빠가 안 된다고 할 것 같아 또 울고. 엄마는 산 사람 살아야지 별나게 굴지 말라고. 암튼 막판 내신이 중요한데 수학 성적 확 떨어지고, 수능도 망치고. 막판에 정신 차려서 그래도 열심히 했는데 생각했던 것보다 너무 안 나오니까. 담임 쌤이 세무대학은 힘들다, 그냥 세무학과나 회계학과를 가자. 근데 3학년 가장 비중이 높은 성적이 안 되니까 학과는 그대로 두고 지방대라도 갈래, 아니면 수도권 소신 지원해 볼래? 지방은 너무 벗어나고 싶었어요. 엄마 잔소리도 싫고, 아빠가 사람은 서울로 가야 한다고 그래서 소신 지원하겠다고 그랬는데 다 떨어졌죠. 지금은 그냥 집에서 다닐 수 있는 OO전문대 간호학과 장학금 받고 갈 걸 후회도 해요. 자취에 학비에 생활비에, 엄마 욕 들어먹는 것도 싸다 싶어요. 어쨌든 아빠 덕에 재수했고 수능성적도 올랐는데 세무대는 여전히 어려웠고, 세무회계학과는 많지도 않고 높기도 해서 떨어지는 게 너무 겁나 좀 낮춰 여기 통계학과에 온 거예요.

상 18: 지향 씨 참 일목요연하게 정리를 잘한다. 아까 꼼꼼하고 자료 정리 잘한다고 그러더니 진짜 그러네요. 들으면서 지향 씨가 어떻게 진로를 선택해서 여기까지 왔나 잘 그려졌어요.

- 상담자는 내담자의 보고내용에 대한 요약과 추가적 탐색 반응을 선택하기보다는 진술과정에서 발견한 내담자 강점을 반영함. 내담자가 현재 부정적인 자기귀인이 발달한 우울한 상태이기 때문에, 긍정적인 자원에 대한 반영과 격려를 선택함. 상담자가 '돌파구' 마련을 위한 현실적인 정보탐색에 초점을 둔다면, 많은 양의 내담자 보고내용을 요약하고, 전공 선택과정에서 살펴봐야 하는 성격적 특성, 적성, 흥미, 가치체계, 현실적 여건 등과 대학 진학 후 실제 학과 수업 경험에 대한 탐색 및 기대와 실제 경험의 차이점 등을 탐색하는 방향으로 진행할 수도 있음

내 18: 아, 그래요? 다들 이 정도는 말할 수 있지 않나요?

상 19: 일목요연하게 말할 수 있는 사람들도 있지만 다 그렇지는 않죠. 스스로 정리를 잘하고 기억력이 좋고 꼼꼼함이 자기 강점이라고 생각해요?

- 상담자의 긍정적 반영에 대한 수용을 어려워하는 내담자라서 자기이해와 인정을 바탕으로 한 자기긍정 사고회로 구축 개입을 위한 질문을 함

내 19: 그냥 그렇다 정도였지 '강점이다'까지는 생각해 보지 못했어요.

상 20: 지향 씨가 해결할 첫 번째가 나왔네요. (뭐요?) 자기가 뭘 가지고 있고, 어떤 강점이 있는지, 그리고 그걸 앞으로 자기 진로에 어떻게 활용할 수 있는지 찾아보기. 지금 바로 해 볼까요? '자료 정리 역량' '기억능력' '꼼꼼함'을 필요로 하는 일에는 어떤 게 있을까요?

- 우울과 불안 그리고 저하된 학업적 효능감을 해결하기 위해서는 부정적으로 편향된 자기 평가 체계에 대한 '인지 재조직화'작업이 필요. 따라서, 내담자가 인식하고 수용할 수 있는 성격적 강점을 활용하여 진로와 연결시켜보는 작업을 함

내 20: 음. (침묵 20초) 맞는지는 모르겠는데, 그냥 생각나는 건 갑자기 도서관이 생각났어요. 자료 정리라 그런가! 그리고 은행일도 그런 것 같지 않을까요? (그렇죠, 또?) 음. (침묵 10초) 회사면 총무팀 일? 아, 진짜 생각보다 제가 알고 있는 직업들이 별로 없네요.

상 21: 지향 씨가 해결할 두 번째가 나왔네요. (네?) (놀라면서) (또요?) 자기 강점과 부합하는 직업을 갑자기 질문했는데도 세 개를 찾았는데, 지향 씨는 '세 개를 찾은 나'가 아니라 '세 개밖에 못 찾은 나'라고 하고 있어요.

- 내담자의 부정적으로 편향된 자기평가 사고 회로 패턴을 직면시킴

내 21: 세 개면 정말 조금 아는 거 아닌가요? 제가 너무 부정적인 거죠? 친구들도 걱정이 너무 많다고 그러긴 해요.

상 22: 지향 씨, 나 따라해 볼래요? (네.) '자료 정리 능력' '기억능력' '꼼꼼함'이 꼭 필요로 하는 일터에는

내 22: '자료 정리 능력' '기억능력' '꼼꼼함'이 꼭 필요로 하는 일터에는

상 23: '도서관' '은행' '기업 총무팀'이 있다.

내 23: '도서관' '은행' '기업 총무팀'이 있다.

상 24: 나는 지금처럼 내 강점을 찾을 수 있고,

내 24: 나는 지금처럼 내 강점을 찾을 수 있고,

상 25: 강점을 발휘할 수 있는 직업도 찾을 수 있을 거다.

내 25: 강점을 발휘할 수 있는 직업도 찾을 수 있을 거다. (3초 침묵) 진짜 그러고 싶어요.

상 26: 지향 씨가 원하고 또 원하는 거라면 강점도 찾고, 일터도 찾아낼 수 있어요.

- 상담자 22~26번은 내담자의 자기인정 및 자기격려와 강화 회로 구축을 위한 개입 반응임

내 26: 한 번도 이런 특성을 내가 가진 강점이라고 생각 안 해 봤는데, 이렇게 얘기해 보니까 좀 다르게 느껴져요.

상 27: 다르게 느껴진다?! 좀 더 얘기해 볼래요?

- 지금-여기에서 일어난 내담자 내면의 변화는 천천히 구체적으로 살펴봐야 함. 이때는 내담자의 반응을 재진술하며 초대하는 탐색적 질문을 사용함

내 27: 그니까 좀 약간, 희망 뭐, 그런 게 약간 느껴져요. 가능할 수도 있겠다.

상 28: 그러니까 첫 번째, 강점을 의식적으로 찾아보기, 두 번째, 긍정문으로 진술하기. 지금 나랑 지향 씨가 그 두 가지를 한 거예요. 이 두 개가 약간의 희망을 만들어 낸 거예요. 뭐 우리가 다른 거 했나요?

- 내담자가 경험한 '희망, 해낼 수도 있을 것 같다는 가능성'이 어디에서 왔는지를 명료화하는 반응. 긍정적인 변화경험을 내담자가 보고할 때, 이 변화가 무엇 때문에, 어떤 과정을 통해 일어났는지를 구체적으로 명료화하는 것이 중요. 그렇게 할 때 내담자가 혼자서도 자기 변화에 대한 자기인정과 타당화 반응을 할 수 있게 됨. 그러나 본 상담자의 반응보다는 내담자가 '희망과 가능성'을 어떻게 해서 느낄 수 있었는지를 먼저 물어보는 것이 더 적절함

내 28: 아뇨. 생각을 이렇게 자꾸 하면 좀 달라질 수 있나요? 생각이 달라지면 학과 공부에도 영향을 주려나? 그건 잘 모르겠어요.

상 29: 천천히 같이 살펴보죠. 그렇게 아빠랑 헤어지고 그 어려운 시간을 거쳐 대학 진입 성공했는데, 통계학과 들어와 어떤 경험을 한 거예요?

- 내담자는 희망과 가능성에 대한 긍정적인 사고전환이 현실적인 학과 부적응 상황과 앞으로 미래설계 및 준비, 즉 자신의 '돌파구'를 마련하는 데 직접적으로 영향을 줄 수 있다는 확신을 갖지 못하고 있음. 따라서 상담자는 보다 현실적이고 직접적인 내담자의 관심사로 방향을 조율함

내 29: 그러니까 그냥 세무, 회계, 통계 다 거기서 거기라고 생각했고 쌤들도 그렇게 말했어요. 그

래서 일단 이 세 학과만 썼는데, 아 맞다, 수학교육학과도 하나 썼어요. 근데 그건 진짜 떨어진다 알았는데 엄마가 하도 선생님 타령을, 여자 교사가 젤로 좋다고 난리 해서. 수도권 대학 낮춰서 써도 안 되더라구요. 암튼 사실 여기도 대기 10번이었어요. 이 얘긴 처음해요. 자존심 넘 상해서. 참, 처음부터 꼴찌로 출발, 기분이 안 좋았지만 그래도 따라가지 뭐 그랬죠. (근데?) 세무랑 회계는 좀 많이 비슷한데, 통계는 되게 달라요. 알아보고 싶은 걸 알기 위해 프로그램을 직접 짜는 게 중요해요. 물론 회계 프로그램도 짜야 해요. 그런데 쓰는 프로그램이 이미 짜여 있는데, 있는 게 거기서 거기 뻔한데, 통계학과는 너무 다양하고 직접 만들어야 하는데 제가 너무 머리가 딸려요. 좀 창의성이 많이 필요해요. 그니까 정말 전 세무공무원이 딱인 것 같은 느낌이라고 해야 하나?!

상 30: 지향 씨가 나름 '왜 내가 통계학과와 안 맞을까, 왜 이렇게 헤매고 있을까?' 진지하게 고민한 흔적이 느껴져요. 어떤 유사점이 있고, 차이점이 있고, 이거 하려면 창의적인 사고가 필요하구나. 난 꼼꼼, 기억력 좋고 정리 잘해도 창의성이 상대적으로 모자랄 수 있구나.

- 내담자 반응에 대한 요약 재진술 하면서, 그동안의 고민과 돌파구를 찾고자 애쓴 것에 대한 격려반응

내 30: 그러니까 정말 창의성은 그냥 뭐 노력한다고 이쪽 창의성이 확 생기거나 그런 거가 아니잖아요. 하다 보면 늘겠지 그랬는데 그게 아니더라구요. 적성이 정말 있구나 깨닫기만.

상 31: 비교분석해서 기운이 좀 빠지기도 했겠네요. 뭔가 극복하고 해낼 수 있다는 단서를 찾고 싶었을 텐데. 그런데 여기에서 지향 씨가 가지고 있는 강점을 난 발견했어요.

내 31: 뭐요? 여기에도 있어요? 뭐지?

상 32: 적극적 문제해결식 대처 능력.

내 32: 뭘 해결한 게 없는데요? 대처를 못해서 이렇게 답답하고 헤매고 있는 것 같은데~

상 33: 아직 문제해결을 마무리를 하지 않는 상태라 그렇지. 뭔가 전공 공부가 어렵다, 어쩌지 어쩌지 그러고만 있는 게 아니라, 왜? 어디서? 뭐가 원인일까? 진지하게 생각해 보고, 체계적으로 논리적으로 세 전공 특성을 비교 · 분석해 보고, 이게 원인이었구나 이유를 찾아내는 과정을 밟을 수 있는데, 이건 적극적 문제해결식 대처의 기본 역량이에요.

- 내담자의 노력 행동 이면의 욕구와 노력행동에 대한 기대에 못 미치는 결과를 마주하고 느낀 실망과 낙담한 마음 공감
- 상담자 31~33번: 상담자는 처음부터 끝까지 내담자의 긍정적 자원을 놓치지 않고 발굴하고 반영함. 이때 중요한 것은 상담자의 체계적이고 근거기반의 피드백이어야 함

내 33: 아, 그래요? 몰랐네요.

상 34: 지향 씨가 스스로 생각하고 알아 가는 역량이 있는 거예요. 그렇다고 모든 전공을 다 잘할 수 있다 그렇게 말할 수는 없겠죠. 지향 씨뿐만 아니라 어느 누구도 몇 가지의 강점과 역량으로 모든 일을 다 잘 해낼 수 있다, 그럴 수는 없어요. 그저 각자의 강점과 역량으로 잘 해낼 수 있는 일이 분명히 있다는 건 확실해요.

- 내담자의 현실적 조망 확장을 위한 심리교육을 함

내 34: 얘기하다 보니까 제가 너무 통계학과 전공을 살려야 한다는 생각에 너무 많이 매여 있었던 것 같아요.

상 35: 통계학과 전공을 꼭 살리고 싶었던 지향 씨 나름의 이유가 있었겠지요?

- 내담자의 진로에 대한 사고확장이 일어나고 있고, 이 또한 내적 변화를 의미함. 따라서 천천히 구체적인 추가 탐색을 위한 초대하는 질문을 함

내 35: (침묵 5초, 목 메여) 아빠요. (아~ 아빠!) 아빠 목숨 값으로 온 대학이잖아요. 헛되게 하고 싶지 않았어요. 당연히 잘 해낼 거라 생각했었는데 너무 헤매니까 정말 하늘을 쳐다볼 수도 없었어요. 시험 치고 나오는 날은 아 정말 미치겠는 거예요. 또 C다. D 나오는 건 아니야? 3년 내내 프로그램 짜고 결과 내는 시험을 끝까지 마무리한 적이 없어요. 맨날 친구들한테 묻기도 쪽 팔리고. 어느 순간 시험 보려고 컴퓨터 앞에 딱 앉으면 눈앞이 하얘지고 정신이 아득해지는 거예요. 이런 게 노이로젠가 싶기도. 엄마가 너 성적이 이게 뭐냐고, 이따위로 할 거면 당장 내려오라고. 그게 어떤 돈인데. 그만두고 공무원 준비하라고 그래요. 오빠가 올해 취업을 했는데, 자동차 정비 쪽 전문대 졸업했는데 자격증 따자마자 취업 되더라구요. 오빠는 전문대지만 열심히 해서 성적도 잘 받고 장학금도 타고 취업도 째까닥 하는데, 저건 쓸데없이 4년제 가서 돈만 축내고, 힘들긴 뭐가 힘든데, 배부른 소리 한다고. (눈물) 근데 다 사실이니까 할 말이 없어요. 사실 진짜 그만둘까 진지하게 생각하고 휴학했어요. 휴학하면서 돈도 덜 축내야겠다 싶어 편의점 알바하면서 공무원 쪽도 알아보고 그랬는데, 그래도 세무 쪽을 처음부터 생각했으니까 알아봤는데, 통계학과에서 배운 내용이랑 겹치는 게 거의 없어요. 공무원 경쟁률 너무 센데, 과연 내가 할 수 있을까, 처음부터 맨땅에 헤딩해야 하는데, 대학 중퇴하고 최종학력 고졸인데. 이게 뭔가! 진짜 한심하다. 그럼 일반 사무행정 할까. 갈팡질팡하다가 1년 갔어요. 그래도 알바하면서 돈 모아 생활비를 보태니까 그나마 엄마가 좀 조용하더라구요.

상 36: '아빠의 목숨 값'이란 말에 그간 잘 해내야 한다는 그 압박감의 크기가 얼마나 컸을지 감히 상상이 간다고도 못하겠다. 아빠 목숨은 하나인데, 주어진 단 한 번의 기회를 반드시 성공시켜야 하는데, 뭔가 부족하고 모자라 충분히 따라갈 수가 없네. 발버둥을 쳐 봐도 메워지지가 않아 얼마나 막막했을까!

- 내담자의 내면세계에서 어떤 일이 일어났는지에 대한 일치적 동일시를 통해 깊은 공감적 이해반응을 함

내 36: 네, 정말 졸업은 점점 가까이 오고, 준비되어 있는 건 없고, 학점이 안 좋으면 취업도 어려운데, 통계 관련 자격증은 정말 적성이 없어 공부하기 넘 힘들고, 숨이 막히고 점점 무기력해지고 있었죠.

상 37: 얘기 들으면 내가 숨이 막히고 쪼그라들고 짓눌리는 느낌이 확 올라오는데 지향 씨는 오죽

하겠어요. 오늘 지향 씨가 그간 지금의 전공을 반드시 성공적으로 살려야 한다고 부여잡고 있었던 이유에 아빠가 있었다는 것도 이해할 수 있었고, 돌파구 마련을 위해 강점과 그걸 활용할 수 있는 일을 연결해서 살펴보는 것이 필요하겠다는 것도 찾았어요. 지향 씨는 같이 나눈 내용들이 어떻게 정리가 돼요? 정리의 달인 지향 씨는?

- 내담자에 대한 공감적 반응과 함께 회기 마무리 작업 시작함. 그간 경험하고 있었던 압박감, 예기불안, 우울과 연결된 전공 부적합과 학습의 어려움 그리고 아빠에 대한 죄책감이 연결되어 있음을 정리해서 반영하고, 앞으로 내담자의 돌파구 마련을 위한 과제를 제안함
- 상담자가 회기를 정리하는 것도 가능하지만, 내담자가 상담 시간 동안 무엇을 경험했는지를 파악하고, 좀 더 적극적 참여자로 상담에 임하도록 내담자에게 회기 정리 시간을 주는 것이 효과적임

내 37: (계면쩍게 웃음) 돌아가서 찬찬히 정리를 다시 해 봐야 할 것 같지만, 일단 가슴이 후련해요. 내가 이전에는 이렇게 부정적으로 생각하는 사람은 아니었는데 오늘 얘기하다 보니까 너무 부정적으로 치우쳐 버린 것 같았어요. 여전히 아직 자신이 없지만 아직 남은 시간이 있으니까 좀 더 구체적으로 제가 할 수 있는 것들을 찾아봐야 할 것 같아요. 그리고 사실 아빠 이야기가 이렇게 나올 줄은 몰랐어요. 진로랑 아빠가 연결되어 있다고 생각해 보지 못했거든요. 아빠는 뭘 해도 잘했다 했을 텐데 (목 메여 눈물 삼킴, 15초) 어쩌면 이렇게 맨날 눈물바람 하고 스스로 갉아먹고 있는 걸 아빠가 보고 있으면 억장이 무너지지 않을까 싶어 너무 미안한 맘이 들었어요. 좀 덜 울어야겠다 싶어요.

상 38: 전적으로 동의!! 그런 아빠니까 지향 씨가 그토록 그리워하고 그토록 잘 해내는 모습을 보여주고 싶었겠죠. 꼭 전공을 살려야 아빠 사랑 보답하는 건 아니에요. 뭐든 지향 씨가 가진 강점을 잘 살릴 수 있는 일을 하며 행복할 수 있으면, 아빠 뭐라 하실까나?

- 내담자 자신과 아빠 조망에 대한 새로운 환기 또한 긍정적 변화임. 아빠에 대한 죄책감을 내려놓고 현실적 과업에 집중할 수 있도록 '아빠와 내담자의 서로에 대한 마음'을 반영해 줌

내 38: 니가 행복하면 된 거여! (눈물, 웃음)

상 39: 그래, 그런 거여~ 우리 다음 시간부터 좀 더 객관적이고 구체적으로 지향 씨 성격적 강점, 키워낸 역량 찾아 맞는 진로 찾고 준비하는 계획 같이 세워 봅시다. (네.) 그런 차원에서 좀 더 효율적으로 찾는 데 도움이 되는 심리검사 몇 가지를 해 보면 좋겠어요.

- 내담자 내면에 품어져 있는 '아빠 대상표상'을 재경험하도록 격려함
- 다음 회기에 대한 안내. 즉, 내담자 상담목표 성취를 위해 필요한 전략(심리검사)에 대한 간략한 안내하고 마무리

내 39: 여기서도 진로검사 할 수 있어요? (그럼요.) 안 그래도 해 보고 싶었어요. 그런데 오늘은 수업 때문에 하고 가긴 힘들어서, 다른 날 하러 와도 되나요? (그럼요.) 감사합니다.

• 상담자 심리검사 시간 예약하고, 서면으로 작성된 상담안내서를 활용하여 상담구조화 후 마무리

※ 대학생 사례에 한해 전체 상담과정(2회기부터 종결까지 회기 요약)을 모두 제시합니다. 앞에서 제시한 사례개념화를 바탕으로 한 상담목표 및 전략이 이후 회기에서 어떻게 성취되는지에 대해 논의해 보시기 바랍니다.

2) 2회기: 심리검사(MMPI-2, SCT, MBTI, TCI, Strong) 결과에 대한 해석상담
(검사결과에 대한 지향 씨 마음은?) 게으르고 의지박약이라 못하고 있었던 게 아니었다는 것이 가장 안심. 지난 상담하면서도 원래 내가 이렇게 소심하고 자신감 없던 사람이 아니었던 기억이 났었음. 검사에도 지금 내 모습이 좌절하고 뜻대로 안 되는 시간이 길어져서 생긴 것, 원래는 꽤 유능하고, 성실하고 꼼꼼하고 맡은 것은 끝까지 책임을 다하는 편인 나. 어릴 때 야무지고 똘똘하다고, 뭐든 잘할 거라는 말 많이 들었음. 학교 선생님들도 아빠도 그냥 기분 좋게 하려고 한 빈말은 아니었구나 싶음. (진로와 관련된 생각은?) 진짜 나의 강점과 단점이 명확하게 나와 한편으로는 통계학과에서 내가 어려웠던 이유를 알게 되어 답답함이 많이 사라짐. 한편으로는 앞으로 어떻게 해야 하나 더 고심이 됨. (이해와 고민이 공존하는 시간이었네요. 강점자원을 어떻게 활용하고, 단점이 아닌 보완해야 할 점은 어떻게 보완할지 앞으로 같이 찾아보자.)

3) 3회기: 성격검사를 활용한 가족이해의 시간
오늘 다른 얘기해도 되나? (얼마든지.) 지난 시간 선생님이 아빠랑 엄마 성격유형에 대해 물었을 때 잘 모르겠던 게 계속 생각. 그래서 찬찬히 기억들을 모아 보고, 엄마한테 물어도 보고 도서관에서 성격유형 책도 빌려서 가족 전체를 살펴봄. (어떤 마음으로?) 나도 가족들도 서로에 대해 모르고 있다는 생각이 확. 선생님이 다름을 문제시해서 보면 갈등이 일어난다고 했는데, 그래서 엄마가 날 미워할 수도 있겠다 싶었음. (가족에 대해 이해하고 싶은 마음이었구나.) 아빠는 INFJ, 엄마는 ESTJ, 오빠는 ISTP라고 학교에서 해 봤다고 함. 동생은 ESFP, 나는 ISFJ. 엄마가 늘 아빠한테 물러터졌다고 했던 말도, 오빠는 속을 알 수 없어 답답하지만 그래도 손재주로 먹고 사는 건 걱정 안 한다고 했던 말도, 동생이 맨날 우리 집은 재미가 없다고 밖으로 나돌던 것도 이해가 됐음. 나는 아빠랑 가장 공감이 잘 될 수밖에 없었고, 얘기하면 늘 재미있었음. 엄마는 둘이서 뭘 그리 재미있냐며 째려봤었는데 어쩌면 엄마가 부러워서 그랬겠다 싶어 마음이 짠하고 미안했음. (스스로 노력해서 가족에 대한 큰 그림을 가질 수 있었네요.) 미리 좀 알았으면 덜 오해하고 덜 싸웠을 텐데 싶어 아쉬움. (앞으로 얼마든지 오해하지 않고 다름을 이해하는 마음으로 대할 수 있다.)

4) 4회기: 통계 전공에 대한 새로운 인식과 대처방식에 대한 조정
(얼굴에 미소가 가득이네.) 좋은 일이 있었음. 지난 주 전공 교수님 면담신청을 했음. 원래 한

학기 한 번 면담시간이 있었는데 이번에는 솔직하게 진로고민을 말씀드렸음. 이전에는 통계전공이 안 맞다고 세무쪽 관심이 있다고 하면 교수님이 싫어할 것 같아 그냥 잘 다니고 있다고 대충 말했었음. 이번에는 교수님이 열심히 하는 것 같은데 성적이 왜 안 나오냐고 물었음. 얼굴 빨개지고 너무 부끄러웠지만 진로에 대한 그간의 생각을 다 말씀드림. 실망하실 것 같았는데 오히려 그럴 수 있겠다고 이해된다고 해 주심. 눈물이 핑, 안심. 그리고 만약 통계전공을 살릴 마음이 아직 있으면 학과 전공 멘토링 지원서비스를 꼭 이용해보라 하심. 방학 때마다 진행할 예정. 이번 방학이 첫 시작임. 대학원 선배 한 명 당 두 명의 학부생들 짝지어 필요한 학습지원을 무료로 해 준다고 함. 가장 어려워하는 프로그래밍도 도와줄 수 있다고 함. (용기 내어 솔직하게 개방하니 기회의 창이 열리네요.) 감사했음. 이번 방학 때 선배들에게 과외를 최선을 다해 받아 보고 그래도 충분히 보완이 안 된다면, 그때 진로방향을 틀어야겠다고 생각. (이번 면담 경험이 지향 씨에게 미친 영향은?) 아빠 돌아가시고 이렇게 살펴주는 어른의 마음 처음 느껴 봄. 너무 혼자 싸매고 끙끙거리고 있었구나 후회. (열심히 할 텐데 혼자 해결이 안 되니 도와주세요라고 하는 건 취약해지는 게 아니고, 적극적으로 문제를 해결하는 모습이다.) 너무 빨리 잘하는 모습을 보여야 한다는 마음에 걸려 넘어진 것 같음. 솔직하게 도움을 구하는 게 필요.

5) 5회기: 기말고사 준비에 따른 스트레스 관리와 성취경험 확보

지난 주 기말고사 준비 계획을 하면서 이번에는 친구들이랑 같이 스터디 짜 보면 어떨까 생각. 이전에는 민폐가 될까 걱정되어 그냥 혼자 했는데, 나도 꽤 잘하는 과목도 있으니까 서로 윈윈도 될 것 같아 상담 추천해 줬던 친구에게 말해 봄. 친구가 의외로 자기가 도움이 안 되면 어떡하냐고 고민된다고 해 놀랐음. 그럴 일 없다고, 평소에 같이 ## 수업 들을 때 나보다 훨씬 이해를 잘했다고 하니 안심하며 같이 해 보자 함. 그 친구가 다른 한 명의 친구를 더 포섭함. (웃음) (친구 반응 보면서 어땠나?) 나만 위축된 건 아니네, 안심. 겉으로 드러난 것만으로 판단하지 말아야겠구나. 그 친구는 나보다 여유있게 공부하는 것처럼 보였음. 포섭한 친구는 진짜 별로 말 안 해봤는데, 원래 혼자 잘 하는 친구. 근데 먼저 제안해줘서 고맙다고 했음. 아직 한 번밖에 스터디 안 했는데 친구들이 정리의 여왕이라고 해 줌. (정리의 여왕? 좀 더 말해 보라.) 그림도 꽤 잘 그리는 편이라 글을 최대한 줄이고 개념들을 그림으로 그려 봄. 간략하고 시각적 효과가 커서 기억이 더 잘 난다고 해 줌. 다른 친구들의 강점도 나눌 수 있어 좋았음. (강점 품앗이 경험이네요.) 같이 하니까 좀 더 효율이 나는 것 같음. 내가 관계지향적인 사람이라는 걸 재확인. 적성에 좀 덜 맞아도 지금처럼 서로 도우며 가다 보면 나아지지 않을까 기대. (이야기하면서 시선이 떨어지지 않고 몸도 꺼지지 않고 있다. 에너지가 느껴짐.) 이번 기말고사는 차분한 마음으로 잘 치르고 싶음.

– 기말고사로 한 주 쉬기로 함 –

6) 6회기: 자신의 강점과 보완해야 할 점 재인식과 엄마 전이 경험 처리

기말고사 70% 정도 만족. (이유는?) 개념정리와 암기력은 내가 가진 강점이라는 것을 확실히 알았고, 응용하고 적용하는 능력은 떨어진다는 것을 재확인하는 경험. 그래도 응용력이 강점인 친구의 도움으로 B학점은 나올 것 같아 감사할 뿐. 같이 한 스터디는 탁월한 선택. 혼자 했으면 최대로 해서도 C− 정도였을 것. 나도 그 친구들에게 도움이 된 것 같아 만족. 그런데 원래 취약한 부분은 아무리 해도 원래 타고난 사람들을 능가할 수는 없다는 생각을 받아들여야 하는 것 같음. 그냥 노력해서 평균 상 정도만 되어도 만족해야. 아빠가 평균 이상만 해도 먹고 사는 데 문제없다고 했던 말이 기억. 지금은 동의가 됨. (강점을 극대화하고, 좀 부족한 것은 채워 평균 상으로 만들면 지향 씨 삶이 어떨 것 같나?) 충분할 것 같음. 그래서 70% 만족이라고 했음. 내가 잘하는 부분이 있다는 것과 하면 부족함을 어느 정도 채울 수 있다는 것을 수용할 수 있어서. (그렇다면 70%는 좀 박한 평가인 듯.) 시험 마치고 어제 처음으로 대학원 멘토 선배 만남. 헉 했음. 되게 씩씩, 첫 만남에 학습목표와 진도표를 가지고 오심. 자기는 한 번 맡은 이상 반드시 끝장을 본다고. 기에 눌림. 불안. (어떤 일이 상상?) 끝장을 봐야 한다는 말에서 엄마의 기운이 스멀스멀. 엄마는 항상 시작했으면 제대로 해야 하고 반드시 목표를 이루어야 한다는 말 달고 살아. 그렇지 않으면 무책임하다고 비난. 무료로 우리를 위해 해 주는 것인데 기대에 부합하지 않으면 비난 예상, 생각만 해도 긴장. (지금 말하면서 몸이 뻣뻣해지는 것처럼 보인다. 잠시 부드럽게 몸을 살짝 살짝 움직여 봐라.) 생각만 해도 긴장, 아직 다름을 여유있게 보기가 어려운 나인 듯. (어쩌면 선배가 엄마랑 비슷한 유형일 수는 있어도 동일한 사람은 아니다. 긴장되는 과정을 찬찬히 살펴보자.)—연쇄반응 분석—카리스마 넘치는 눈빛과 단호한 얼굴표정, 그 다음은 반드시, 끝장이라는 말, 상상되는 화난 얼굴과 무책임하다는 비난의 말. (하나 하나씩 대처할 방법을 찾아보자. 카리스마 넘치는 눈빛과 단호한 얼굴표정에 잠시 머물러 보자. 그 속에 담겨진 선배의 선한 밑마음을 예상해 본다면?) 잘 해내고 싶다, 이 친구를 돕고 싶다. 어려움을 극복하는 데 일조하고 싶다. (밑마음을 찾아본 지금 그 눈빛과 얼굴표정을 보면?) 아까보다 덜 긴장됨. (반드시, 끝장을 다르게 바꿔 본다면?) 끝까지 최선을 다해 보고자 한다. (어떻게 느낌이 다른가?) 훨씬 듣기가 편할 것 같다. (화난 얼굴과 무책임하다고 말하고 있는 선배에게 지향 씨 마음을 건넨다면?) 어떤 말도 안 먹힐 것 같은데. (어려움을 극복하는 데 일조하고 싶어 끝까지 최선을 다한 선배라면, 원하는 결과가 안 나왔을 때 어떤 마음일까?) 실망스러움. 허무함. (나름의 최선의 다한 지향 씨 입장도 있다.) 나름 최선을 다했으나 기대에 못 미쳐서 죄송하다. 그래도 나는 많이 배우고 도움을 받았다. 그래서 감사하다. 이렇게 얘기하면 그래도 조금은 화가 누그러질 것도 같다.

7) 7회기: 대학원 선배와의 성공적인 대화와 엄마와의 진솔한 전화통화 경험

지난 주 선배에 대한 긴장을 처리하는 연습을 하고 선배를 보니 덜 긴장. 멘토링 시작 전에 뭔 용기가 났는지 나도 모르게 불쑥 선배님에게 진짜 열심히 최선을 다하실 것 같은데

혹시 실망시킬까봐 걱정된다고 하니까, 그러니까 너네가 열심히 해야 한다고 함. 근데 자신은 결과보다 과정이 더 중요하다고. 최선을 다했는데도 못 나왔다면 어쩔 수 없는거라고. 근데 자기가 경험해 본 결과, 최선을 다하면 안 했을 때보다는 분명히 나아진다고 함. 백점이 목표가 아니라 향상되는 게 목표라고 해 줌. 진짜 안심이 됨. 그게 느껴지셨는지 자기가 너무 바짝 긴장시켰는가 보다고 겁먹지 말라고 해 주심. (교수님께 한 자기개방도, 선배님에게 한 개방도 어떤 공통점?) 그냥 솔직함. (지향 씨의 진솔함이 자기 걱정과 불안을 해결해 줬네요.) 그렇게 생각해 보진 못했음. 그러고 보니 엄마랑 지난 주 상담 마치고 전화하면서 선배가 엄마랑 똑같은 말을 하고 인상도 비슷해서 대빵 긴장했었다고 말함. 엄마가 뭘 그걸로 쪼냐고, 그냥 열심히 하라는 말이라고 해 줘서 같이 웃음. 엄마랑 비슷해서 그 선배 밑마음을 잘 알아차린 것 같아 신기했음. 엄마랑 웃으며 이런 이야기도 할 수 있구나 싶어 그것도 신기했음. 아빠가 없어도 엄마랑 대화가 가능해진다면 외로움이 많이 줄어들 것 같음. 그래도 아빠가 그리움.

8) 8회기: 아빠에 대한 그리움과 애도 작업

요즘 멘토링을 통해 통계 프로그래밍 콤플렉스를 조금씩 해결. 선배가 진짜 눈높이 맞춰 쉽게 가르쳐 주심. 잘 따라온다고 칭찬도 많이 해 주심. 뿌듯함. 아빠가 지금 내 모습 보면 기뻐하실 것 같아 자주 하늘을 봄. (하늘에 아빠가 계시죠.) 직접 보고 아빠 어깨에 기대서 하루 종일 쫑알거리고 싶음. (눈물) (지금도 듣고 계신다. 이 방에서 아빠를 대신할 수 있는 것을 골라 봐라.) (상담실에 있는 다육이 화분을 갖고 옴) (다육이 화분을 고른 이유는?) 사랑스럽고 소박한, 아빠 웃는 얼굴이랑 비슷한 느낌. (잠시 화분에 시선을 머물러보자.) (눈시울 붉어지더니 흐느끼기 시작) (아빠라고 불러 봐요. 아빠~~) 아빠~~, 거기서 잘 지내? 이제는 아프지 않지? 숨도 잘 쉬어지지? 아빠 미안해. 못난 모습만 보여 줘서 많이 속상했지? 잘하고 싶었는데, 아빠 웃게 해 주고 싶었는데, 마음만 급해지고. 바보같이 제대로 인사도 못하고 보냈는데, 또 바보같이 이렇게 실망만 시키나 싶어 내가 너무 한심했었어. (근데 지금은~~) 근데 지금은 좀 정신차린 것 같아. 아빠처럼 날 위해 주고 도와주는 좋은 사람들도 만났어. 그러니까 걱정하지 마. 졸업할 때까지는 마음 붙이고 잘 해보려고. 잘 안 돼서 싫은 마음이 컸는데 조금씩 나아지는 것 같으니까 할 만하다는 생각도 들어. (그러니까 아빠는~~) 그러니까 아빠는 그냥 응원만 해 줘. 아빠 목소리 녹음해둘걸 엄청 후회하고 있어. 아빠가 "울딸 뭐든 잘할 거야, 괜찮아."하던 소리가 점점 기억에서 희미해질까 봐 겁나. 그러니까 나 들을 수 있게 하늘에서 크게 말해 주라. 아빠 다음 주에 집에 내려가서 또 만나.

9) 9회기: 남은 가족들과의 소통과 심리사회적 기능 안정화

종강하고 한참 만에 고향에 내려가 가족들과 함께 보냄. 오랜만에 고시텔의 갑갑함에서 벗어나 늘어지게 잤음. 엄마가 얼굴이 죽상이 아니라 다행이다 했음. 엄마가 맨날 못마땅

했어도 걱정은 하고 있었구나 싶었음. 막내 동생도 군대를 갔다 와서 그런지 좀 더 진지해짐. 오빠는 변함없이 말은 없는데 그래도 괜찮아졌냐고 물어 줌. 아빠 돌아가셨을 때는 이제 집에서 내 편은 없구나, 외톨이가 된 기분이었는데 아빠만큼은 아니어도 다들 가족은 가족이구나 마음이 따뜻해지는 느낌. (지향 씨가 가족을 대하는 달라진 마음과 행동은?) 지난번에 성격검사로 가족에 대해 알아본 게 도움이 많이 되었음. 왜 저렇게 얘기하지 그런 순간도 있었는데 아, 참, 서로 다른 거야, 그렇게 생각하면서 그냥 내가 원하고 필요한 걸 전달할 수 있었음. 그리고 엄마의 좋은 밑마음도 읽어 주니까 네가 웬일이냐 엄마 마음도 알아주고, 그랬음. 나도 너무 예민하게 늘 안 좋게만 해석한 것 같음. 이젠 진로든 관계든 좀 안정된 것 같음. (이제 종결을 위한 준비 필요, 다음 시간에 상담 전체 과정을 돌아보고, 종결 이후 앞으로 걱정되는 부분도 함께 나눠 보자.) 아쉽지만 방학 때 할 일도 많고, 안정된 것 같아 이제 상담을 마무리할 수 있을 것 같음.

10) 10회기: 상담 전체과정 및 변화와 예상되는 어려움 점검 그리고 격려

10회로 상담이 마무리된다는 건 알고 있었지만, 막상 마지막이다 생각하니까 약간 불안하기도 하고 뿌듯하기도. 여러 마음이 올라갔다 내려갔다 함. (상담의 시작도 끝도 지향 씨가 결정하는 것. 그럼에도 마지막이다 하면 여러 감정이 들기 마련. 불안한 맘은?) 과연 내가 혼자 잘 해낼 수 있을까 의문. 나를 다시 못 믿고 하다가 잘 풀리지 않으면 다시 불안해지고 혼란스러운 상태로 돌아갈까 봐. (그 마음을 추스르고 회복시키기 위해 우리가 함께 어떤 노력을?) 나 자신이 어떤 사람인가부터 봤던 것 같음. 검사를 통해 나를 전체적으로 객관적으로 이해할 수 있었고, 그래서 내가 가진 강점을 알게 되면서 좀 안정이 됨. 그리고 부족한 면이 있어도 노력하면 적어도 평균으로 끌어올릴 수는 있다는 생각의 전환도 도움이 컸음. (어려움을 해결하는 대처방법에서의 변화는?) 아빠 돌아가시고 완전 혼자가 됐다고 생각하고 재수하면서 더 고립되고 대학 와서도 계속 혼자 끙끙. 이제 도움을 구하는 것이 예전보다 훨씬 자연스럽게 느껴짐. 그러면서 사람들과의 관계가 더 많아져서 더불어 같이 뭔가를 하는 게 나한테 진짜 중요하다는 걸 알게 됨. (사람들과의 관계 변화에는 가족도 있었다.) 아마 그게 가장 큰 수확인 것 같음. 다들 각자의 어려움이 있고 그간 서로 몰라 서로에게 힘이 될 수 없었다는 생각. 나와 아빠는 서로 많이 닮아 그냥 이해가 되는 사이여서 내겐 행운. 이제 엄마가 거칠고 투박스럽게 말해도 별로 상처가 되진 않음. (뿌듯한 것은?) 돌파구를 찾았다는 그 자체. 마지막까지 전공 최선을 다해 보완해 보고 그래도 아니다 싶으면 그때는 가벼운 마음으로 세무공무원 준비로 일단 결심. (나는 상담자로서, 한 사람으로서 지향 씨의 살아온 역사를 믿는다. 눈에 넣어도 안 아파할 아빠의 사랑을 지향 씨는 듬뿍 받았고, 충분히 유능하고 성실하고 책임감 가지고 살아왔고, 그것을 주변인들도 알아주고 인정해 줬고. 지금도 스스로 어려움을 해결하려 노력했고 그 노력의 열매를 맺었고. 이 모든 것은 지향 씨의 고심과 결단의 결과다. 지향 씨의 삶의 역사를 믿고 가라.)

참고문헌

권석만(2013). 현대이상심리학. 서울: 학지사.

김용태(2014). 슈퍼비전을 위한 상담사례보고서. 서울: 학지사

신경진(2010). 상담의 과정과 대화 기법. 서울: 학지사.

이명우(2017). 효과적인 상담을 위한 사례개념화의 실제: 통합적 사례개념화 모형(ICCM-X). 서울: 학지사.

천성문, 차명정, 이형미, 류은영, 정은미, 김세경, 이영순(2015). 상담입문자를 위한 상담기법 연습. 서울: 학지사.

Berman, P. S. (1997). *Case conceptualization and treatment planning*. 이윤주 역(2007). 사례개념화 원리와 실제. 서울: 학지사.

Engel, G. L. (1977). The need for a new medical model: A challenge for biomedicine. *Science, 196*, 129–136.

Erskine, R. G. (2015). *Relational patterns, Therapeutic presence: Concepts and Practice of Integrative Psychotherapy*. London: Karnac.

Erskine, R. G., Moursund, J., & Trautmann, R. L. (1999). *Beyond Empathy: A Therapy of Contact-in-Relationship*. 김병석, 서은경, 이연미, 고은영, 고경희, 김수영, 유순덕, 조중신 공역(2011). 공감 그 이상을 추구하며: 진정한 만남을 통한 상담. 서울: 학지사.

Moursund, J., & Kenny, M. C. (2002). *The process of counseling and Therapy* (4th). 서은경 역(2021). 상담 및 심리치료의 과정. 서울: 학지사.

Pat Ogden & Janina Fisher. (2015). *Sensorimotor Psychotherapy: Intervention for Trauma and Attachment*. 이승호 역(2021). 감각운동 심리치료: 트라우마와 애착을 위한 치료개입. 서울: 하나의학사.

Reeve, J. (2008). *Understanding Motivation and Emotion*. John Wiley & Son, Ins.

Sperry, L., & Sperry, J. (2012). *Case conceptualization: Mastering this competency with case and confidence*. 이명우 역(2015). 사례개념화 이해와 실제. 서울: 학지사.

저자 소개

서은경(Seo Eunkyung)은 이화여자대학교 심리학과에서 상담심리전공으로 석 · 박사학위를 받았다. 이화여자대학교, 명지대학교, 서울여자대학교, 성균관대학교 대학원(상담심리 전공) 객원 및 겸임 교수를 역임하였다. 현재는 연합심리상담교육센터 대표이며, 한국상담심리학회 상담심리사 1급 주 수련감독자로 20년 이상 상담 및 심리교육과 상담수련 프로그램을 진행하고 있다. 대표적인 역서로는 『상담 및 임상 실무자를 위한 정신역동이론』(공역, 학지사, 2009), 『공감 그 이상을 추구하며: 진정한 만남을 통한 상담』(공역, 학지사, 2011), 『상담 및 심리치료의 과정』(학지사, 2021)이 있으며, 저서로는 『교사를 위한 아동정신건강』(공저, 파란마음, 2013)이 있다.

원수경(Won Sukyung)은 이화여자대학교 심리학과에서 상담심리전공으로 석 · 박사학위를 받았으며, 이화여자대학교, 중앙대학교, 서울시립대학교, 명지대학교 등에 출강하였다. 현재는 MIND Dream 심리상담센터(Kids center와 Adolescent & Adult center) 대표이며, 상담심리사 1급 주 수련감독자로 상담 및 심리교육, 수련 프로그램을 진행하고 있다. 또한 질병관리본부 에이즈예방상담센터, 교육부 주관 청소년심리상담 프로그램 자문위원을 맡고 있으며, 송파구 청소년상담복지센터와 MOU를 맺어 협업하고 있다. 최근 연구물로는 「부부의 일상 스트레스와 공동대처가 결혼만족에 미치는 자기 효과와 상대방 효과」(2020), 「어머니의 애착이 여자 청소년의 또래관계 소외에 미치는 영향」(2020) 등이 있다.

김수정(Kim Soojeong)은 이화여자대학교 심리학과에서 상담심리전공으로 석 · 박사학위를 받았으며, 이화여자대학교, 명지대학교, 인천대학교, 서울시립대학교, 한국열린사이버대학교 등에 출강하였다. 현재는 마음당당심리상담연구소 대표이며, 이화여자대학교 초빙교수로 활동 중이다. 한국상담심리학회 상담심리사 1급 주 수련감독자로 상담 및 심리교육, 수련 프로그램을 진행하고 있다. 최근 연구물로는 「부모의 심리적 통제와 아동의 관계적 공격성: 우울 및 정서조절의 매개효과」(2017), 「불안정 성인애착이 성적자기주장에 미치는 영향: 자기개념 명확성, 대인존재감의 매개효과」(2018), 「초기부적응도식, 스트레스와 결혼만족과의 관계: 부적응적 인지적 정서조절, 회피대처행동의 매개효과」(2018), 「맞벌이 부부의 성역할 태도와 다중역할 경험이 결혼만족도에 미치는 영향」(2020) 등이 있다.

상담 첫 회기 축어록을 활용한

사례개념화 및 목표 · 전략 워크북

Practice of case conceptualization and setting goals and
Strategies using full verbatim transcripts of first counseling sessions

2021년 9월 1일 1판 1쇄 인쇄
2021년 9월 10일 1판 1쇄 발행

지은이 • 서은경 · 원수경 · 김수정
펴낸이 • 김진환
펴낸곳 • (주) 학지사
04031 서울특별시 마포구 양화로 15길 20 마인드월드빌딩
대표전화 • 02)330-5114 팩스 • 02)324-2345
등록번호 • 제313-2006-000265호

홈페이지 • http://www.hakjisa.co.kr
페이스북 • https://www.facebook.com/hakjisabook

ISBN 978-89-997-2499-2 93180

정가 15,000원